Pas de politique Mariô!
Mario Pedrosa e a Política

Editor
Plinio Martins Filho

Instituída pelo Diretório Nacional do Partido dos Trabalhadores em maio de 1996.

DIRETORIA

Presidente: Marcio Pochmann
Vice-presidenta: Fátima Cleide
Diretoras: Isabel dos Anjos e Rosana Ramos
Diretores: Artur Henrique e Joaquim Soriano

EDITORA DA FUNDAÇÃO PERSEU ABRAMO

Coordenação editorial: Rogério Chaves
Assistente editorial: Raquel Maria da Costa

Dainis Karepovs

Pas de politique Mariô!
Mario Pedrosa e a Política

Copyright © 2017 Dainis Karepovs

Direitos reservados e protegidos pela Lei 9.610 de 19 de fevereiro de 1998.
É proibida a reprodução total ou parcial sem autorização, por escrito, da editora.

Dados Internacionais de Catalogação na Publicação (CIP)
(Câmara Brasileira do Livro, SP, Brasil)

Karepovs, Dainis.
Pas de Politique Mariô!: Mario Pedrosa e a Política /
Dainis Karepovs. – Cotia, SP: Ateliê Editorial:
São Paulo: Fundação Perseu Abramo, 2017.

ISBN: 978-85-7480-768-3 (Ateliê Editorial)
ISBN: 978-85-5708-030-0 (Fundação Perseu Abramo)
Bibliografia

1. Ciência política – História 2. Ensaios – História
e crítica 3. Pedrosa, Mario, 1900-1981 – Crítica e
interpretação 4. Política – Brasil   I. Título.

17-04881   CDD-320.0981

Índices para catálogo sistemático:
1. Brasil: Política: História e crítica   320.0981

Direitos reservados à

Ateliê Editorial
Estrada da Aldeia de Carapicuíba, 897
06709-300 – Granja Viana – Cotia – SP
Tel.: (11) 4702-5915
www.atelie.com.br / contato@atelie.com.br

Fundação Perseu Abramo
Rua Francisco Cruz, 234
04117-091 – Vila Mariana – São Paulo – SP
Tel.: (11) 5571-4299
www.fpabramo.org.br

2017

Printed in Brazil
Foi feito o depósito legal

Ao Mineiro, Luís Antônio Novaes, amigo de sempre, que foi embora tão cedo.

Sumário

Prefácio: O Sonho de Mario Pedrosa – *Isabel Loureiro* 13
Algumas Palavras 23
Introdução 27

MARIO PEDROSA E A POLÍTICA

1. O Militante Comunista 35
2. Nas Sendas de Leon Trotsky 47
3. *Vanguarda Socialista*: Pelo Socialismo Democrático 79
4. O PSB: Um Socialismo Impotente em uma Democracia Imatura . . . 95
5. Além dos Partidos: A Revolução nos Espíritos 125
6. O Limite: A Questão da Terra 133
7. "Com Alguma Merenda e Docinho": O Golpe de Estado de 1964 . . . 145
8. O Último Exílio 165
9. A Volta ao Brasil e o Partido dos Trabalhadores 173

MARIO PEDROSA SOB O OLHAR EMOCIONADO DE SEUS COMPANHEIROS

1. Um Príncipe do Espírito – *Cláudio Abramo* 199
2. Mario Pedrosa 1900-1981: Depoimento de Fulvio Abramo
   – *Fulvio Abramo* 203
3. O "Velho" Mario e os Jovens Trotskistas – *Enio Bucchioni* 207
4. Adeus, Companheiro Pedrosa – *Convergência Socialista* 213

5. Mario Pedrosa 1900-1981 – *Plínio Mello* 215
6. Presença de Mario – *Hélio Pellegrino* 219
7. Ele Era Continuidade e Revolução: Mario Pedrosa – *Júlio Tavares* . . . 223

Anexos 227
Bibliografia Política de Mario Pedrosa 239
Agradecimentos 277
Índice Remissivo 279

Cartaz evocativo dos dez anos de ausência de Mario Pedrosa. Nele há a reprodução de um postal enviado de Paris, no mesmo dia dos cinquenta anos da morte de Lenin, por Pedrosa a Edmundo Moniz e também assinado por Norma Moniz e José Portinho. Rio de Janeiro, 1991 [Dainis Karepovs. Acervo Pessoal].

Cartaz da exposição comemorativa dos oitenta anos de Mario Pedrosa que reproduz a tela *Todos* de Mira Schendel. Rio de Janeiro, 1980 [Dainis Karepovs. Acervo Pessoal].

Prefácio
O Sonho de Mario Pedrosa

*Isabel Loureiro**

"Ser revolucionário é a profissão natural de um intelectual."[1] A frase, dita por Mario Pedrosa em entrevista ao *Pasquim* quase no fim da vida, poderia sem dúvida servir de epígrafe à trajetória dessa figura exemplar no cenário político-intelectual brasileiro. Reverenciado como nosso mais importante crítico de artes plásticas, é sabido que Mario Pedrosa nunca separou a lida estética da militância política. Mas, embora arte e política sempre andassem juntas, o fato é que a grande maioria dos estudos publicados a seu respeito trata da obra estética, ficando a atuação política praticamente resumida à militância no trotskismo, ainda que ele houvesse abandonado a organização em 1940, devido ao seu "sectarismo esterilizante". Até hoje ninguém se aventurou a escrever uma biografia que juntasse o Mario Pedrosa crítico de arte e o militante político, em parte por causa da desinformação a respeito do último. A longa e paciente pesquisa do historiador Dainis Karepovs, dando acesso pela primeira vez a passagens pouco exploradas ou mesmo desconhecidas da trajetória política dessa que é uma das personagens mais importantes da esquerda brasileira do século XX, representa uma grande contribuição nesse sentido.

* Professora aposentada do Departamento de Filosofia da Unesp, autora de *Rosa Luxemburgo, os Dilemas da Ação Revolucionária* (São Paulo, Editora Unesp/Fundação Perseu Abramo/Fundação Rosa Luxemburg, 2004).
1. *Pasquim*, Rio de Janeiro, 12-18.11.1981, n. 646.

Intelectual irreverente, ardoroso e combativo, adepto a vida inteira de um marxismo avesso à ortodoxia dogmática, Mario Pedrosa foi jornalista, editor, professor de história, crítico de arte e militante político – no PCB no começo da vida adulta, em seguida na construção da Oposição de Esquerda no Brasil, depois no Partido Socialista Brasileiro, na época da ditadura, no MDB; no fim da vida, já doente e debilitado, ainda contribuiu para a fundação do PT. Os grandes traços da sua atuação política são conhecidos.

Mas agora esse homem dos sete instrumentos tem seu rico e atribulado itinerário – pontuado por prisões, exílios, duas candidaturas a deputado federal – exposto e analisado do começo ao fim, no intuito de pintar a personagem política em toda a sua inteireza. Procurando mostrar a coerência do percurso de Mario Pedrosa, Dainis Karepovs situa cada momento da sua vida política no contexto da época, passando pelos acontecimentos mais relevantes da história da esquerda nacional e internacional, dos fins da década de 1920 ao começo dos anos 1980. Ao fecharmos o livro, temos diante de nós uma trajetória ímpar, não isenta de ambiguidades, que se confunde com as lutas mais significativas do século XX em prol da liberdade e da igualdade social.

Uma das primeiras novidades desta biografia consiste em mostrar que a adesão de Mario Pedrosa à Oposição de Esquerda no final da década de 1920 não foi uma resolução adotada subitamente em Berlim, quando entra em contato pessoal com os militantes que já haviam se afastado do stalinismo, mas o resultado da leitura das publicações comunistas, sobretudo francesas, desconhecidas da grande maioria da militância brasileira. Informado a respeito da luta pelo poder na URSS e do papel dos PCs como instrumentos da política externa soviética, Mario Pedrosa rompe com o comunismo oficial. Segundo Dainis Karepovs, foi uma decisão amadurecida, e não uma atitude intempestiva tomada no calor da hora.

Sem dúvida, porém, a grande novidade e originalidade do livro está na exposição detalhada de uma fase da sua atividade política praticamente desconhecida e que sempre despertou a curiosidade dos pesquisadores. Refiro-me ao período que começa com o retorno ao Brasil em 1945 (depois de um exílio de sete anos nos Estados Unidos) e termina perto do final da década de 1950, período em cuja boa parte militou no PSB até a ruptura em 1956. Além das palestras e entrevistas aqui comentadas por Dainis Karepovs, foi uma época em que exerceu intensa atividade jornalística publicando artigos na *Tribuna da Imprensa*, n'*O Estado de S. Paulo* e no *Diário de Notícias*. Com exceção de alguns poucos estudos sobre a *Vanguarda Socialista*, semanário editado por ele no Rio de Janeiro de 1945 a 1948, que, em oposição ao stalinismo e ao varguismo, tinha por objetivo o "esclarecimento ideológico" da esquerda a fim de conquistá-la para as ideias socialistas democráticas, pela primeira vez a atuação política de Mario Pedrosa é iluminada em todos os detalhes.

A defesa do socialismo democrático no plano teórico, inspirada nas ideias de Rosa Luxemburgo, procurava desesperadamente uma tradução no plano prático. O que oferecia o Brasil da época a um militante socialista que procurasse fugir ao baluartismo dos pequenos agrupamentos sectários? O amplo e heterogêneo espectro das forças políticas que se opunham ao varguismo, num leque que incluía desde o liberalismo conservador da UDN à esquerda radical – representada justamente por figuras como Mario Pedrosa – que, devido à sua marginalidade política, não viu alternativa a não ser apoiar a candidatura do brigadeiro Eduardo Gomes nas eleições presidenciais de 1945. Dainis Karepovs sugere que o projeto de *Vanguarda Socialista*, ancorado na crítica ao PCB, ao stalinismo e ao varguismo, não conseguiu superar a incompreensão do udenismo em relação a este último, como o próprio Mario Pedrosa reconheceu bem mais tarde.

Não é o caso de fazermos aqui um comentário detalhado, mas apenas procurar entender esse período obscuro da vida política do nosso biografado, totalmente desconhecido até agora. O autor relata as peripécias da acidentada militância política de Mario Pedrosa no PSB, sempre pontuada por rusgas e divergências com a direção nacional, de perfil bastante conservador. Mas a atuação política do próprio Mario na década de 1950, cuja tônica era dada pela crítica virulenta a Vargas e ao PCB, num tom que beirava por vezes o moralismo udenista e o anticomunismo – mas sempre contra o fechamento do PCB –, é quase incompreensível aos olhos de hoje. Era tal sua repulsa ao populismo varguista que em novembro de 1955 compartilha por breve espaço de tempo a posição da UDN e dos militares, questionando a vitória dos herdeiros de Getúlio Vargas – Juscelino Kubitschek e João Goulart – nas eleições presidenciais. Em artigo publicado no *Diário de Notícias,* chega ao ponto de apelar para as Forças Armadas. Posição tão paradoxal merece explicação.

Dainis Karepovs é muito criterioso ao tratar desse episódio ambíguo, tentando elucidar por que um adversário feroz da política de conchavos dos partidos brasileiros pôde acreditar, embora por pouco tempo, que a vitória eleitoral de JK e Jango, por se inscreverem na tradição política do varguismo (além de não terem vencido por maioria absoluta), devia ser questionada. Nosso autor evita o anacronismo de situar a UDN a partir da perspectiva posterior à ditadura militar de 1964, lembrando que a boa explicação é oferecida pelo próprio Mario em 1966, no livro *A Opção Brasileira,* quando menciona o arco de forças "golpista" que se opunha ao governo Kubitschek, que ia da extrema direita à esquerda radical. Para esta, "o 'golpe' era uma preliminar necessária à quebra da legalidade a fim de se iniciar o processo verdadeiramente revolucionário reclamado pelo Brasil"[2]. Talvez fosse ingênuo acreditar na adesão das Forças Armadas a um projeto desse gênero e não deixa de ser paradoxal que um luxemburguista como ele, adepto da participação consciente das massas trabalhadoras na política, passasse a simpatizar com a quebra da legalidade, mesmo que fosse pela esquerda. De qualquer modo, em 1958 ele se desliga do que denomina em 1966 de "faixa golpista".

Independentemente dessa explicação *a posteriori,* Dainis Karepovs procura também interpretar esse momento contraditório no contexto da época. Mario Pedrosa, numa postura esclarecida em reação ao autoritarismo stalinista, desejava convencer os liberais "golpistas" de que o Brasil, para entrar no rol das nações civilizadas, carecia de transformações estruturais – desde a reforma agrária à nacionalização das indústrias de base, passando por mudanças nas instituições econômicas, políticas, culturais e militares – e para tanto seria necessário atraí-los para o campo progressista pela força dos argumentos. Almejava, assim, que os liberais brasileiros emparelhassem com o mundo contemporâneo, mas acabou

---

2. Mario Pedrosa, *A Opção Brasileira,* Rio de Janeiro, Civilização Brasileira, 1966, pp. 172--173. Aspas de Mario Pedrosa.

se persuadindo da inutilidade de dar murro em ponta de faca, uma vez que eles não aceitavam que trabalhador tivesse qualquer direito – como direito de greve e liberdade sindical, pauta desde sempre defendida por ele –, para não falar da reforma agrária.

Segundo nosso autor, Mario Pedrosa acabou por se dar conta de que "apenas o antagonismo a Vargas era uma base muito precária para mudar o Brasil". A partir daí, "tomou um rumo mais à esquerda" e começou a reformular parte de sua crítica ao populismo varguista, sobretudo no tocante à questão do nacionalismo, passando a ver aí um elemento indispensável na luta contra o imperialismo. Essa pauta mais à esquerda incluía apoio à Revolução Cubana e ao terceiro--mundismo. No entanto, mesmo afastando-se definitivamente da má companhia da UDN, ele nunca deixou de rejeitar o legado populista do getulismo. Contra a manipulação populista, a saída era uma "Revolução Brasileira" que construísse uma verdadeira democracia ancorada na autonomia dos trabalhadores. Daí a luta, num primeiro momento, para fortalecer o PSB como partido de massas que unisse proletariado e classe média, com o objetivo de pôr em prática esse projeto, e, bem mais tarde, o apoio à criação do PT, visto justamente como o partido socialista por tanto tempo sonhado.

A biografia também se detém longamente sobre a atuação política de Mario Pedrosa nos quatro anos iniciais da ditadura militar. Algo que chama a atenção é ele ter demorado algum tempo a perceber que o golpe de 1964 implantara no Brasil uma ditadura que viera para ficar. Na sua análise, o golpe era um subproduto da Guerra Fria e da doutrina da segurança nacional, forjada nos Estados Unidos e exportada para a América Latina, com o objetivo de impedir abalos internos que ameaçassem os interesses do capital norte-americano. Basta traduzir doutrina de segurança nacional por lei antiterrorismo para ver como essa análise continua atual.

Em suma, o que a biografia sublinha é que, apesar das aparentes contradições no terreno da política prática, que, aliás, davam o tom do período logo a seguir à Segunda Guerra Mundial, existe uma grande coerência no itinerário político de Mario Pedrosa. Nesse sentido, o episódio comentado linhas atrás é apenas um ponto fora da curva. As ironias da história fizeram com que a política caudilhesca de manipulação das massas de um "ditador bonapartista", "fascista", "totalitário", como dizia nosso biografado, garantisse pela primeira vez direitos trabalhistas, complicando assim a tarefa da oposição socialista, perplexa diante dos paradoxos da situação brasileira. Como reconheceu Hélio Pellegrino, quando da morte de Mario, não basta criticar o getulismo por enganar os trabalhadores, por lhes tirar a autonomia e a iniciativa "em troca de algumas concessões feitas de cima para baixo. Acontece que, no Brasil, a lenta, dolorosa ascensão dos trabalhadores passa pelo populismo e, particularmente, pelo getulismo, sua expressão principal"[3].

Por sua vez, os liberais, ao mesmo tempo que empunhavam a bandeira da liberdade e da democracia, não hesitavam em apelar aos militares sempre que a situação fugia ao seu controle. Tiveram êxito em 1964. É nesse terreno pantanoso que Mario Pedrosa atua no período de 1945 a 1958, em que o espaço para uma esquerda democrática e independente, tanto do populismo quanto do stalinismo, era muitíssimo reduzido. O que não impede Antonio Candido de reconhecer que, em reação à ditadura stalinista, Mario Pedrosa foi levado, nessa época, a excessiva confiança nos liberais[4].

Mas, mesmo aí, salta à vista a espinha dorsal de seu pensamento político, sintetizada por nosso autor nas duas epígrafes que funcionam como os eixos estruturantes da biografia: o Brasil e o socialismo. Inserido na tradição crítica do marxismo, Mario Pedrosa nunca deixa de analisar a situação brasileira à luz das transformações do capitalismo mundial, o qual condena o Brasil, desde a Colônia, a uma posição subalterna que impede a superação do atraso. Mudam os tempos sem que nos tornemos uma sociedade integrada. Por isso, "[n]o Brasil nada tem consequências, nada se aprende da experiência", como reza a primeira epígrafe. A repetição, com ares novidadeiros, é traço constituinte da dominação capitalista, sobretudo na periferia, mas também na metrópole. Daí a atualidade exasperante da formulação a seguir, escrita há mais de sessenta anos:

3. "Presença de Mario", *Folha de S.Paulo*, 20.12.1981, p. 3.
4. Antonio Candido, "Um Socialista Singular", em José Castilho Marques Neto (org.), *Mario Pedrosa e o Brasil*, São Paulo, Fundação Perseu Abramo, 2001, p. 16.

Nas democracias capitalistas o mal não está nas restrições à liberdade, mas na formação clandestina de uma oligarquia dominante que se instala nos postos de comando de toda a sociedade e de lá dirige, por cima dos governos, parlamentos e instituições, irresponsavelmente, como numa sociedade anônima, os destinos do país, os negócios públicos e privados e... a independência dos jornais e a liberdade dos cidadãos[5].

Entretanto, não é o caso de ficarmos na constatação paralisante de que o capitalismo como sistema mundial coloca os países periféricos num lugar subalterno, e sim de lutar para romper com essa situação. Mario dizia: "Sempre sonhei uma revolução para o Brasil"[6], cujo objetivo último era a construção de uma sociedade livre, justa e igualitária, alicerçada na autonomia dos trabalhadores e na mais ampla democracia. Donde a segunda epígrafe do livro: "Socialismo é conseguir que a dignidade humana não seja mais o monopólio de uma elite, no fundo já hereditária".

Isso posto, é preciso perguntar, no caminho aberto por Otília Arantes em relação ao Mario Pedrosa crítico de arte[7], qual é, 36 anos depois, a atualidade desse projeto político.

No final da vida, como sabemos, ele participou ativamente da construção do PT, escrevendo artigos em que aplaudia a iniciativa dos trabalhadores brasileiros de construírem um partido de massas, a partir de sua própria luta e não como resultado de conchavos de supostas vanguardas. O Partido dos Trabalhadores tinha a missão "civilizadora" – "O Partido dos Trabalhadores é o grande projeto de transformação do Brasil" – de revolucionar o Brasil de norte a sul, em vez de se limitar "aos velhos moldes do capitalismo das nossas classes dirigentes". Trocando em miúdos, isso significava, só para mencionarmos ideias que cada vez mais nos interpelam, impedir a destruição da Amazônia pelo capital, aproveitar a energia solar do Nordeste para o desenvolvimento da região, fazer a reforma agrária para atender "aos interesses dos camponeses médios, mi-

---

5. Mario Pedrosa, "Democracia *versus* Banco", *O Estado de S. Paulo*, 13.1.1953, p. 7.
6. *Pasquim*, cit.
7. Otília Beatriz Fiori Arantes, *Mario Pedrosa: Itinerário Crítico*, 2. ed., São Paulo, Cosac Naify, 2004, pp. 171-177.

seráveis e sem terra", fortalecer a pequena agricultura, não a agricultura industrial de exportação, que só serve para dar lucro às multinacionais[8]. Numa palavra, significava parar de imitar os países da metrópole, abolir o "neocolonialismo" implantado com a ditadura militar, possível apenas com um projeto socialista democrático, em ruptura com o Estado burguês, pois este "não admite [...] nenhuma transformação estrutural seja de que natureza for"[9]. É difícil que um leitor da minha geração não sinta profunda melancolia ao constatar que essas tarefas, entre muitíssimas outras, continuam pendentes. Entra governo, sai governo, a propriedade do solo continua intocada e com ela a desigualdade escandalosa reinante no país. Por tudo isso, o sonho de Mario Pedrosa – ou a utopia, já que se considerava um utópico – de ver o Brasil se transformar numa nação integrada continua na ordem do dia.

---

8. Citações tiradas de "O Futuro do Povo", em Mario Pedrosa, *Sobre o PT*, São Paulo, Ched, 1980, pp. 19-21.
9. Mario Pedrosa, "O PT e o Estado", *Sobre o PT*, p. 48.

Mario Pedrosa em seu escritório. Rio de Janeiro, sem data [Fundo Mario Pedrosa – Cemap-Interludium-Cedem].

Algumas Palavras

Dainis Karepovs

Diz-se que no Brasil, ao contrário do que ocorreu, por exemplo, na Argentina[1], "o comunismo precedeu o marxismo"[2]. Dos efeitos dessa regra, devem ser excetuados alguns poucos militantes que tentaram fazer uso da ferramenta do marxismo para compreender o Brasil no sentido de sua história e de sua transformação, os quais acabaram afastados como *outsiders*. Um dos mais notórios é justamente Mario Pedrosa, que à sua heterodoxia viu o estigma do trotskismo lhe ser pespegado à testa, com todo o caráter de ofensa que julgavam ter essa palavra os seus detratores.

Na história da América Latina não são poucos os casos de intelectuais que iniciaram ou desenvolveram suas trajetórias nas fileiras comunistas (compreendidas estas em suas diversas variantes: stalinista, trotskista, maoísta etc.) e delas se retiraram pelas mais diversas razões. No entanto, entre estes últimos, escasseiam aqueles que acabam permanecendo no campo do socialismo e/ou do marxismo. Mario Pedrosa foi um daqueles que jamais abriram mão do marxismo.

---

1. Horacio Tarcus, *Marx en la Argentina: Sus Primeros Lectores Obreros, Intelectuales y Científicos*, Buenos Aires, Siglo Veintiuno, 2007.
2. João Quartim de Moraes, "A Influência do Leninismo de Stalin no Comunismo Brasileiro", em João Quartim de Moraes & Daniel Aarão Reis (orgs.), *História do Marxismo no Brasil*, vol. 1: *O Impacto das Revoluções*, Campinas, Editora Unicamp, 2007, p. 134.

Como se sabe, Pedrosa manteve, alternadamente ou ao mesmo tempo, uma dupla trajetória: a política e a crítica das artes plásticas. Hoje há uma imensa profusão de trabalhos voltados à sua atuação crítica. Já no campo da política, essa atenção é bem mais escassa e, de modo geral, voltada apenas para determinadas ocasiões de seu percurso. Esse olhar fragmentário mira naqueles que seriam os grandes momentos de sua trajetória: Pedrosa foi trotskista de primeira hora no Brasil; fundador da IV Internacional, em 1938, em Paris; nos Estados Unidos, rompeu com a IV Internacional e com Trotsky, em 1940; dirigiu, entre 1945 e 1948, o jornal *Vanguarda Socialista*; após a ditadura instaurada em 1964 no Brasil, exilou-se e voltou para ser um dos fundadores e filiado número 1 do Partido dos Trabalhadores.

De modo geral, esses são os limites nos quais a vida política de Pedrosa é usualmente compreendida, com algumas pequenas variâncias aqui e ali. E, mesmo tendo abandonado as fileiras trotskistas em 1940, o "estigma" de Trotsky permaneceu a ele ligado, embora nunca deixasse de manifestar sua admiração pelas ideias do revolucionário russo, em particular a conhecida teoria da revolução permanente[3].

No entanto, como o leitor vai notar facilmente, a trajetória política de Mario Pedrosa é muito mais complexa e, portanto, muito mais rica. Há um fio de continuidade, o marxismo, que é empregado como guia inspirador, e não como camisa de força, nas cambiantes conjunturas políticas pelas quais o Brasil passou no decorrer da longa militância de Pedrosa.

Originalmente, este livro foi composto dentro do projeto de edição das obras de Mario Pedrosa, nas quais estavam inseridos os *Escritos Políticos* coordenados por Isabel Loureiro e por mim, que seriam publicados pela extinta Editora Cosac Naify. Este texto tinha o objetivo de realizar uma introdução mais aprofundada da trajetória política de Mario Pedrosa, indo além dos "marcos canônicos" acima citados. Ao contrário do que ocorre com o campo da crítica das artes, no qual o livro de Otília Arantes é fonte segura e indispensável[4], nada existe de semelhante no

---

3. Mario Pedrosa, "Mario Pedrosa e a Revolução Permanente", *Leia Livros*, São Paulo, 15.1.1979, pp. 14-15.
4. É sintomático que, nos dois únicos volumes publicados pela Cosac Naify das *Obras* de Mario Pedrosa, nas suas respectivas apresentações, haja referências ao trabalho de

campo da política. *Pas de politique Mariô!* – *Mario Pedrosa e a Política*, todavia, não ambiciona tanto; pretende ser um primeiro e mais denso passo no sentido da compreensão da trajetória política de Mario Pedrosa.

Com o exame da trajetória de quase seis décadas de militância de Mario Pedrosa, buscaremos enfatizar tanto a importância do marxista Mario Pedrosa como o seu relevante papel na história da esquerda e do comunismo no Brasil.

Preciso, finalmente, mas não menos importante, deixar consignado um especial agradecimento aqui à minha parceira no projeto do qual este texto se originou, Isabel Loureiro, sem cuja inestimável colaboração e olhar crítico este livro não chegaria a bom termo. Mais ainda, é impossível deixar de agradecer-lhe generosa parceria intelectual. A ela, pois, minha eterna gratidão!

Otília Arantes (Otília Beatriz Fiori Arantes, *Mario Pedrosa: Itinerário Crítico*, 2. ed., São Paulo, Cosac Naify, 2004).

Introdução

*No Brasil, nada tem consequências,
nada se aprende da experiência*[1].

*Socialismo é conseguir que a dignidade humana não
seja mais o monopólio de uma elite, no fundo já hereditária*[2].

Em 16 de março de 1954, o Museu de Arte Moderna do Rio de Janeiro inaugurava, em sua sede provisória na Rua da Imprensa, na Esplanada do Castelo, uma mostra que foi saudada pelos críticos de arte como "a mais importante exposição contemporânea que já se realizou no Rio nestes últimos anos": a Exposição Cubista. Além das obras expostas, num total de 75 peças, com os representantes mais significativos do movimento, como Picasso, Léger, Braque, Delaunay e outros, o museu proporcionou ao público a realização de três conferências sobre o cubismo. Para tanto, convidou o crítico de arte Mario Pedrosa, que proferiu as conferências no recinto da mostra, ladeado pelas obras expostas para também ilustrar as suas três exposições. As imagens das conferências publicadas nos jornais e revistas da época mostram uma atenta audiência ocupando todo o espaço disponível. Sentados em cadeiras, no chão, em pé, à volta do conferencista, sentado atrás de uma mesa, todos rodeados pelas obras cubistas. Foi um enorme sucesso de público, jamais visto até então, como testemunhou a imprensa[3].

1. Mario Pedrosa, "Pompa *versus* Arte", *Jornal do Brasil*, Rio de Janeiro, 26.2.1957, p. 8.
2. Mario Pedrosa, "Carta a Carlos Lacerda", Rio de Janeiro, 10.4.1950, p. 2.
3. Conferência de Mario Pedrosa, "Revolução do Cubismo: Origens, Desenvolvimento e Consequências", *Correio da Manhã*, Rio de Janeiro, 24.3.1954, p. 11.

Ao documentar a abertura da exposição, valendo-se de uma irreverente frase do pintor italiano Emilio Vedova, que acabara de ser premiado na II Bienal de São Paulo, o colunista de artes plásticas do diário carioca *Correio da Manhã*, Jayme Maurício Rodrigues Siqueira, publicou em sua seção uma chistosa foto-legenda. Defronte a duas telas de Léger, à direita apareciam Vedova e a engenheira Carmen Portinho e à esquerda o jornalista Austregésilo de Athayde e Pedrosa e abrindo o texto-legenda aparece a frase atribuída a Vedova: "Pas de politique Mariô!"[4] Tratava-se, evidentemente, de um gracejo de Jayme Maurício. De um lado, porque tanto Vedova, que em sua arte sempre deixava transparecer questões sociais, além de ter, durante a Segunda Guerra, tomado parte da Resistência italiana, como Maurício, que meses depois subscreveria o manifesto de apoio à candidatura de Pedrosa a deputado federal pelo Partido Socialista Brasileiro, não padeciam de aversão pela política e muito menos por aquela defendida por Pedrosa. E, de outro, e isto é o mais importante, porque para Mario Pedrosa arte e política sempre andaram lado a lado durante toda a sua vida: "Sempre convivi muito bem com a política e as artes. Nunca misturei setores". Para que não pairassem dúvidas, Pedrosa sempre foi enfático ao deixar clara a sua postura em não ver a arte e a política como inconciliáveis: "Ser revolucionário é a profissão natural de um intelectual"[5].

Mario Pedrosa nasceu em 25 de abril de 1900 no Engenho Jussaral, distrito de Cruanji, em Timbaúba, Pernambuco, filho de Pedro da Cunha Pedrosa e de Antônia Xavier Pedrosa. Era o sexto de dez irmãos. Julgando-o pouco dedicado aos estudos, sua família o enviou para estudar na Suíça, onde ficou de 1913 a 1915, quando retornou por causa da Primeira Guerra Mundial. Estudou direito no Rio de Janeiro, para

---

4. Também é possível especular que essa frase de Vedova fosse uma alusão à ruptura de Pedrosa com a *Tribuna da Imprensa*, de Carlos Lacerda, que não lhe permitiu publicar uma réplica, o que o levou a sair do jornal. Ver mais adiante no Capítulo 4 – "O PSB: Um Socialismo Impotente em uma Democracia Imatura".

5. Citações extraídas, respectivamente, de Maria Lúcia Rangel, "Mario Pedrosa. Um Coerente": "Tenho Algumas Convicções", *Jornal do Brasil*, Rio de Janeiro, 12.10.1977, p. 2 (Caderno B); e Hélio Pellegrino *et alii*, "A Arte Não É Fundamental. A Profissão do Intelectual É Ser Revolucionário...", *O Pasquim*, Rio de Janeiro, n. 646, 12 a 18.11.1981, p. 8.

onde a família se mudara com a eleição de seu pai para o Senado Federal. Formado, nunca exerceu a profissão de advogado e passou a atuar no jornalismo, tendo iniciado sua carreira em 1924 no *Diário da Noite*, em São Paulo. No ano seguinte, ingressou no Partido Comunista do Brasil (PCB). Em 1927, foi enviado pelo partido para frequentar a Escola Leninista Internacional, em Moscou. Adoeceu em Berlim e, com as notícias das disputas entre Leon Trotsky e Josef Stalin, resolveu não seguir viagem. Aprofundando-se nos termos da disputa, pôs-se ao lado do primeiro e aderiu à Oposição de Esquerda Internacional e retornou ao Brasil em 1929 para agrupar os camaradas dissidentes do PCB e criar a Oposição de Esquerda no Brasil. A partir daí, tem uma longa trajetória de militância política nas fileiras dos partidários brasileiros de Trotsky, que o levou ao exílio em 1938, na França. Aí participou, em setembro, do congresso de fundação da IV Internacional como único delegado da América Latina e foi eleito membro da direção da nova organização. Com a iminência da nova guerra, decidiu-se enviar a direção para os Estados Unidos em 1938. Em 1940, rompeu com Trotsky por conta da questão da caracterização da URSS como Estado operário. Ao tentar voltar ao Brasil em 1941, foi preso e, por interferência de seu pai, posto em liberdade e embarcado para os Estados Unidos, onde conseguira trabalho na União Pan-Americana. Nessa estadia americana, aprofundou seus estudos sobre arte e começou a publicar críticas de arte sistematicamente, ao mesmo tempo que continuou a atuar como correspondente internacional de jornais brasileiros. Com o fim da Segunda Guerra Mundial, retornou ao Brasil e fundou o jornal *Vanguarda Socialista*. Em 1946, criou a seção de artes plásticas do *Correio da Manhã*. Em 1948, ingressou no Partido Socialista Brasileiro, sendo dele expulso em 1956. Em 1952, foi nomeado professor catedrático, interino, de história no Colégio Pedro II, do Rio de Janeiro, função que ocupou até 1955. Em 1960, foi novamente nomeado para essa função, sendo efetivado em 1968. Sempre alternando sua atuação como crítico de arte e como militante político, dirigiu o Museu de Arte Moderna de São Paulo de 1960 a 1963. Em 1961, foi nomeado secretário-geral do Conselho Nacional de Cultura, criado pelo presidente Jânio Quadros, no qual teve curta permanência. Logo após o golpe militar de 1964, escreveu duas obras, *A Opção Brasileira* e

4ᵉ ANNÉE
N° 28-29

Prolétaires de tous les pays, unissez-vous !

PRIX DE CE NUMÉRO
3 FRANCS

LA LUTTE DE CLASSES

REVUE THÉORIQUE MENSUELLE DE L'OPPOSITION COMMUNISTE

FEVRIER-MARS 1931
SOMMAIRE

EDITORIAL .... Les mineurs montrent au prolétariat la voie de la résistance!

PROBLEMES DU MOUVEMENT COMMUNISTE FRANÇAIS

F. GÉRARD .... Sur les problèmes du mouvement révolutionnaire indochinois.
D. LEVINE .... Esquisse sur le mouvement de la jeunesse ouvrière.
P. NAVILLE ...... La crise économique et ses répercussions.

DANS L'INTERNATIONALE

L. TROTSKY ...... Thermidor et Bonapartisme.
LETTRES D'URSS.. De Moscou. — Lettre d'un syndiqué. — Sur le procès du parti industriel. — D'un oppositionnel déporté.

LIGUE COMMUNISTE
DU BRÉSIL ...... La crise brésilienne. Appel aux travailleurs.
LYON ET CAMBOA.. Esquisse d'une analyse de la situation économique et sociale du Brésil.
A. GLOTZER ..... L'orientation de la crise économique aux U.S.A.
P. N. .... Le « tournant » du Parti Communiste Chinois.
K. LANDAU ...... Le tournant estropié du P. C. allemand.
H. LACROIX ..... Le « Comité de reconstruction » de la CNT d'Espagne.
A. NIN .... Préface à la Plate-forme de l'opposition russe.
P. SIZOFF ...... Le pacte naval franco-italien.
LES LIVRES ..... Las dictaturas de nuestro tiempo, par *A. Nin* (A.A.). — La Révolution russe, par *H. Rollin*. — La Révolution russe de 1905, par *Gorine*. — Discours sur le plan quinquennal par *Staline*.

La vie de la revue. — Note sur les publications de l'Opposition Internationale.

Rédaction et administration
45, Boulevard de la Villette
PARIS X°.

Capa da revista da Oposição de Esquerda francesa na qual um ensaio de Mario Pedrosa e Livio Xavier foi publicado, sob os pseudônimos de Camboa e Lyon, respectivamente, na França. Paris, 1931 [Dainis Karepovs. Acervo Pessoal].

A Opção Imperialista. Em 1970, foi acusado pela ditadura de difamar o Brasil com denúncias de tortura no exterior. Refugiou-se na embaixada do Chile e pediu asilo. No ano seguinte, foi enquadrado na Lei de Segurança Nacional e teve sua prisão preventiva decretada à revelia. Com o golpe contra Salvador Allende, em 1973, pediu asilo na embaixada do México. Em seguida, exilou-se na França, de onde retornou em 1977, com a revogação da ordem de prisão. Em 1978, participou do Congresso da Anistia; organizou exposições; lançou livros; participou da fundação do Partido dos Trabalhadores, em 1980, sendo o seu filiado número um. Faleceu em 5 de novembro de 1981.

MARIO PEDROSA E A POLÍTICA

Capítulo 1
O Militante Comunista

Em mais de uma das várias entrevistas que deu após o retorno do último exílio, no final dos anos 1970, Mario Pedrosa contou que inicialmente seu interesse pela arte foi no campo da música, no final da década de 1910, quando começou a frequentar o Teatro Municipal do Rio de Janeiro. A partir de contatos criados nas galerias do teatro, travou relações de amizade com Murilo Mendes, Ismael Nery, Alberto Guignard, Antônio Bento, Elsie Houston e sua irmã Mary, com quem se casou mais tarde. Poetas, pintores, críticos de artes, cantoras, esse era o seu universo. Foi somente, de início, em meados dos anos 1930, de forma ainda tateante, e depois, em meados da década seguinte, que Mario Pedrosa se tornou uma das mais excepcionais figuras da história da crítica de arte brasileira.

Nessas mesmas entrevistas, Pedrosa situou o momento em que fixou seu interesse pela política:

> O primeiro ato político que assisti – lembro-me bem – foi um discurso de Rui Barbosa, que voltava de Buenos Aires onde participara de uma conferência em que defendera os pontos de vista dos Aliados, durante a Primeira Guerra, em 1916. Fiquei empolgado. Nessa época havia uma imensa propaganda para que o Brasil entrasse na guerra. Nos cafés que havia então no Rio, tocava-se sempre a *Marselhesa* e todo mundo cantava. Eu era muito patriota, muito a favor dos franceses e exaltadamente contra os alemães.

Comecei a mudar com a poderosa influência que Romain Rolland, o grande escritor francês, exerceu sobre mim e meus amigos. É curioso: alcancei o aspecto político de Romain Rolland – o seu pacifismo – através de sua crítica musical[1].

Fique claro que, política, Mario Pedrosa sempre a teve ao redor de si, desde o seu nascimento, em 1900. Seu pai, Pedro da Cunha Pedrosa, tivera uma longa trajetória política, que se iniciara como deputado do primeiro Congresso Constituinte Republicano do Estado da Paraíba em 1891, depois prosseguira como secretário-geral de Estado na Paraíba, de 1905 a 1908, redator-chefe do diário *A União* (órgão oficial do governo e do Partido Republicano Conservador), deputado estadual na Paraíba de 1905 a 1911, senador da República pela Paraíba de 1912 a 1922 e ministro do Tribunal de Contas da União de 1922 a 1931. Assim, quando Mario Pedrosa destaca essa conferência de Rui Barbosa, ocorrida em 17 de setembro de 1916, no Teatro Municipal do Rio de Janeiro, ele afirma que ali esteve por sua vontade e ressalta uma faceta importante de sua compreensão de política, aquela que conecta ideias e ação.

Como Pedrosa enfatizou acima, ele ainda passou algum tempo sob a influência desse patriotismo e do seu ambiente doméstico. Assim, o seu nome pode ser encontrado na imprensa carioca nas manifestações de apreço social dos círculos do poder, como nas saudações a aniversariantes (inclusive o do próprio Mario), nas relações de presença no embarque ou desembarque de autoridades políticas no porto do Rio de Janeiro (em especial as oriundas do Nordeste ou que a ele retornavam) ou, até, a informação de seu ingresso na Faculdade de Direito do Rio de Janeiro. O último desses episódios de consideração social, e limite, e que deve ser aqui destacado, aconteceu quando da primeira revolta tenentista, ocorrida em 5 de julho de 1922 no Rio de Janeiro. Nessa ocasião, o seu nome apareceu tanto nas relações daqueles que estiveram no Palácio presidencial do Catete, em "visita de solidariedade" ao presidente da República, Epitácio Pessoa (político da Paraíba, ressalte-se), como nas listas dos que enviaram mensagens de solidariedade a Pessoa, sempre ao

---

1. "Pedrosa: Hora É Ideal para Criar Novo PS", *O Estado de S. Paulo*, 24.12.1978, p. 8.

lado de seu pai ou de seu irmão mais velho[2]. Depois disso, o seu nome desaparece da "vida social" da República Velha e ocorre uma inflexão na sua trajetória política, que tomou o rumo da esquerda.

Essa alteração tem fundamentalmente duas vertentes que o conduziram ao ingresso no Partido Comunista do Brasil (PCB), em 1925. A primeira delas, a literária, já a vimos mencionada no trecho da entrevista acima reproduzida: o pacifismo de Romain Rolland. Através dele, chega-se a uma das grandes influências nos caminhos políticos de Mario Pedrosa: a revista *Clarté*.

Clarté apareceu na França em novembro de 1921, como órgão do movimento do mesmo nome, fundado em maio de 1919 por Henri Barbusse, e sucedeu ao jornal de idêntica denominação que circulou entre outubro de 1919 e julho de 1921. O movimento Clarté buscou organizar protestos contra a guerra através da constituição de uma "Internacional do Pensamento" (por analogia com a Internacional dos Trabalhadores e, no caso, com a III Internacional, que acabara de ser fundada em Moscou, em 1919) e abrigou, no início, pacifistas, pensadores e militantes humanistas. Entre eles, Romain Rolland, a quem se devem as origens do projeto, através de seus esforços em mobilizar os intelectuais contra a guerra em 1916 e 1917. *Clarté*, em 1920, evoluiu para o comunismo, sem aderir explicitamente. A partir de 1921 se definiu como um "centro internacional de educação revolucionária" e caminhou rumo à zona dos simpatizantes do comunismo, guardando sua independência do Partido Comunista Francês. A seguir, depois de sofrer um arrefecimento em seu fervor revolucionário com a derrota da Revolução Alemã de 1923, *Clarté* o retomou em 1925 com a campanha contra a Guerra do Marrocos, depois de experimentar um curto período de ecletismo ideológico no qual se associaram Marx, Proudhon e Sorel. Esse novo vigor permitiu a

---

2. "No Palácio do Catete – Testemunhos de Solidariedade", *O Paiz*, Rio de Janeiro, 6.7.1922, p. 2; "Ecos do Movimento Subversivo: Avolumam-se as Demonstrações de Solidariedade com o Governo" – "A Atitude do Rio Grande do Sul" – "Os Inquéritos Militares" – "Notícias Diversas", *O Paiz*, Rio de Janeiro, 11.7.1922, p. 4; "Ecos do Movimento Subversivo: O Que Há de Positivo sobre a Rebelião em Mato Grosso" – "Pernambuco, em um Gesto Semelhante ao do Rio Grande do Sul, Dá por Finda a Contenda Presidencial" – "Importantes Discursos no Senado e na Câmara" – "Notícias Diversas", *O Paiz*, Rio de Janeiro, 14.7.1922, p. 2.

momentânea ligação de *Clarté* com o movimento surrealista (que abrigou um caminho literário paralelo tão relevante para Pedrosa quanto o aberto por Rolland), entre 1925 e 1926, e até o seu final, em 1928, quando mudou de nome para *La Lutte de Classes* e passou, depois de aderir às posições defendidas por Leon Trotsky já um ano antes, a ser órgão da Oposição de Esquerda francesa[3].

A influência política e cultural de *Clarté* sobre Pedrosa foi marcante. Tal fato, inclusive, acabou assinalado na carta de apresentação de Pedrosa à Escola Leninista Internacional, para a qual ele fora enviado pelo PCB em fins de 1927 e acabou não cursando: "Durante o curso jurídico no Rio lia e admirava Romain Rolland e por intermédio deste foi até 'Clarté'"[4].

Na correspondência que manteve com Livio Xavier entre 1925 e 1930, as referências aos debates suscitados nas páginas de *Clarté* se sucedem a todo o momento, em especial àquele sobre o papel dos intelectuais[5]. Ao mesmo tempo, nessas cartas eram também travadas discussões sobre as leituras que ambos faziam de Freud, Trotsky, Apollinaire, Duhamel, Marx, Halévy, Panaït Istrati, Gide, Victor Serge, Breton, Aragon, da revista *Révolution Surréaliste*, do órgão oficial do Partido Comunista Francês, *L'Humanité* (ambas as publicações assinadas por Pedrosa) etc. Embora tenha havido uma seção brasileira de *Clarté*, que circulou em 1921 e 1922, não existe traço de sua influência sobre Pedrosa ou Xavier,

---

3. Nicole Racine-Furlaud, "Une revue d'intellectuels communistes dans les années vingt: *Clarté* (1921-1928)", *Revue Française de Science Politique*, Paris, 17º ano, n. 3, 1967, pp. 484-519; Alain Cuenot, *Clarté, 1919-1928: Du pacifisme à l'internationalisme prolétarien et du surréalisme au trotskisme – Itinéraire politique et culturel*, 2 vols., Paris, L'Harmattan, 2011; Jacqueline Pluet-Despatin, *La presse trotskiste en France de 1926 à 1968*, Paris/Grenoble, Éditions de la Maison des Sciences de l'Homme/Presses Universitaires de Grenoble, 1978.
4. Carta de Astrojildo Pereira ao Reitor da Escola Leninista Internacional, Rio de Janeiro, 7.11.1927, p. 1 (Acervo do Arquivo Edgard Leuenroth – Rgaspi 495-029-026, rolo 1). Com a aproximação de *Clarté* das posições de Trotsky em 1927, não é o caso de indagar se essa referência à revista seria um elogio ou uma advertência ao reitor da Escola Leninista...
5. Não se pretende aqui enveredar por essa via que já foi muito bem explorada por José Castilho Marques Neto, *Solidão Revolucionária: Mario Pedrosa e as Origens do Trotskismo no Brasil*, São Paulo/Rio de Janeiro, Paz e Terra, 1993. Para a correspondência entre Pedrosa e Xavier, consultar especialmente as pp. 255-338.

nem sequer de contatos com ela, tampouco de vínculos pessoais mais profundos com os seus integrantes, o que pode ser compreendido pelas posições reformistas então por estes adotadas e que sequer cogitavam aliança com a classe operária[6]. Não é ocioso destacar que não é mera coincidência que a trajetória política de Mario Pedrosa, obviamente não com a mesma cronologia, é espelhada à de *Clarté*, passando do comunismo, pelo surrealismo, ao trotskismo.

A outra vertente é a do contato com o marxismo propriamente e que ocorre durante a permanência na Faculdade de Direito do Rio de Janeiro. Aí é, de acordo com a cronologia redigida por Mary Houston Pedrosa para uma homenagem pelos oitenta anos de Mario Pedrosa, "que toma corpo o interesse de Mario pelas questões sociais e pelo marxismo. Em torno do professor Castro Rebello agrupavam-se os alunos da mesma tendência, entre os quais há que destacar Livio Xavier, com quem, desde logo, Mario se ligou de amizade"[7]. Essa influência de Castro Rebello também é destacada na carta de Astrojildo Pereira à Escola Leninista Internacional: "Um de seus mestres na Academia foi o Prof. Castro Rebello, marxista notório"[8].

Por fim, o círculo se completa com o ingresso de Mario Pedrosa no PCB, em 1925. Na ocasião, Mario Pedrosa atribuiu jocosamente a iniciativa do contato do partido com ele a Castro Rebello (embora isso não tenha sido de todo improvável). Anos depois, na entrevista a *O Estado de S. Paulo* acima mencionada, imputou-o a um primo que trabalhava na Imprensa Oficial (também aqui é justo pensar que Mario Pedrosa tenha preferido omitir o nome de Mário Grazini, pois talvez tenha julgado que, naquela conjuntura ditatorial, não fosse conveniente nomeá-lo).

6. Michael M. Hall & Paulo Sergio Pinheiro, "O Grupo *Clarté* no Brasil: Da Revolução nos Espíritos ao Ministério do Trabalho", em Antonio Arnoni Prado (org.), *Libertários no Brasil: Memória; Lutas; Cultura*, São Paulo, Brasiliense, 1986, pp. 251-287.
7. Mary Houston Pedrosa, *Mario Pedrosa – Dados Cronológicos*, Rio de Janeiro, mecanografado, [1979], p. 1. (Acervo Cemap-Interludium-Cedem). Edgardo de Castro Rebello (1884-1970), advogado e professor de direito, embora nunca tenha sido militante do Partido Comunista do Brasil (PCB), foi muito próximo do partido e sempre defendeu seus militantes nos tribunais, sendo afastado da Faculdade de Direito do Rio de Janeiro após a revolta militar comunista de novembro de 1935.
8. Carta de Astrojildo Pereira ao Reitor da Escola Leninista Internacional, Rio de Janeiro, 7.11.1927, pp. 1-2 (Acervo do Arquivo Edgard Leuenroth – Rgaspi 495-029-026, rolo 1).

Enfim, até é possível que ambos os episódios tenham efetivamente ocorrido. O que de fato se passou foi que esse contato ocorreu em São Paulo, para onde Mario Pedrosa fora para assumir um cargo de fiscal do Imposto de Consumo, trabalhando ao mesmo tempo no *Diário da Noite*, periódico do conglomerado jornalístico "Diários Associados", de Assis Chateaubriand. Numa carta a Livio Xavier, Pedrosa narrou assim esse primeiro contato:

> Recebi há dias um pacote estranho com 3 números avulsos da *A Classe Operária*, que se publica aí no Rio. Sabias disso? Fiquei com medo por ser tão conhecido!... Escrevi, para não dar parte de fraco, uma carta ortodoxa ao *camarada* redator e mandei uns cobres para assinatura etc. Depois fiquei assombrado da minha audácia e da minha ação... revolucionária: já me via com a polícia atrás e com ares de mártir pela causa, para o que, confesso, não nasci nem tenho grande vocação. Espero que o mesmo haja sucedido com o meu irmão de crenças — antes mal acompanhado do que só! E o nosso bravo professor Castro Rebello? Que tem responsabilidades de mestre? Creio que foi ele quem me denunciou, aqui, no meu [ilegível] de S. Paulo. Infâmia.
> Gostei do jornal que esculhambava o partido socialista do Carpenter e do Evaristo[9].

A "carta ortodoxa" acabou transformada em um artigo que foi publicado no número 12, de 28 de julho de 1925, de *A Classe Operária*, sob o título "P.S.B." Essa "carta ortodoxa" fez com que Pedrosa acabasse contatado por algum quadro dirigente comunista, como afirma Marques Neto[10]. Dias depois, Pedrosa prosseguiu na narração de sua aproximação com o PCB:

> Obedeci a ordem da *Classe Operária*. Fui procurar os homens. Encontrei o camarada Mário Grazini, secretário dos Gráficos. Conversei com ele. Quando soube que era intelectual e *advogado* ficou muito contente. Quer estudar o Marx, mas ainda não pode. Está estudando português e aritmética. Moço, simpático, integrado na ideologia, fiz fé com ele. Quando deixei-o, estava entusiasmado. Cantou-me

---

9. Carta de Mario Pedrosa a Livio Xavier, São Paulo 8.7.1925, pp. 2-3 (grifo do original). (Fundo Livio Xavier – Cedem). *A Classe Operária* era o órgão oficial do PCB e teve seu primeiro número lançado em 1º de maio de 1925. Circulou até o 12º número, de 18 de julho, quando teve sua circulação proibida. Somente voltou a circular em 1928.
10. J. C. Marques Neto, *op. cit.*, p. 195.

para entregar-me à causa com devotamento e sacrifício. Senti um calafrio – *le refus du parvenir* desapareceu como por encanto – tive saudades de tudo por antecipação. Ouvi o apelo sedutor da sociedade. Então, entrincheirei-me no ponto de vista da classe – e disse que, burguês intelectual, não devia ser militante, mas estaria à disposição para todas as tarefas intelectuais que me entregassem[11].

Essa dúvida que o assaltou e que o fez recuar momentaneamente em sua adesão ao PCB era compartilhada com a necessidade de agir. Em carta de 8 de julho de 1925, Pedrosa, em meio a uma discussão sobre as artes, afirmava: "Vamos matar gente, queimar, destruir, pela revolução. Os artistas pululam, mas a matéria, a carne, o barro para fazer a arte aonde se acha? Goethe bem tinha razão: *Au commencement est l'action*"[12]. Dias depois, na mesma carta em que relatava seu encontro com Grazini, mais uma vez reiterou a questão:

Aliás, até os surrealistas põem a ação acima de tudo. Vejam a predileção do Breton, as preferências literárias e artísticas dele: os que faziam uma vida trabalhosa ou aventureira, penosa ou não etc. Abandonar tudo – e... o quê? Hoje estou cagando para a arte, a cultura, a sociedade etc. Já estou desprendido disso, mas o resto, mas não é o bastante, mas o que vem substituir *isto*?[13]

Efetivamente, o recuo perante Grazini fez com que os comunistas não o procurassem por algum tempo. Em carta a Livio Xavier, de 29 de agosto, Mario Pedrosa lamentou-se de que o PCB o deixara de procurar: "ainda não vi os comunistas"[14]. No entanto, menos de um mês depois,

---

11. Carta de Mario Pedrosa a Livio Xavier, São Paulo, 28.7.1925, p. 2 (grifos do original) (Fundo Livio Xavier – Cedem). Mário Grazini (1898-1958), gráfico, foi importante dirigente sindical de sua categoria e dirigente nacional sindical do PCB. Acabou expulso em 1934 por discordar das orientações que acabaram conduzindo o PCB aos levantes armados de novembro de 1935. Mais adiante, na mesma carta, Pedrosa anuncia a compra dos quatro primeiros volumes da edição francesa de *O Capital* – tradução de Jacques Molitor. Algum tempo depois, Pedrosa informa que estava ensinando economia para Grazini, mas "Marx ele [Grazini] estudará depois" (carta sem data, provavelmente do final de 1925).
12. Carta de Mario Pedrosa a Livio Xavier, São Paulo, 8.7.1925, p. 7 (Fundo Livio Xavier – Cedem).
13. Carta de Mario Pedrosa a Livio Xavier, São Paulo, 28.7.1925, p. 5 (grifo do original) (Fundo Livio Xavier – Cedem).
14. Carta de Mario Pedrosa a Livio Xavier, São Paulo, 29.8.1925, p. 3 (Fundo Livio Xavier – Cedem).

solicitava, aparentemente sem maiores esclarecimentos, uma colaboração a Livio Xavier, ainda vaga, sobre política internacional, e também uma biografia de Marx: "tem de ser ortodoxa [...]. Marxista naturalmente, mas pode ser regado com um romantismozinho reconfortante. [...] Naturalmente, v. compreende que vai escrever para a massa, para operários, sem requintes estéticos nem sutilezas bizantinas de intelectual decadente". Depois, de forma elíptica, anuncia sua entrada para o PCB: "*Mes yeux se tournent vers Moscou chargés d'angoisse et d'espérances*"[15]. Na correspondência entre Mario Pedrosa e Livio Xavier, não se conservou nenhuma carta em que Pedrosa tenha anunciado formalmente a sua adesão ao Partido Comunista. Todavia, do final de setembro de 1925 até o início de 1926, a correspondência tinha um tema recorrente: a confecção de uma revista para o PCB e da qual Pedrosa era o editor. Trata-se da *Revista Proletária*, cujo único número foi publicado em janeiro de 1926. Embora o nome de Mário Grazini estivesse estampado na capa como o editor, a correspondência com Livio Xavier revela que esse papel coube efetivamente a Pedrosa. Também é importante nunca perder de vista que naquele momento os partidos comunistas, e muito menos o PCB, não atribuíam uma tarefa como essa a um *compagnon de route*. E, além disso, a carta de apresentação de Astrojildo Pereira ao reitor da Escola Leninista Internacional corroborava isso: "Editou em São Paulo uma pequena revista marxista – *Revista Proletária*"[16]. Nesse período também, dada sua experiência como redator de política internacional no *Diário da Noite*, bem como a leitura de *Clarté* e de *L'Humanité*, publicou textos sobre o movimento operário britânico no jornal *O Internacional*, o órgão dos empregados em hotéis, restaurantes, confeitarias, bares, cafés e congêneres da cidade de São Paulo, então dirigido pelos comunistas.

Desse período inicial da militância de Pedrosa no PCB, basta a síntese que dela faz o secretário-geral do partido, Astrojildo Pereira, em sua carta de apresentação ao reitor da Escola Leninista Internacional: "Tendo aderido, em 1925, à organização do PCB em São Paulo, aí militou,

---

15. Carta de Mario Pedrosa a Livio Xavier, São Paulo, [20.9.1925], pp. 1 e 3-4, respectivamente (Fundo Livio Xavier – Cedem).
16. Carta de Astrojildo Pereira ao Reitor da Escola Leninista Internacional, Rio de Janeiro, 7.11.1927, p. 1 (Acervo do Arquivo Edgard Leuenroth – Rgaspi 495-029-026, rolo 1).

transferindo-se depois para o Rio, onde militou não só na organização do partido (fazendo parte de um comitê de *rayon*), como também no Socorro Vermelho Internacional (Socorro Proletário)"[17].

O período em que Pedrosa militou nas fileiras comunistas brasileiras foi de grandes mudanças na história do partido. O PCB, depois do momento inicial em que buscou estabelecer sua identidade e diferenciar-se de seu núcleo original de formação, o anarquismo e o sindicalismo revolucionário, passou empiricamente, ao mesmo tempo que buscava assimilar com muita dificuldade as orientações internacionais cada vez mais ciclotímicas da Internacional Comunista (IC) – ocorridas por conta do processo de controle do grupo de Stalin do Estado soviético e da IC –, a buscar contatos com segmentos e campos de ação em que pudesse crescer. Num primeiro momento, com um sindicalismo mais conservador, em 1923-1924, através da Confederação Sindicalista-Cooperativista Brasileira (CSCB). Em seguida, através da aproximação com a pequena burguesia, cujas primeiras mudanças foram sinalizadas no II Congresso do PCB, ocorrido no Rio de Janeiro entre 15 e 18 de maio de 1925, depois referendadas em *Agrarismo e Industrialismo*, do dirigente comunista Octávio Brandão, publicado em 1926. E, por fim, a participação no Parlamento, aprofundando a política de aliança com as classes médias, através da criação de uma frente eleitoral, o Bloco Operário e Camponês, o qual elegeu, em 1927, um deputado federal que não pertencia ao PCB, Azevedo Lima, e, no ano seguinte, dois vereadores à Câmara Municipal do Rio de Janeiro, Octávio Brandão e Minervino de Oliveira, ambos militantes comunistas. E tal política ainda prosseguiu naquele mesmo ano de 1927 na busca da aliança com a "classe média revoltosa", ou seja,

---

17. *Idem*, p. 2. O Socorro Proletário foi fundado em julho de 1927 no Rio de Janeiro e apresentado como uma "organização de defesa das vítimas por questões políticas e sociais, da reação conservadora e absolutista, venha de que classe vier, seja de que cor política, liberal, democrática, socialista, anarquista ou comunista" e o seu fim era o de prestar "assistência moral, material e judiciária a todas as vítimas da luta de classe e o de despertar e desenvolver o princípio de solidariedade universal da massa trabalhadora". Na sua comissão central, além de Pedrosa, estavam o deputado Azevedo Lima, os professores Luiz Carpenter e Castro Rebello, os doutores Evaristo de Moraes, Emílio de Mesquita, Danton Jobim e Livio Xavier e o gráfico Roberto Morena ("Foi Criado o Socorro Proletário", *A Manhã*, Rio de Janeiro, 19.7.1927, p. 2).

Luís Carlos Prestes e os "tenentes". Enfim, nesse contexto de busca de aproximação com as classes médias, é possível compreender tanto a entrada[18] de Pedrosa no PCB como a decisão de enviá-lo, em novembro de 1927, a Moscou para frequentar a Escola Leninista Internacional.

18. Recorde-se a observação de Pedrosa de como Grazini ficou "contente" ao saber que ele era "intelectual e advogado".

Notas de leitura de Mario Pedrosa, para *Revolução e Contrarrevolução na Alemanha* (publicado em 1933 pela Unitas), sobre *História da Revolução Russa*, de Leon Trotsky. Ogum é o modo pelo qual Pedrosa e seus companheiros se referiam a Trotsky, em alusão a uma clássica transposição de uma tradicional imagem religiosa e de sua utilização pela propaganda dos comunistas russos empregada em um cartaz da época da Guerra Civil russa, nos anos 1920, em que Trotsky aparecia como um São Jorge enfrentando o dragão da contrarrevolução. Essa divindade masculina ioruba, no entanto, arquétipo do guerreiro, como se sabe, foi sincretizada no Brasil com Santo Antônio, divindade guerreira dos mitos católicos. São Paulo, 1932 (Fundo Mario Pedrosa – Cemap-Interludium-Cedem).

Capítulo 2
Nas Sendas de Leon Trotsky

Foi quando se encaminhava a Moscou para a Escola Leninista Internacional que, por razões de saúde, Pedrosa permaneceu em Berlim. Quando estava na capital alemã, recebeu a informação de que os líderes da Oposição Unificada, Trotsky, Zinoviev e Kamenev, tinham sido expulsos do Partido Comunista da União Soviética no congresso desse partido. À medida que recebia mais notícias do que se passava na URSS, decidiu não mais prosseguir até a União Soviética e permaneceu na Alemanha, militando no Partido Comunista Alemão, fazendo cursos de filosofia e sociologia na Universidade de Berlim, ao mesmo tempo que, em contato com militantes alemães e com Pierre Naville, surrealista francês que aderira ao comunismo e então dirigia *Clarté*, e com quem já se correspondia antes de sair do Brasil, passou a ter um contato mais aprofundado com os materiais da Oposição de Esquerda, fração comunista internacional que se guiava pelas posições de Leon Trotsky, e tomou a resolução de aderir às propostas do grupo oposicionista. Foi também nessa viagem que Pedrosa conheceu as ideias de Rosa Luxemburgo.

No entanto, sua adesão à Oposição de Esquerda não foi uma decisão repentina. Foi a conclusão de um processo de acompanhamento da política levada a cabo pela Internacional Comunista (IC) ao longo do último período. E isso foi feito, como vimos, especialmente através da leitura de *Clarté*, mas também de outras publicações comunistas, sobretudo francesas: *L'Humanité, Bulletin Communiste, Contre le Courant* e *Cahiers du Bolchevisme*, além das publicações e documentos oficiais da Internacional Comunista[1]. Um conjunto de informações a que a grande maioria da militância comunista do Brasil naquele momento não tinha acesso. Por meio dele, Pedrosa pôde colocar-se ao corrente das ações da política da IC, em especial daquelas que os partidários de Trotsky julgavam delimitadoras: a do Comitê Anglo-Russo, a revolução chinesa e a política econômica da União Soviética, conjugada com a chamada "teoria do socialismo num só país"[2]. Enfim, era um conjunto de eventos mais conspícuos entre outros que permitia a clara percepção de como a IC deixara de ser um instrumento para a revolução em escala planetária e se transformara, na imagem de Trotsky, em guarda-fronteiras da União Soviética, fazendo dos partidos comunistas joguetes da política externa soviética.

Mario Pedrosa, depois de passar o ano de 1928 na Alemanha, seguiu em abril de 1929 para a França, onde passou a militar nas fileiras da Oposição de Esquerda francesa, retornando ao Rio de Janeiro em 19 de julho de 1929[3]. Ao longo dessa estadia, em sua correspondência com Livio Xavier, além de enviar publicações e documentos, Pedrosa discutia não apenas suas dúvidas em relação ao que testemunhava, mas as transformações que o movimento comunista internacional dramaticamente sofria naquele momento e suas repercussões no Brasil e no seu partido comunista.

Vai um pouco além do campo das coincidências o fato de que, no bojo de uma cisão sindical, tenha surgido, já em maio de 1928, um grupo de meia centena de militantes comunistas que dirigiu uma carta à direção do PCB acusando-a de adotar posturas que atentavam contra a democracia partidária e exigiam a convocação de uma conferência nacional. Entre os signatários, Livio Xavier. Além disso, esse grupo preparara um memorial à direção do PCB. Nele também criticavam a questão

---

1. Esse conjunto de publicações se encontra no Fundo Livio Xavier, no Cedem-Unesp.
2. Para uma discussão mais detalhada, ver J. C. Marques Neto, *op. cit.*, pp. 51-87.
3. "Viajantes", *O Paiz*, Rio de Janeiro, 19.7.1929, p. 6.

da política de aproximação com a pequena burguesia, a qual deveria ser analisada à luz da luta de classes e não, como faziam os comunistas brasileiros, simplesmente mimetizando a política adotada na China com o Kuo min tang, pensando na revolução como algo que ocorreria em etapas, ou a retalhos, como sarcasticamente Pedrosa e seus companheiros a isso se referiam. Ou seja, queriam preservar a independência de ação do PCB, uma questão muito cara aos futuros oposicionistas de esquerda e também muito enfatizada no material que Pedrosa remetia ao Brasil. No entanto, o grupo não resistiu às pressões e praticamente se desarticulou.

Somente após a volta de Pedrosa ao país é que aquele quadro seria alterado. Com a experiência da militância nos dois principais partidos comunistas do Ocidente e a compreensão de que o comunismo brasileiro padecia também dos mesmos males que testemunhara nos partidos europeus é que Pedrosa veio disposto a encetar a luta que a Oposição de Esquerda iniciava em vários cantos do planeta: construir uma fração do PCB cujo objetivo era tentar reerguer a Internacional Comunista e as suas seções "na base verdadeira de Marx e de Lenin". Não era algo fácil criticar os erros políticos da direção do partido e ao mesmo tempo participar "dos combates da vanguarda proletária [...] e chamar os operários a votarem pelos candidatos do partido comunista"[4]. A situação se agravava ainda mais quando a imensa maioria daqueles que poderiam tomar parte da Oposição brasileira já estava, formalmente, fora do partido. Por isso, Pedrosa, antes de dar forma orgânica à fração da Oposição brasileira, achou mais prudente formar um grupo de debates, para somente depois tomar o caminho de constituir uma organização:

> Mas combinei com o [Rodolfo] Coutinho de reunirmos um grupo. Ele acha que o grupo deve ser o mais fechado possível, só com gente de toda confiança. Não se faz nenhuma política de militante. Só de estudos teóricos, revisão de pontos de vista, informações da situação internacional, nacional etc. E depois de uma certa homogeneidade de ideologia – entra-se em comunicação com Trotsky – por intermédio do Naville (coisa aliás combinada entre mim e este) – não só dando

---

4. Ambas as citações são de "Oposição de Esquerda Internacional. Ao Proletariado do Mundo Inteiro!", *Boletim da Oposição*, [s.l.], jan. 1931, p. 4.

informações do que se passa aqui – como situando nossa posição do ponto de vista internacional mas tudo numa atitude de completa independência. A nossa ideia é nos reunirmos. E fazer uns esforços pra estudarmos alguma coisa coletivamente – não só do ponto de vista puramente teórico como também de análise dos fatos, dos acontecimentos, etc. – de modo a não perdermos de vista a situação mundial e nacional, de modo a sempre podermos tomar pé nos acontecimentos. O Coutinho acha que a coisa deve ser bem fechada. Só de elementos com que se conte absolutamente. Assim somente o Sávio [Antunes] e irmão, ele e eu, e talvez o [Wenceslau Escobar de] Azambuja (pois casou-se e ninguém sabe mais) e o Silva, alfaiate, e o Antônio Bento, enquanto não for embora. E mais ninguém. E isso não deve transpirar lá fora. [...] naturalmente contamos com você [Livio Xavier][5].

Como resultado de tal trabalho, no qual Pedrosa conseguiu homogeneizar esse grupo e através disso não apenas reagrupar boa parte daquela meia centena de militantes que se unira em maio de 1928 como também conseguiu a adesão de vários militantes da Juventude Comunista e de células operárias, em especial de gráficos, além de alguns militantes de São Paulo, como Aristides Lobo e Plínio Gomes de Mello, formou-se o Grupo Comunista Lenin (GCL), que apareceu publicamente através da publicação de seu órgão oficial, *A Luta de Classe*, em 8 de maio de 1930, no Rio de Janeiro. Antes disso, em 1929, Pedrosa já havia sido preso e expulso das fileiras comunistas[6].

O GCL teve vida curta, dez meses. Durante esse período, Pedrosa e seus camaradas dedicaram-se, através das páginas d'*A Luta de Classe*, a debater a orientação política e sindical do PCB, bem como expor as principais diretrizes da Oposição de Esquerda. Mas, sem dúvida, a principal contribuição foi seu esforço em compreender e explicar a realidade brasileira. Elaborado nesse período, o texto "Esboço de Análise da Situação Brasileira"[7], de autoria de Mario Pedrosa e Livio Xavier, é

---

5. Carta de Mario Pedrosa a Livio Xavier, Rio de Janeiro, [s.d.], pp. 1, 2 e 4.
6. "Notícia Biobibliográfica. O Mundo Perdeu Seus Mitos. Depoimento de Mario Pedrosa, um de Nossos Intelectuais de Maior Experiência Política", *Diário Carioca*, Rio de Janeiro, 9.11.1947, p. 1 (2º caderno); Mary Houston Pedrosa, *op. cit.*, p. 2.
7. Datado de 12 de outubro de 1930, foi publicado em 1931 na França e no Brasil, nos órgãos oficiais das respectivas seções da Oposição de Esquerda Internacional. M. C. [Mario Pedrosa] e L. L. [Livio Xavier], "Esboço de Análise da Situação Brasileira", *A Luta de Classe*, Rio de Janeiro, ano II, n. 6, fev.-mar. 1931, pp. 3-4; M. Camboa e L.

um marco na história do marxismo no Brasil. Constituiu o texto que alicerçou teoricamente as teses da Oposição de Esquerda sobre o Brasil, pois nele foram traçadas pela primeira vez as diferenças fundamentais de análise dos oposicionistas com as teses do Partido Comunista do Brasil. Pioneiro na análise apurada de questões hoje consagradas até pela historiografia acadêmica, como a compreensão da Revolução de 1930, o "Esboço" é um dos raros documentos marxistas da esquerda comunista brasileira da época que, apesar de sua brevidade, apresenta uma lúcida crítica da situação social do Brasil.

Foi o primeiro esforço sério no sentido de compreender as especificidades da formação social e econômica brasileira sob o ponto de vista marxista, e nele foram examinadas as características do capitalismo brasileiro, os impasses da centralização do poder no federalismo brasileiro e as forças políticas em luta naquele momento. Particularmente para a conjuntura daquele momento, o "Esboço" põe de lado as formulações e a visão simplista do PCB, tomadas dos modelos da Internacional Comunista para os chamados "países coloniais e semicoloniais", que viam no Brasil apenas confrontos entre campo e cidade, entre conservadores e progressistas, entre imperialismo inglês e americano. O texto de Pedrosa e Xavier aponta que o desenvolvimento das forças produtivas brasileiras resultou, de um lado, em uma centralização do aparelho de Estado e, de outro, nos acordos de compromisso e conciliação entre as facções políticas burguesas regionais em disputa.

As ações do GCL causaram impacto nas fileiras comunistas, mas não propriamente um debate. O PCB preferiu ficar no campo dos desacatos. Acusou o GCL de utilizar "a velha bagagem do trotskismo contrarrevolucionário", chamou *A Luta de Classe* de "folha caluniadora" e chegou a aludir a Mario Pedrosa: "Se bem que tenham alguns deles passado anos na Alemanha, estudando tecnologia estatística, não aprenderam que obra revolucionária não se faz nos cafés da avenida"[8]. E quando

Lyon, "Esquisse d'une analyse de la situation économique et sociale au Brésil", *La Lutte de Classes*, Paris, 4ᵉ année, n. 28-29, fev.-mar. 1931, pp. 149-158.
8. As duas referências são oriundas de *Bureau* Político do PCB. "Aos Camaradas do Partido e a Todos os Trabalhadores Conscientes", *A Classe Operária*, Rio de Janeiro, ano VI, n. 93, 19.7.1930, p. 2. A referência a Mario Pedrosa provém de "Caricatura de Oposição. Abai-

os comunistas aparentemente se dispuseram a debater as análises dos trotskistas brasileiros, não conseguiram fugir da tautologia, repetindo simplesmente suas interpretações sobre luta interimperialista, radicalização das massas[9] etc. Mas as relações do PCB com os oposicionistas tomaram rumos mais graves.

Heitor Ferreira Lima, que havia sido enviado à Escola Leninista Internacional juntamente com Pedrosa, retornara ao Brasil em dezembro de 1930. Em suas memórias conta que, antes de ser eleito secretário-geral do PCB, em meados de 1931, tomara uma decisão no mínimo polêmica:

> Uma das primeiras medidas por nós tomada foi a publicação em *A Classe Operária* de uma lista de elementos expulsos do P.C.B., como Pedro Mota Lima, candidato a deputado pela Aliança Liberal; Josias Leão, muito ligado a João Alberto, em São Paulo, e o irmão deste, Luís de Barros, que entraram logo para a carreira diplomática; Reis Perdigão, interventor no Maranhão, e outros mais, além de alguns trotskistas notórios, o que me valeu violenta crítica dos atingidos[10].

Pouco antes, Mario Pedrosa havia ido a Buenos Aires para tentar conquistar a adesão de Luís Carlos Prestes ao PCB, o qual havia publicado um manifesto anunciando suas simpatias pelo comunismo. Tal iniciativa deve ser entendida no contexto da atuação dos oposicionistas como facção do PCB, portanto como militantes comunistas. Além disso, Pedrosa propôs a Prestes a ideia da criação de um jornal, de cuja redação se incumbiria Livio Xavier. Prestes acabou concordando com a ideia e forneceu recursos a Pedrosa para a edição do jornal e de outras publicações (brochuras de Marx, Engels, Lenin etc.). No entanto, com a eclosão da chamada "Revolução de 1930", o projeto abortou e Livio Xavier acabou não indo a Buenos Aires.

---

xo os Intrigantes e os Derrotistas!", *A Classe Operária*, Rio de Janeiro, ano VI, n. 92, 3.7.1930, p. 3.
9. J. Barreto, "Os Doutores Rabanetes. Resposta à 'Liga Comunista'", *A Classe Operária*, Rio de Janeiro, ano VI, n. 110, 5.3.1931, pp. 2-3.
10. Heitor Ferreira Lima, *Caminhos Percorridos: Memórias de Militância*, São Paulo, Brasiliense, 1982, p. 140. A suprema ironia é que Heitor Ferreira Lima acabou sendo vítima de idêntico procedimento quando se envolveu em uma cisão no PCB na segunda metade dos anos 1930.

No final de 1930, Pedrosa adoeceu e ficou impedido de militar, o que fez com que o GCL, extremamente dependente de sua iniciativa, praticamente ficasse paralisado. Por essa razão, Mario Pedrosa acabou incentivando Livio Xavier, Aristides Lobo e outros companheiros de São Paulo a se manter à frente da Oposição. Mas essa mudança também teve uma consequência organizativa: o GCL deixou de existir e em seu lugar foi fundada a Liga Comunista do Brasil, em ato ocorrido em duas assembleias realizadas nos dias 21 e 22 de janeiro de 1931, em São Paulo. Pedrosa, convalescendo, a elas compareceu e recebeu a atribuição de reorganizar a seção da Liga no Rio de Janeiro.

A recém-criada organização, dando-se conta, de um lado, de que as acomodações entre as facções da burguesia nacional ainda não haviam chegado a um bom termo, o que resultava em uma situação política de instabilidade, e, de outro, de que a fragilidade da classe operária brasileira, fragmentada em diversas orientações, dificultava sua luta pelo poder, propunha ao PCB novos caminhos: a luta por uma Constituinte e a unificação das forças sindicais. No entanto, os comunistas, enviesados pela orientação esquerdista do chamado "terceiro período", estabelecida no VI Congresso da Internacional Comunista, que criou uma série de fórmulas, como a da "radicalização das massas", que colocava na ordem do dia a criação de sovietes e a tomada do poder, recusaram tais propostas e acusaram-nas de "contrarrevolucionárias" e outros epítetos. No Brasil, essa política do "terceiro período" foi implantada por emissários enviados de Moscou, que afastaram, em 1930, praticamente toda a direção que criara o PCB e "bolchevizaram" o partido, retirando os intelectuais de sua direção, num movimento que ficou conhecido como "obreirismo". Essa postura do PCB, que enxergava e transformava qualquer surto grevista em uma situação pré-revolucionária, com as frequentes trocas de direção do partido, permaneceu praticamente até o final de 1934.

Com a piora de sua saúde, Mario Pedrosa veio para São Paulo em busca de tratamento e o seu concunhado, o poeta surrealista francês Benjamin Péret, casado com Elsie Houston, que estava no Brasil desde 1929, tomou o seu lugar como responsável pela seção regional da Liga do Rio de Janeiro, que Pedrosa deixara reorganizada. No entanto, o agravamento de sua doença rumo a uma pneumonia levou-o a internar-se em um sanatório em Campos do Jordão, onde permaneceu até princípios de 1932, quando retornou para São Paulo e retomou a militância.

Além da campanha pela Constituinte e da luta pela frente única sindical, Mario Pedrosa (quando ainda convalescia em Campos de Jordão) passou a reunir, traduzir e publicar na imprensa oposicionista os textos de Trotsky sobre a crise alemã, os quais alertavam sobre a política suicida levada a cabo pela Internacional Comunista naquele país e que propiciavam o risco real de abrir o caminho do poder aos nazistas de Adolf Hitler.

No entanto, é preciso aqui chamar a atenção para algo que também permaneceu imutável no governo saído da Revolução de 1930, mesmo que os acenos dirigidos aos trabalhadores pudessem alimentar ilusões em sentido contrário: a repressão ao movimento operário. E dela os oposicionistas também não foram poupados:

> O ano político que passou – o primeiro da chamada "República Nova", mas velha como as mais velhas na corrupção e no reacionarismo – assinalou-se, apesar de todo o seu "liberalismo", como o da mais negra reação. [...] Juntos ao Partido, ao lado dos nossos camaradas do Partido, pagamos também o nosso tributo à reação burguesa. Vários de nossos camaradas estão sofrendo ou sofreram o degredo, o banimento, a deportação (M[anoel]. M[edeiros]., V[ictor]. A[zevedo]., J[oão]. M[atheus]., B[enjamin]. P[éret].), sem falar nas prisões sem conta. Outros tiveram que passar a viver foragidos para escapar à sanha policial[11].

Isso fez com que os oposicionistas, bem como todos os militantes de esquerda, tivessem sempre uma atitude cautelosa com relação ao aparato repressivo. Mas as relações entre o PCB e a Oposição de Esquerda tornaram-se cada vez mais conflituosas. Os oposicionistas de São Paulo foram surpreendidos com a divulgação pública de nomes daqueles que atuavam no movimento sindical por parte de uma organização comunista:

> Por ocasião das últimas prisões, os stalinistas se revelaram. Começaram por denunciar à polícia, em manifesto da Federação Sindical Regional, vários camaradas da Oposição de Esquerda. É evidente que procurarão disfarçar o seu crime com a

---

11. "O 'Liberalismo' da 'República Nova'", *Boletim da Oposição*, São Paulo, n. 3, jan. 1932, p. 2.

alegação de um "dever" de apontar "ao proletariado" os "trotskistas contrarrevolucionários". A polícia, porém, que não vê distinção entre um membro do Partido e um aderente da Oposição de Esquerda, serviu-se da delação dos stalinistas para prender também os "contrarrevolucionários" cujos nomes lhe foram fornecidos. [...] O camarada Mario Pedrosa, cuja prisão foi consequência da ação policial dos burocratas dirigentes, foi formalmente transferido do xadrez em que se encontrava, em virtude de um pedido feito aos diretores do presídio por dois chefetes stalinistas[12].

A publicação de tal manifesto ocorreu no início de agosto de 1932, pouco depois do desencadeamento da tentativa da oligarquia paulista de recuperar *manu militari* o poder perdido em 1930, com a "Mazorca Constitucionalista" de 9 de julho de 1932. Pouco antes do desencadeamento do *putsch*, a polícia política paulista criou um grupo especial de "repressão ao bolchevismo", cuja expansão em São Paulo, em sua propaganda, a oligarquia paulista atribuía ao governo de Vargas. "A erva daninha do comunismo, trouxe-a para S. Paulo a mochila de certos próceres de 1930", assim colaborou no "esforço de guerra" o arcebispo metropolitano dom Duarte Leopoldo e Silva. Grupos de agentes percorriam durante a noite os bairros da cidade e durante o dia se encarregavam de vigiar a entrada e a saída dos trabalhadores nas indústrias, na periferia, com o objetivo de efetuar as prisões. Como resultado dessa razia contra os militantes de esquerda, a polícia política paulista, entre o início da "mazorca" e meados de setembro, prendeu "trinta e seis agitadores, entre estrangeiros e maus brasileiros, contando-se nesse número até quatro mulheres!", como publicou, num texto certamente redigido pela polícia política, o diário do Partido Democrático de São Paulo[13]. No campo da Oposição, as baixas atingiram o número de cinco: Mario Pedrosa foi preso em 11 de agosto, juntamente com sua companheira Mary Houston, e dois outros militantes, o jornalista Victor de Azevedo Pinheiro e o gráfico Mario Dupont. Aristides Lobo fora preso pouco antes, no dia 27 de julho. Pedrosa, décadas depois, não perdeu a oportunidade de fazer

---

12. "A Repressão ao Comunismo e a Desmoralização dos Burocratas", *A Luta de Classe*, São Paulo, n. 8, 5.10.1932, p. 2.
13. "Alentados pelas Autoridades Ditatoriais, os Comunistas Agiam à Vontade em S. Paulo", *Diário Nacional*, São Paulo, 14.9.1932, p. 4.

blague com o episódio: "Ela [Mary Houston Pedrosa] ficou num presídio chamado Paraíso e eu num presídio chamado Liberdade"[14].

Solto, Mario Pedrosa assistiu à rendição militar da oligarquia paulista no início de outubro de 1932, seguida dias depois pela fundação da Ação Integralista Brasileira (AIB), partido de ideologia nitidamente fascista. Esse fato, associado ao que se passava na Europa e, em especial, na Alemanha, fez com que a Liga Comunista do Brasil introduzisse um novo elemento em sua ação política: a construção de uma frente única de organizações de esquerda para barrar o caminho do fascismo no Brasil. Em janeiro de 1933, em reunião da Comissão Executiva da Liga, em São Paulo, com a presença de Mario Pedrosa, Livio Xavier, Aristides Lobo, do gráfico Manoel Medeiros, do húngaro Anton Machek e do jornalista Fulvio Abramo, aprovou-se a proposta de lançamento da Frente Única Antifascista[15]. Tal proposta ainda ganhou maior validade com a ascensão de Hitler ao posto de chanceler no final daquele mês, na Alemanha.

Pouco depois, em fevereiro, foi lançado um livro fundamental para essa nova política. Tratava-se de uma coletânea de textos de Leon Trotsky sobre a luta antifascista na Alemanha, que foi organizada, traduzida e apresentada por Mario Pedrosa:

> O problema da luta antifascista, travada pelo proletariado nos países europeus que sucumbiram ao seu avanço, era, nessa altura, muito familiar à vanguarda dos movimentos brasileiros de esquerda, devido à divulgação dos princípios em jogo – posições stalinistas *versus* posições trotskistas –, em virtude da publicação de uma obra fundamental que ainda hoje tem toda a pertinência e valor que demonstrara à época de seu aparecimento, o livro *Revolução e Contrarrevolução na Alemanha*, formado pela reunião de vários artigos e dois pequenos folhetos de Leon Trotsky e publicado pela Editora Unitas em 1933[16].

Essa coletânea causou impacto na ocasião, considerando o caráter da publicação. Além da apresentação de Pedrosa, resenhas foram publi-

---

14. Hélio Pellegrino *et al.*, "Mario Pedrosa & a Vitória dos Seus Fracassos", *O Pasquim*, Rio de Janeiro, n. 469, 23 a 29.6.1978, p. 7.
15. Fulvio Abramo, *A Revoada dos Galinhas Verdes: Uma História da Luta contra o Fascismo no Brasil*, 2. ed., São Paulo, Veneta, 2014, pp. 28-29.
16. *Idem*, p. 28.

cadas em diários e revistas do Rio de Janeiro e de São Paulo. Hermínio Sacchetta, na época dirigente comunista em São Paulo, afirma que essa obra foi a base teórica fundamental para as divergências que resultaram em sua saída do PCB cinco anos depois[17]. Além disso, ela foi e continua sendo um sucesso editorial. No mesmo ano, a editora lançou uma nova edição, com título e capa diferentes (*Aonde Vai a Alemanha?*) e posteriormente ela teve republicações nas décadas de 1960 e 1970, e a mais recente em 2011[18].

Mario Pedrosa, pela sua condição de jornalista especializado nas questões internacionais, deu entrevistas a diários paulistanos sobre o significado do Congresso Antiguerreiro de Amsterdã e sobre a ascensão de Hitler ao poder, fazendo também com que as ideias da Oposição de Esquerda sobre tais temas ganhassem destaque[19]. Nelas enfatizou que a política da recusa de aliança com a social-democracia alemã, considerada pelos comunistas equivalente ao nazismo e por eles alcunhada de social-fascista, levou Hitler ao poder. Tal diretriz, produto da orientação da Internacional Comunista resultante do seu VI Congresso de 1928, levou os comunistas a um impasse em todo o planeta, que somente a frente única entre as forças de esquerda poderia superar.

Além disso, mas não menos importante, a partir da proposta de um exilado italiano, Goffredo Rosini, companheiro de Antonio Gramsci e então militante da Liga Comunista do Brasil, criou-se um jornal antifascista. Feito por militantes da Liga e aberto a simpatizantes da luta contra o fascismo, *O Homem Livre* teve seu primeiro número lançado em 27 de maio de 1933 e tinha como objetivo construir e apoiar a Frente Única

17. "A Apresentação de Mario Pedrosa", *Correio de S.Paulo*, 21.2.1933, p. 2; resenhas publicadas em: *A Noite*, Rio de Janeiro, 3.3.1933, p. 6; *Correio da Manhã*, Rio de Janeiro, 18.3.1933, p. 2; *Fon-Fon*, Rio de Janeiro, ano XXVII, n. 12, 25.3.1933, p. 33; o testemunho de Hermínio Sacchetta, *Em Tempo*, São Paulo, n. 103, 3-16.4.1980, p. 17.
18. Além da edição de 1933, *Revolução e Contrarrevolução na Alemanha* recebeu reedições em 1968 (Laemmert), 1979 (Ciências Humanas) e 2011 (Sundermann), além de uma edição sem data, supostamente publicada em Lisboa pela Editora Centro do Livro Brasileiro, mas, na verdade, esta se aproveitou do miolo da edição Laemmert e apenas colocou uma nova capa e inseriu uma nova página de rosto.
19. "As Guerras Imperialistas da América do Sul São Reflexos das Rivalidades da Sociedade Capitalista", *A Platéa*, São Paulo, 5.1.1933, pp. 1-2; "O Que Representa para a Política Internacional a Subida de Hitler ao Poder", *Correio de S.Paulo*, 4.2.1933, pp. 1-2.

Antifascista (FUA). Seu redator-chefe era um simpatizante, o jornalista Geraldo Ferraz; seu gerente era também simpatizante, o advogado José Isaac Pérez; e o secretário do jornal era Fulvio Abramo. Em suas páginas, ao longo de seus 22 números, publicados entre 1933 e 1934, escreveram, entre os militantes da Liga, Mario Pedrosa, Livio Xavier, Aristides Lobo, Goffredo Rosini, Fulvio Abramo e outros, às vezes ocultos por pseudônimos, e, entre os simpatizantes e militantes de outras correntes Geraldo Ferraz, José Pérez, Amadeu Amaral Júnior, Silveira Bueno, Fernando Mendes de Almeida, Eneida, Francesco Frola, Ivone Galdo, Elsie Houston Péret, Eloy Pontes, José Jobim e outros, também sob pseudônimo. As colaborações desse grupo não se restringiram apenas ao combate ao fascismo. Elas eram variadas, com colunas sobre música, cinema, arte, literatura, ciência, além de artigos de publicações da imprensa antifascista internacional, refletindo também a linha editorial do jornal, que era a da defesa da democracia em todos os campos contra o obscurantismo fascista. Mario Pedrosa, por exemplo, além de textos sobre política exterior e nazismo, publicou nas páginas de *O Homem Livre* a respeito de artes plásticas (naquela que é considerada a sua primeira crítica de arte, sobre Käthe Kollwitz), poesia e cinema[20].

A Frente Única Antifascista começou a ser constituída no comício em memória do nono aniversário do assassinato de Giacomo Matteotti (socialista italiano assassinado a mando de Mussolini), realizado em 10 de junho de 1933 na sede da União dos Trabalhadores Gráficos de São Paulo.

20. Mario Pedrosa (com o pseudônimo R. M.), "A Internacional Nacionalista", *O Homem Livre*, São Paulo, n. 2, 3.6.1933, pp. 1-2; "De Chanceler a Futuro Furriel", *O Homem Livre*, São Paulo, n. 5, 24.6.1933, p. 1; "Scarface, ou a Lógica de uma Civilização", *O Homem Livre*, São Paulo, n. 6, 2.7.1933, p. 2; "História do Brasil", *O Homem Livre*, São Paulo, n. 11, 14.8.1933, p. 3; "O Nacional-Socialismo e a Crise Econômica (Lições da Derrota do Proletariado Alemão)", *O Homem Livre*, São Paulo, n. 13, 2.9.1933, p. 6; "O Dilema de Cuba", *O Homem Livre*, São Paulo, n. 15, 23.9.1933, p. 2; "O Gesto da Fera Acuada", *O Homem Livre*, São Paulo, n. 17, 21.10.1933, pp. 1-2; "As Tendências Sociais da Arte e Käthe Kollwitz", *O Homem Livre*, São Paulo, n. 6, 2.7.1933, pp. 3-4; "As Tendências Sociais da Arte e Käthe Kollwitz (continuação)", *O Homem Livre*, São Paulo, n. 7, 8.7.1933, pp. 5-6; "As Tendências Sociais da Arte e Käthe Kollwitz (continuação)", *O Homem Livre*, São Paulo, n. 8, 17.7.1933, pp. 3-4; "As Tendências Sociais da Arte e Käthe Kollwitz (conclusão)", *O Homem Livre*, São Paulo, n. 9, 24.7.1933, p. 6; e Mario Pedrosa (sem assinatura – identificado por Fulvio Abramo), "Coerência na Deserção", *O Homem Livre*, São Paulo, n. 22, 24.2.1934, p. 1.

Aí, Aristides Lobo, em nome da Liga Comunista, propôs a formação da FUA e os presentes, mais de quinhentas pessoas, decidiram formar uma comissão para tanto. Uma semana depois, em 25 de junho, na sede da Legião Cívica 5 de Julho, constituía-se a FUA, em uma reunião presidida pelo socialista italiano Francesco Frola. À organização antifascista aderiram a Liga Comunista, o Partido Socialista Brasileiro de São Paulo, o Grêmio Universitário Socialista, o Partido Socialista Italiano, a União dos Trabalhadores Gráficos de São Paulo, a União dos Profissionais do Volante, a Federação Operária de São Paulo, a Legião Cívica 5 de Julho, a Bandeira dos 18, o Grupo Socialista Giacomo Matteotti, o Grupo Itália Líbera e os periódicos *O Homem Livre*, *A Rua*, *O Socialismo*, *A Lanterna*, *A Plebe* e *O Brasil Novo*[21]. Afora os comunistas, que, mesmo convidados, não compareceram, a esquerda se fez representar em todos os seus matizes.

Os oposicionistas, no entanto, se esforçaram para que os comunistas se engajassem na FUA e isso ocorreu pela primeira vez no tradicional comício de 14 de julho, em 1933, ocorrido no salão da Lega Lombarda. Ali foi lido o manifesto inaugural da FUA, aprovado por todas as organizações. Depois da leitura do manifesto, além dos oradores das organizações coligadas, fizeram uso da palavra oradores sem partido ou pertencentes a organizações não coligadas, entre as quais estavam o PCB, a Juventude Comunista e o Socorro Vermelho. Quando o orador do PCB discursava, foi interrompido por anarquistas, mas o presidente da reunião, Aristides Lobo, garantiu-lhe a palavra e o comício terminou sem maiores problemas. No entanto, ao final, a polícia política prendeu Aristides Lobo e vários militantes comunistas e no dia seguinte foi a vez de Mario Pedrosa ser preso. *A Luta de Classe*, sarcasticamente, assim comentou o encerramento do comício: "Ora o arsenal democrático, ora o arsenal fascista... A mesma polícia que permitiu a realização do comício antifascista encarcerou, por nele terem tomado parte, mais de uma dezena de militantes operários"[22].

21. Fulvio Abramo, *op. cit.*, pp. 36-37.
22. "O Comício de 14 de Julho na Lega Lombarda", *A Luta de Classe*, Rio de Janeiro, ano IV, n. 14, 29.7.1933, p. 1. "O Manifesto da FUA" foi publicado em *O Homem Livre*, São Paulo, ano I, n. 8, 17.7.1933, p. 6, e também está publicado em F. Abramo, *op. cit.*, pp. 113-117.

Nesse meio-tempo, ocorreu uma importante mudança na Liga Comunista do Brasil. A FUA permitiu que a Liga encabeçasse uma série de iniciativas que deram base a uma ampliação da influência das ideias trotskistas no Brasil. Auxiliou nessa penetração a conjuntura política nacional, na qual se desenrolava o processo de elaboração de uma nova Constituição para o país, e a internacional, quando, nos anos 1933-1934, uma série de acontecimentos, em Cuba, na Áustria, na França e na Espanha, mostrava a disposição do movimento operário internacional em não deixar que a experiência alemã se repetisse. Tal quadro acentuou um dilema que sempre perpassou a vida da Liga, que foi o de ser a facção de um partido ou ser efetivamente um partido. No entanto, quando as posições da IC em defender a política que permitiu a chegada de Hitler ao poder ainda eram renitentemente mantidas, Trotsky deu-se conta de que era impossível sustentar a postura de regenerá-la. Era necessário preparar o caminho para uma nova Internacional. Assim, após a realização da Segunda Conferência Nacional (Extraordinária) da Liga – ocorrida em São Paulo, em 1º de outubro de 1933 –, quando foi ratificada a posição deliberada em setembro pela Oposição Internacional de Esquerda em favor de novos partidos e da IV Internacional –, a nova Liga Comunista Internacionalista (bolcheviques-leninistas) (LCI) se considerou um partido e não mais uma facção do PCB, e os militantes trotskistas brasileiros se deram conta de que seu trabalho na FUA já era a ação política de um partido.

Essa ação prosseguia no campo sindical com a formação da Coligação dos Sindicatos, que foi uma equivalente da FUA no campo dos sindicatos. Pedrosa dava também sua contribuição pessoal nessa tarefa ao ministrar cursos em sindicatos, como o oferecido aos bancários sobre "Sindicalismo Revolucionário"[23].

As manifestações da FUA prosseguiram. Dessa vez, os integralistas tentaram dissolver sem sucesso uma manifestação realizada no Salão Celso Garcia, ocorrida no dia 14 de novembro de 1933. Ao final dela, a polícia prendeu militantes anarquistas e trotskistas e também atacou a tiros um grupo de participantes que voltavam para casa em direção ao Brás. Um mês depois, no dia 15 de dezembro, nova e massiva manifesta-

---

23. "Associação dos Bancários de S. Paulo", *Correio de S.Paulo*, 22.5.1934, p. 2.

ção da FUA na Lega Lombarda, na qual, pela primeira vez, os comunistas integraram o grupo de entidades coligadas.

No entanto, a aliança com os comunistas foi curta. A FUA decidira convocar um comício para 25 de janeiro de 1934, no Largo da Concórdia. Embora não proibido formalmente pelas autoridades, o local fora completamente ocupado pelas forças da repressão. Enquanto o Largo começava a ser tomado pelos militantes, os organizadores da FUA tentaram, sem sucesso, negociar com as autoridades a retirada do aparato repressivo. Carmelo S. Crispim, do PSB, o líder tenentista João Cabanas e Mario Pedrosa fizeram breves discursos que foram interrompidos pelos ataques dos cavalarianos da Força Pública de São Paulo, que, em seguida, dissolveram completamente a manifestação. No dia seguinte, ainda ocorreram prisões e algumas escaramuças, envolvendo a polícia política, representantes do partido fascista italiano no Brasil e integralistas contra Francesco Frola. Os comunistas, alegando que haviam sido abandonados diante da repressão, lançaram um manifesto abandonando a Frente Única Antifascista[24].

Mario Pedrosa, em artigo comentando o abandono dos comunistas, foi cáustico:

> Os teóricos do social-fascismo voltam assim ao pântano sombrio de onde se arriscaram a sair e onde as fosforescências de seu revolucionarismo se mostram cada vez mais tênues e esquivas. Na luta contra o fascismo, na defesa das liberdades democráticas, que hoje só beneficiam os oprimidos em luta pela sua emancipação, não há lugar para os que passivamente acreditam em verdades reveladas, em dogmas erigidos à custa de falsificação e mentira. Persistir nos erros que levaram à catástrofe alemã não seria agora apenas uma capitulação, mas uma traição deliberada à causa das classes trabalhadoras que respondem perante a história pela sorte de toda a humanidade[25].

O que poderia passar por uma crise da FUA serviu, na verdade, para demonstrar que os militantes de base do PCB foram tocados pelas propostas da frente antifascista e continuaram colaborando nas atividades que envolviam seus sindicatos. Isso ficou mais patente nas comemo-

---

24. Fulvio Abramo, *op. cit.*, pp. 49-51.
25. "Coerência na Deserção", *O Homem Livre*, São Paulo, ano I, n. 22, 24.2.1934, p. 1.

rações do 1º de Maio de 1934, que, depois de sucessivas negativas das autoridades para ceder locais públicos, acabou se realizando no pátio do Palácio das Indústrias, no Parque D. Pedro II. Mesmo assim, a FUA conseguiu reunir mais de três mil pessoas, multidão que há tempos não se via em um 1º de Maio em São Paulo. E, mais uma vez, sem a presença dos comunistas. Nele, novamente, Mario Pedrosa, como dirigente da LCI, usou da palavra. *A Luta de Classe* destacou as palavras de Pedrosa. Em primeiro lugar, ele criticou a polícia por somente ter autorizado a comemoração do 1º de Maio "naquela espelunca oficial, o Palácio das Indústrias, onde funcionava o 'bordel do trabalho' que é o Departamento Estadual do Trabalho". Em seguida, depois de mostrar o fascismo como uma "forma de dominação capitalista, e como a organização da violência burguesa contra qualquer veleidade de organização do proletariado como classe", Pedrosa afirmou que isso colocava para a classe operária a necessidade de lutar pelas liberdades democráticas, "lutando, assim, pela própria existência e desenvolvimento de suas organizações". Depois de relembrar as dolorosas experiências alemã e austríaca, afirmou que era imperiosa a "aplicação da política de frente única do proletariado contra o fascismo, particularmente a sua expressão nacional, o integralismo". A seguir, propôs a iniciativa de organização de milícias operárias, "para que a luta contra o fascismo perca o seu caráter platônico".

Desfraldou, por fim, a bandeira da Quarta Internacional, de que a nossa organização, a Liga dos Comunistas Internacionalistas (Bolcheviques-Leninistas), é aderente resoluta, e que, tomando o lugar abandonado pela Segunda e pela Terceira Internacional, conduzirá o proletariado mundial às suas vitórias definitivas e alargará as fronteiras da pátria socialista a todo o mundo[26].

Mas, sem dúvida, a mais notável ação da FUA foi a contramanifestação de 7 de outubro de 1934 na Praça da Sé. Informados dias antes de que os integralistas pretendiam fazer naquela data um ato público para comemorar o segundo aniversário da criação de sua organização, os trotskistas, reunidos na sede da União dos Trabalhadores Gráficos de São

---

26. "Ampla Frente Única de Classe em 1º de Maio de 1934", *A Luta de Classe*, Rio de Janeiro, ano IV, n. 20, maio 1935, p. 2.

Paulo, decidiram que não se deveria permitir de nenhum modo, como o fizeram nazistas e fascistas, que os seguidores de Plínio Salgado ocupassem as ruas. Imediatamente, a FUA foi acionada para que as demais organizações se posicionassem a respeito, inclusive os comunistas. Conseguido o acordo, as organizações estabeleceram os procedimentos "militares". No entanto, estes foram feitos separadamente entre socialistas, comunistas e trotskistas, com cada um dos grupos tendo a sua "tática" e tendo independência diante dos demais para a ação. Nessas negociações, Mario Pedrosa, tanto como dirigente da FUA como da LCI, teve um papel importante nas tratativas com os dirigentes comunistas no sentido de permitir e garantir ação autônoma ao PCB no dia 7 de outubro. Fulvio Abramo, um dos organizadores do 7 de Outubro em nome da LCI, assim narra o estado de espírito de Pedrosa naquela ocasião:

> Na militância comum com Mario Pedrosa, sabia-o homem de pensamento e ação, numa conjunção de qualidades não muito frequentes. Mas Mario realmente surpreendia. O seu entusiasmo por estar na linha de frente da luta antifascista e por dar mais uma demonstração de que a condição de trotskistas era legítima expressão do espírito revolucionário transparecia no seu sorriso entre exultante e irônico[27].

Quando os integralistas começaram a chegar à Praça da Sé, iniciaram-se as escaramuças e logo que Fulvio Abramo, conforme estabelecido nas reuniões preparatórias, abriu o comício em nome da FUA, começou uma enorme fuzilaria, que, durou quatro horas. Com dezenas de feridos, entre eles Mario Pedrosa, e ao menos quatro mortos, três policiais e um militante da Juventude Comunista, o estudante Décio Pinto de Oliveira. Internado na Santa Casa, Pedrosa deu declarações à imprensa e teve divulgada pelos jornais uma foto sua convalescendo no hospital: "O movimento foi de reação espontânea das massas diante da parcialidade escandalosa da polícia, que, enquanto protege comícios e desfiles integralistas, nega sistematicamente aos operários o direito de se manifestarem publicamente contra os elementos adversos"[28].

27. Fulvio Abramo, *op. cit.*, p. 82. Os fatos sobre a organização do 7 de Outubro de 1934 narrados acima foram extraídos da mesma obra, entre as pp. 83-87.
28. "Declarações de um Partidário do Comunismo", *A Noite*, Rio de Janeiro, 8.10.1934, p. 1 (4ª edição).

O período da FUA também marcou para Mario Pedrosa um momento de intensa atividade intelectual no campo da política. Trata-se de sua atuação na Gráfico-Editora Unitas. Essa editora fora criada em 1931 por um dos fundadores da Liga, Salvador Cosi Pintaúde. Embora logo tenha se afastado da militância, Pintaúde manteve seus laços com o grupo. Tanto foi assim que a sua editora se tornou conhecida por ter sido a casa publicadora que mais editou livros de Trotsky no Brasil dos anos 1930. Mas também permitiu que especialmente Mario Pedrosa e Livio Xavier tivessem grande influência na linha editorial no que se referia a livros de esquerda. Assim, para ficarmos nos anos de existência da FUA, a coletânea de Trotsky (*Revolução e Contrarrevolução na Alemanha*), biografias como *Karl Marx. Sua Vida. Sua Obra*, de Max Beer, textos políticos como *ABC do Comunismo*, de Nikolai Ivanovitch Bukharin, *O Marxismo Exposto por Kautsky, Lenine, Plekhanov, Rosa Luxemburgo* (que, aliás, pela primeira vez teve um texto publicado no Brasil), *Princípios do Comunismo*, de Friedrich Engels, *Educação Burguesa e Educação Proletária*, de Edwin Hoernle, *Manifesto Comunista*, de Karl Marx e Friedrich Engels, ou obras literárias como *Cimento*, de Fedor Vassolievitch Gladkov, *Os Libertos*, de Daniel Fibitch, *A Condição Humana*, de André Malraux, *Poesias* e *Carne para Canhão* (*Peça em 3 Atos*), de Afonso Schmidt, faziam parte do acervo da editora e tinham a marca de ambos, seja pela tradução, seja pela indicação editorial.

Além disso, Pedrosa idealizou uma coleção, a Biblioteca Socialista[29], composta de 31 volumes, dos quais apenas dois livros de Lenin acabaram lançados (*A Revolução Proletária e o Renegado Kautsky* e *O Estado e a Revolução*, por ele possivelmente traduzidos). Tal coleção era extremamente audaciosa para aqueles anos. Excluindo alguns textos de Trotsky que permaneciam no campo da polêmica com os stalinistas, a coleção propunha aos futuros leitores uma ampla e nada ortodoxa visão do marxismo. Além de textos clássicos de Marx e Engels, havia um conjunto de autores que colocava em uso as ferramentas do marxismo para compreender o capitalismo naquele momento, bem como para explicar o socialismo. Eram autores que buscavam contrapor o capitalismo e o socialismo, tanto de uma abordagem mais ligada ao marxismo da Inter-

---

29. Ver a relação completa no Anexo 1, p. 229.

nacional Comunista, como Lenin e Plekhanov, como de um ponto de vista marginal dessa mesma concepção, como Rosa Luxemburgo, Arturo Labriola e o próprio Trotsky. Além disso, havia no corpo da proposta editorial da Biblioteca Socialista um conjunto de obras e autores que deveria causar arrepios na espinha daqueles mais ortodoxos, como G. Sorel, K. Kautsky, Max Adler e Lucien Laurat. Isso sem contar com as interpretações instigantes sobre a formação da burocracia soviética, enunciadas por Christian Rakovski. Mais que um projeto editorial interrompido – por razões que escaparam ao controle de seus idealizadores, pois a Unitas faliu imediatamente após o lançamento dos dois livros de Lenin –, a Biblioteca Socialista mostrou-se, na verdade, um retrato do que era a assimilação do marxismo no Brasil nos anos 1930: uma enorme carência na sua circulação, assimilação e entendimento e, portanto, dificuldade de sua utilização como ferramenta de compreensão e transformação da sociedade. Esse grande vácuo ainda era agravado com o que era então apresentado e entendido como sendo "o" marxismo naquele momento no Brasil: as formulações oriundas do Estado soviético, encarnadas nas figuras de Stalin e de seus próximos, que o transformaram em um código jesuítico de compreensão da política e da sociedade e o utilizavam como uma espécie de escudo para a defesa do Estado que dirigiam e não como um instrumento de emancipação dos trabalhadores. Da Biblioteca Socialista, muitos dos livros foram lançados depois de 1945 e vários com traduções, sobretudo de Livio Xavier, e alguns até hoje não foram traduzidos, revelando que o passivo da cultura marxista brasileira continua em aberto[30].

Era um momento de grande entusiasmo para os trotskistas brasileiros. As sucessivas e cada vez mais frequentadas assembleias da FUA, a manifestação de 1º de maio de 1934, a contramanifestação de 7 de outubro de 1934, a criação de frentes eleitorais, em São Paulo, com a Coligação Proletária/PSB (que foi a terceira força eleitoral, chegando a eleger um deputado, e que não contava com a participação do PCB), e no

---

30. Dainis Karepovs, "A Gráfico-Editora Unitas e Seu Projeto Editorial de Difusão do Marxismo no Brasil dos Anos 1930", em Marisa Midori Deaecto e Jean-Yves Mollier, *Edição e Revolução: Leituras Comunistas no Brasil e na França*, Cotia/Belo Horizonte, Ateliê Editorial/Editora UFMG, 2013.

Rio de Janeiro, com uma Frente Única eleitoral para as eleições de 14 de outubro de 1934, esse conjunto de ações da LCI mostrou o crescimento da organização trotskista. Houve, como consequência, um incremento no número de militantes, assim como a ampliação de sua influência nos sindicatos. O crescimento da LCI foi facilitado por uma deliberação de janeiro de 1934 referendada na Terceira Conferência Nacional da LCI, a qual permitiu que seus militantes atuassem nos sindicatos oficiais a fim de garantir a unidade sindical, ameaçada com a aprovação da "pluralidade sindical" na Constituição de 1934[31].

No entanto, veio o anticlímax. Em fins de 1934, a LCI sofreu uma cisão em torno da questão conhecida como "entrismo". Para Trotsky, o fato de declarar-se morta a Internacional Comunista não significava a imediata criação de uma nova Internacional, pois as forças dispostas a seu lado ainda eram muito fracas para cumprir esse papel. Para isso, seria necessário agrupar forças de outros campos e conquistá-las para criar a IV Internacional. Assim, eram necessários entendimentos diretos com algumas forças ou, então, outras formas de atuação, como a tática do "entrismo". Por essa forma os trotskistas entravam nos partidos socialistas a fim de conquistar para suas posições os setores mais à esquerda desses partidos. Iniciada na França e depois estendida a outros países, essa tática provocou polêmicas, sendo classificada por seus adversários como "capitulação diante do reformismo", "abandono do leninismo", "adesão às posições da II Internacional". No Brasil, o "entrismo" provocou as mesmas reações e fez surgir um importante grupo em torno de Aristides Lobo e Victor de Azevedo, o qual também se posicionara contra o enfrentamento armado do 7 de Outubro. Esse grupo rompeu com o Secretariado Internacional, que foi por eles acusado de ser "mera agência da social-democracia", embora o grupo dissidente mantivesse tanto o nome da organização brasileira como o do seu órgão oficial, *A Luta de Classe*. O Secretariado Internacional, no exame das discussões, acabou definindo-se em favor do grupo que se reuniu em torno de Mario Pedrosa. Posteriormente, muitos voltaram às fileiras da Liga.

---

31. "Tese sobre a Questão Sindical, Aprovada na Conferência Nacional da L. C. I.", *A Luta de Classe*, Rio de Janeiro, ano IV, n. 21, ago. 1934, p. 6.

Essa cisão paralisou a LCI, que praticamente só manteve como atividade a publicação de seu jornal *A Luta de Classe*. Para agravar essa ausência de funcionamento, em princípios de 1935, surgiu a Aliança Nacional Libertadora (ALN), uma organização de massas impulsionada pelo PCB e que se regia pelos princípios da "frente popular". Essa foi a orientação que a Internacional Comunista elaborou para substituir a linha do "terceiro período". Por meio dela, sem fazer críticas aos erros cometidos, a IC proporcionara a Stalin uma nova linha política capaz de "desviar os trabalhadores de uma frente somente com seus partidos operários e de fazer deles um componente da política de busca por alianças com [...] burgueses de todos os países dispostos a se opor ao expansionismo alemão. Uma política que não tinha por eixo a revolução [...], mas já a guerra"[32]. A ANL atraiu para suas fileiras uma parte significativa das organizações políticas e sindicais, inclusive alguns dirigentes da LCI, agravando ainda mais sua crise interna.

Em janeiro de 1935, já recuperado dos ferimentos e para evitar as perseguições policiais em São Paulo após a contramanifestação de 7 de outubro de 1934, Mario Pedrosa voltou ao Rio de Janeiro, retomando sua atividade jornalística. Pouco depois, Mary Houston retornou ao Rio e ela e Mario casaram-se formalmente. As atividades políticas, por conta da crise da LCI, acabaram restringindo-se praticamente à redação de artigos publicados sob pseudônimos (Georges, Aparício, Gonzaga) na imprensa trotskista e suas aparições públicas eram escassas. Nesse período, há o registro de sua presença, quando a ANL já estava na ilegalidade, em um comício convocado pelo PSB no Teatro João Caetano, em 5 de outubro, contra a guerra. Nele, Pedrosa discursou sobre a posição da Liga das Nações em relação à guerra ítalo-abissínia[33].

Com as revoltas militares comunistas de novembro de 1935, desencadeou-se uma enorme repressão contra as organizações de esquerda e os opositores do governo de Getúlio Vargas. Isso fez com que a LCI mergulhasse em uma profunda clandestinidade, sendo ela também atingida

---

32. Pierre Broué, *História da Internacional Comunista, 1919-1943*, vol. 2, São Paulo, Sundermann, 2007, p. 831.
33. "O Comício-Monstro de Ontem, no João Caetano contra a Guerra de Rapina do Fascismo", *A Manhã*, Rio de Janeiro, ano I, n. 141, 6.10.1935, p. 7.

por prisões de vários de seus dirigentes e militantes. Por conta disso, Pedrosa vivia na clandestinidade, o que o obrigou a conhecer sua filha Vera, nascida em 2 de janeiro de 1936, em casa de amigos, quarenta dias depois do seu nascimento.

Sobre o *putsch* de novembro de 1935, a Liga deixou muito clara a sua posição de que a orientação golpista do PCB, depois de fazer as mais diversas alianças sem a menor preocupação na busca de uma efetiva participação das massas, levou-o a um beco sem saída:

> Como partido de vanguarda proletária o atual p. c. está irremediavelmente condenado. O seu destino, preso para sempre ao do prestismo, é de prosseguir na política de confusão, de colaboração e da aventura. Sem perspectiva de conquistar a legalidade, mesmo com o seu novo programa vulgarmente democrático e nacionalista burguês, não lhe resta outro caminho do que enveredar pelos desvãos do conspirativismo golpista. A perda de sua base proletária e seus ganhos, à direita, entre elementos pequeno-burgueses e militares, agravam-lhe esta fatalidade[34].

A repressão também provocou uma interrupção de comunicações entre os militantes de São Paulo e os do Rio de Janeiro. A avaliação sobre o *putsch* de novembro feita pela LCI – particularmente os militantes do Rio de Janeiro, que passaram a denominar-se Grupo Bolchevique-Leninista em fins de 1936 – permitiu que se iniciasse uma aproximação com a Oposição Classista do PCB, que reunia militantes, sobretudo os pertencentes ao setor sindical comunista, que saíram das fileiras comunistas pouco antes do *putsch* por discordarem dos métodos golpistas que levariam ao desencadeamento das revoltas. Como resultado dessa aproximação e fusão desses dois agrupamentos, seria criado o Partido Operário Leninista (POL) em janeiro de 1937[35].

Exceto pelo anúncio de seu surgimento, não há praticamente registro de ação pública do POL até junho de 1937, quando foi difundida uma pequena brochura intitulada *A Situação Nacional*, assinada pelo Comitê Central Provisório, mas de autoria de Mario Pedrosa. Esse silêncio era

---

34. "O Desastre de Novembro e o Naufrágio do Stalinismo e do Prestismo", *A Luta de Classe*, Niterói, ano VI, n. 28, 1.4.1936, p. 4.
35. "Comitê Provisório de Organização do POL. As Tarefas Revolucionárias do Proletariado e o Novo Reagrupamento da Vanguarda", Rio de Janeiro, jan. 1937.

compreensível. Além da repressão, que somente se abrandou com a libertação dos presos políticos sem culpa formada, em fins de maio, e que permitiu a retomada plena dos contatos entre os militantes cariocas e paulistas, foi necessário aparar as arestas com os ex-comunistas, o que se conseguiu após um longo debate, que resultou em *A Situação Nacional*. Tendo por base o "Esboço", de 1930, que foi atualizado em suas avaliações econômica e histórica, *A Situação Nacional* apresentava algumas mudanças na análise[36]. Isso pode ser percebido, por exemplo, no uso de uma fórmula como "classe contra classe", mesmo que, evidentemente, sem o mesmo conteúdo. Ou, então, pela forma como eram apresentados os candidatos à sucessão presidencial que se desenrolava, embora o texto introduza uma série de nuanças: representantes do capital financeiro (Armando de Salles Oliveira), do imperialismo ianque (José Américo de Almeida) e do imperialismo alemão (o candidato da Ação Integralista Brasileira). Em uma carta de 1938 a Livio Xavier, enviada do exílio, Pedrosa as esmiúça:

> A parte relativa ao imperialismo da análise de [19]37 resistiu brilhantemente e mesmo creio a divisão de forças e sua significação. [...] É preciso dizer hoje imperialismo maior [...] que centralização e federação. E ainda não basta. Não se pode abstrair nem por um minuto a contradição das duas tendências fundamentais da economia do Brasil: direção do mercado interno, direção do mercado externo. Aliás, essa contradição tão visível já agora é determinante [...]. Aliás, como explicar a irreconciabilidade, diante de tudo, apesar de tudo, permanente, entre PRP e PC aí em S. Paulo, por exemplo? Outro fator que não se pode abstrair nem subestimar é o fenômeno constante da queda da hegemonia do café, apenas iniciada em [19]30 mas sobretudo pronunciada depois de 1932, com a nova conjuntura favorável surgida em 1934. [...] Não se pode também menosprezar o surto industrial havido desde 1930 (sobretudo 1932) e teve como consequência uma luta muito mais pronunciada entre interesses industriais e agrários do que em 1930, que apenas se esboçara. [...] Por todos esses fatores econômicos de enorme importância e que em [19]30 apenas se esboçavam é que temo que colocar o problema exclusivamente nas bases da análise de [19]30 é arriscar-se a não apreender a situação em toda a sua complexidade econômica atual, ficando em termos muito gerais e talvez demasiadamente políticos.

---

36. Conforme depoimento de Hilcar Leite, o POL teria feito algumas "concessões" para "não assustar" os novos militantes saídos das fileiras comunistas.

Havia na análise de [19]30 (e algumas vezes trocamos ideias a respeito, e se lembre que por assim dizer tacitamente, principalmente a partir de [19]32, nós, eu e você, sempre procuramos completar as deficiências daquela análise a esse respeito) uma relativa deficiência na questão do imperialismo que ao fazer uma reação justa às fantasias maníaco-depressivas de Brandão – Ast.[rojildo] de 1929-30 em matéria de imp.[erialismo] não conseguia, entretanto, apesar dos esforços, sair de uma definição quase doutrinária e abstrata do fator imperialista. [...] Depois, diante do fracasso por demais escandaloso do esquema Brand.[ão], o próprio p.[artido] fez uma reviravolta e não só adotou as n.[ossas] posições sobre a questão como acabou por ir muito além. Conosco se dava precisamente o contrário, pelo menos o nosso esforço era num sentido contrário – partir das generalizações de [19]30 para chegar a uma aproximação bastante concreta ou precisa das posições dos diversos imp.[erialismos] no país. E quando todo mundo desatou a só falar em lutas de blocos regionais em torno do bloco central como única explicação dos acontecimentos pol.[íticos] desde [19]30, nós, ao contrário, sentíamos cada vez maior necessidade de completar o esquema de [19]30 e sobretudo evitar por todos os meios a sua simplificação. Quando, em fins de [19]36 e começo de [19]37, tornei a estudar mais seriamente a situação foi esta a ideia creio que inteiramente justa que me guiou. Hoje a luta interimp.[erialista] é tão decisiva que não há quem a ignore, mas tanto maior é a necessidade de precisá-la, dando-lhe toda a significação concreta. Por outro lado, hoje, se os blocos regionais ainda existem (e é verdade), não coincidem com o mapa da divisão político-administrativa do Brasil nem muito menos seguem as fronteiras dos estados[37].

Não foi um processo de homogeneização fácil, pois, no debate sobre a participação ou não na campanha eleitoral e qual postura tomar em relação às candidaturas presidenciais, o POL teve de enfrentar uma cisão quando se decidiu pelo lançamento do nome de Luís Carlos Prestes, anunciado também em *A Situação Nacional*.

Mas o que aparentava ser uma situação de normalidade, uma campanha eleitoral para a sucessão de Getúlio Vargas, foi interrompida por um golpe de Estado e instaurou-se a ditadura do chamado "Estado Novo", com Getúlio Vargas à frente, em 10 de novembro de 1937. Tal golpe de Estado foi caracterizado pelo POL, talvez uma das últimas contribuições

---

37. Carta de Alberto [Mario Pedrosa] a Meu Velho [Livio Xavier], Paris, 6.8.1938 (Fundo Livio Xavier – Acervo Cemap-Interludium-Cedem).

de Pedrosa no Brasil, como um golpe bonapartista[38]. Pois, para o seu desencadeamento, havia-se forjado uma comoção nacional com um suposto plano comunista de tomada de poder (o "Plano Cohen", que depois se saberia ter sido uma grotesca farsa, criada por um integralista, aliás), que levou à decretação do "estado de guerra". Enquanto se desenrolava uma campanha presidencial em que foi criada uma intensa mobilização popular, ao mesmo tempo as forças agrupadas em torno do integralismo, que também disputava as eleições, começaram a provocar embates. Nesse ambiente, contando com o apoio dos políticos conservadores, dos militares e dos integralistas, Vargas desencadeou seu golpe. Logo em seguida, com a decretação do fechamento de todos os partidos políticos e o oferecimento de um ministério sem muita importância ao seu líder, Vargas afastou os integralistas, com o que acabou conquistando o apoio da pequena burguesia. Como o golpe de Getúlio não angariava apoio aberto por parte da burguesia e não tinha, também, um amplo movimento de massa, além de ter tomado uma série de medidas econômicas e sociais que iam ao encontro de interesses tanto da burguesia como dos trabalhadores, para o POL ele se caracterizava como um governo bonapartista. O bonapartismo classicamente se configurava como uma situação de equilíbrio histórico entre classes/grupos dominantes antagonistas, colocando o poder executivo do Estado sob o domínio de um indivíduo, em uma situação de autonomia relativa, na qual ele alcança poder ditatorial sobre outras partes do Estado e sobre a sociedade, de tal forma que serve às classes/grupos dominantes sem parecer ser seu representante e se apoiando sobre uma parte das classes dominadas. Pedrosa nunca deixou de ver Vargas como um ditador bonapartista.

Em uma carta enviada a Livio Xavier, Mario Pedrosa caracterizou esse momento de modo irreverente:

> O golpe de Estado bonapartista, hoje, perfeitamente caracterizado, adotou uma roupagem fascista, e quer impor o totalitarismo de cima para baixo, por meios burocráticos e cambalachos políticos. Entretanto, o maior perigo na caracterização do bonapartismo está em se partir daí para se ficar esperando ou pelo menos

38. "Partido Operário Leninista. Comitê Central. O Golpe de Estado Bonapartista", *A Luta de Classe*, Belo Horizonte [Rio de Janeiro], ano VII, n. 34, 10.12.1937, pp. 1-6.

receando um golpe fascista clássico, contra Getúlio, ou em substituição a Getúlio, e por aí aderir ao pequeno Bonaparte de jaquetão ou tratá-lo como o menor mal. Aliás as adesões nesse gênero já se amiúdam, e o Cascardo não ficou só na capitulação... Com medo do fascismo histérico do Plinoca vai se concordando com o gênero caipira Gegê-xico ciência que tem a vantagem de já estar no poder e ter aparência bonachã. Muita gente que tinha fechado os olhos para não ver a desgraça suspirou aliviada quando viu o que era, e aderiu ou prepara-se para aderir. A força de Getúlio residiu principalmente na passividade generalizada: mantida pelo estado de guerra e o cagaço e avacalhamento geral dos líderes e democratas, a começar pelo inefável zé bagaceira. No meio da passividade só o galinheiro verde tinha aparência de vida e se mexia, é claro, graças ao apoio oficial ostensivo. Como não houve resistência, não houve nada, Getúlio encostou o Plínio, transformou-se ele mesmo em chefe nacional e mandou o xico ciência teorizar a coisa, à custa de alguma leitura apressada em alemão. [...] O fato é que o Getúlio com isso *a coupé l'herbe aux pieds* do integralismo[39].

Em 8 de dezembro, a direção do POL decidiu enviar Pedrosa para o exterior, pois ele estava sendo processado à revelia pela Lei de Segurança Nacional[40]. A resolução[41] atribuía uma série de tarefas a Pedrosa: buscar o estreitamento das ligações do POL "com o movimento revolucionário da IV Internacional", o "estudo dos problemas da revolução brasileira e a colaboração regular nos órgãos do POL publicados no Brasil" e a criação de uma publicação teórica do POL no exílio. Pedrosa chegou a Paris em 16 de fevereiro de 1938[42] e contatou Pierre Naville, que o integrou ao

39. Carta de M. [Mario Pedrosa] a Mon Vieux [Livio Xavier], Rio de Janeiro, 3.12.1937. Pedrosa faz referências aqui a Hercolino Cascardo (1900-1967), militar da Marinha, dirigente da Aliança Nacional Libertadora; Plinoca – Plínio Salgado (1895-1975), chefe da Ação Integralista Brasileira; Gegê – Getúlio Vargas; Xico Ciência – Francisco Luís da Silva Campos (1891-1968), advogado, ministro da Justiça de Getúlio Vargas, nomeado poucos dias antes do golpe de Estado de 10.11.1937; Zé Bagaceira – José Américo de Almeida (1887-1980), político, advogado e escritor, na ocasião um dos candidatos à Presidência da República; galinheiro verde – referência ao apelido que os integralistas ganharam depois do incidente de 7 de outubro: galinhas verdes.
40. Mario Pedrosa foi processado e absolvido em 1938 pelo Tribunal de Segurança Nacional em dois processos (n. 396 e 495) e excluído, também em 1938, de um terceiro (n. 615).
41. Resolução do Comitê Central Provisório do Partido Operário Leninista. Assunto: Emigração do cam. Gonzaga, Rio de Janeiro, 8.XII.[19]37.
42. "Leon Sedov... foi morto no dia em que cheguei à França. No dia seguinte fui ao enterro dele." (Mario Pedrosa, "O Internacionalismo e a Internacional Hoje: Mario

Secretariado Internacional do Movimento pela IV Internacional (SI) e à seção francesa, o Parti Ouvrier Internationaliste (POI).

Enquanto Pedrosa estava a caminho de seu destino, no Brasil a polícia política do Rio de Janeiro fez uma grande operação e prendeu diversos militantes do POL em janeiro de 1938. Entre eles, Mary Houston Pedrosa, presa em sua casa em Niterói no dia 4 de janeiro, quando a polícia a levou, bem como todos os adultos ali presentes, e abandonou as quatro crianças que lá estavam, inclusive Vera, sua filha. Mary ficou presa desde 4 de janeiro até o julgamento no Tribunal de Segurança Nacional, realizado em 5 de julho, quando, juntamente com quase todos os réus, inclusive Mario Pedrosa, *in absentia*, foi absolvida[43]. Nesse meio-tempo, a pequena Vera ficou sob os cuidados dos avós paternos.

Naville logo incumbiu Pedrosa de ocupar-se das questões referentes à América Latina, e anunciou a chegada de Pedrosa a Trotsky, então exilado no México. Em junho, inclusive, Pedrosa preparava-se, já como membro integrado ao Secretariado Internacional, para ir a Nova Iorque[44], quando, em 12 de julho de 1938, a polícia política soviética – que, em fevereiro, já havia assassinado o filho de Trotsky, Leon Sedov – sequestrou, assassinou e esquartejou o alemão Rudolf Klement, o secretário administrativo do Movimento pela IV Internacional e principal organizador do congresso de fundação da IV Internacional. Mario Pedrosa, que vinha já trabalhando com Klement, passou a dividir as responsabilidades do secretário administrativo com o também membro do SI, o grego Georges Vitsoris, na preparação da conferência de fundação.

O congresso se realizou em 3 de setembro de 1938, em Perigny, nos arredores de Paris. Das trinta organizações filiadas ou em ligação com

---

Pedrosa", *Em Tempo*, São Paulo, n. 94, 13-19.12.1979, p. 12.) Ver também: Pierre Broué, *Léon Sedov, fils de Trotsky, victime de Staline*, Paris, Les Éditions Ouvrières, 1993.
43. "Articulavam-se Novamente os Comunistas. Presos Vários Deles e Fechada uma Livraria Que Servia de Célula para as Reuniões", *Correio da Manhã*, Rio de Janeiro, 14.1.1938, p. 5. Nesse mesmo dia, em vários jornais cariocas praticamente o mesmo texto foi divulgado, certamente redigido pela polícia política. Em abril ocorreu mais uma grande prisão de militantes do POL, entre eles Hilcar Leite e Patrícia Galvão, a Pagu (cf. "Destruída Importante Célula do Partido Operário Leninista", *O Jornal*, Rio de Janeiro, 23.4.1938, p. 6; "Absolvida a Maioria dos Elementos da 'Ala Trotskista'. Isenta de Culpa a Taquígrafa Mary Houston Pedrosa", [s.i.], [s.l.], 6.7.1938).
44. Carta de Raul [Mario Pedrosa] a Meu Velho [Livio Xavier], Paris, 15.6.1938.

o SI, que agrupavam cerca de seis mil militantes, estiveram representadas, por 24 delegados, onze seções nacionais. Mario Pedrosa, sob o pseudônimo de Lebrun, era o único representante das dez seções latino-americanas filiadas (Argentina, Bolívia, Brasil, Chile, Cuba, México, Porto Rico, São Domingos, Uruguai e Venezuela). Ele foi eleito, como representante da América Latina, membro do Comitê Executivo Internacional (CEI) da IV Internacional e também mantido no Secretariado Internacional. A conferência, entre outras deliberações, também decidiu que o CEI deveria ser transferido para Nova Iorque, em razão dos sinais mais do que evidentes da eclosão de uma nova guerra mundial. Mario Pedrosa foi mandado para lá, viajando pouco depois do acordo de Munique (29 e 30 de setembro de 1938).

Chegando a Nova Iorque, Pedrosa começou a participar das atividades do Comitê Pan-Americano (CPA), que tinha por incumbência manter correspondência com as seções da América do Sul e editar boletins em espanhol com as traduções dos textos mais importantes publicados na imprensa trotskista internacional. Também tinha como tarefa controlar politicamente a revista *Clave*, editada no México pelo pintor mexicano Diego Rivera, pelo americano Charles Curtiss, também delegado do CPA no México, e por Trotsky. Pedrosa, nessa época, mantinha-se como tradutor e escrevendo artigos para a imprensa trotskista.

Em outubro de 1939, sua companheira Mary Houston e sua filha Vera chegaram a Nova Iorque e a família se defrontou com o problema do trabalho para a subsistência.

Ainda em outubro, em reunião com o comitê político do Socialist Workers Party (SWP, a seção norte-americana da IV Internacional), com a presença de Mario Pedrosa, em razão do início da guerra e das dificuldades que isso propiciava ao funcionamento do SI na Europa, por proposta de Pedrosa, deliberou-se que os membros do CEI residentes no continente americano fariam as vezes do SI, e que no lugar deste se instituísse um CEI residente composto pelos membros que morassem nos Estados Unidos, no caso os norte-americanos James Patrick Cannon, Max Shachtman e Nathan Gould, Mario Pedrosa e o trinitino Cyril Lionel Robert James. Com isso, o CPA deixou de existir e foi transformado em Departamento Latino-Americano, integrado pelos norte-americanos Abraham Golod (Alberto González), Vicente Colay, Felix Morrow e Donald Berger e Mario Pedrosa. Em novembro, Pedrosa mudou-se com a família para Washington, pois Mary Houston conseguira naquela cidade um emprego de taquígrafa bilíngue no Departamento de Estado. Depois disso, Pedrosa não mais compareceu a nenhuma reunião do Departamento Latino-Americano da IV Internacional.

Com o início da Segunda Guerra Mundial, surgiu uma polêmica dentro do SWP e da IV Internacional sobre o caráter do Estado soviético e o papel da União Soviética no conflito.

Pedrosa participou dessa discussão no SWP com o texto "A Defesa da URSS na Guerra Atual", de 9 de novembro de 1939[45]. Nele afirmava que, para os trotskistas, a defesa da URSS significava a defesa da nacionalização dos meios de produção e da economia planificada. Mas se indagava se tais instituições seriam capazes de resistir à pressão da guerra e se seria possível confiar na burocracia soviética para a sua defesa em situação de guerra. Tais questões não tinham respostas prontas ou fáceis, era necessário debatê-las e não simplesmente tentar, como o esboçara a direção do SWP, encerrar a discussão sob o argumento de que, sendo a URSS um Estado operário degenerado, se deveria defendê-lo incondicionalmente. Para Pedrosa, justamente por ser um Estado operário degenerado é que sua defesa deveria ser condicionada à conjuntura política. Além disso, a manter-se a crescente degeneração do Estado soviético, a IV Internacional logo seria posta diante do dilema de defender a URSS ou sacrificar a revolução em outro país. Pedrosa afirmava que a fórmula "Estado operário degenerado" não mais refletia o que se passava na URSS. E concluiu que a fórmula da defesa incondicional era insuficiente, sendo necessária sua remoção do programa da IV Internacional. Esse deveria, diante da guerra, precisar as condições pelas quais a "posição defensivista em relação à URSS" poderia ser ou não adotada, de forma que, em cada ocasião, em cada alteração de conjuntura, não se encontrasse em contradição com os interesses da revolução mundial. Esse debate acabou provocando

---

45. Lebrun, "The Defense of the U.S.S.R. in the Present War", *Internal Bulletin* (publicado pelo Socialist Workers Party), New York, vol. II, n. 10: 1A-17A, fev. 1940. Esse texto foi traduzido por Fulvio Abramo e está acessível em *Cadernos AEL*, Campinas, vol. 12, n. 22-23, 1º e 2º sem. 2005, pp. 289-318.

uma cisão no SWP e Pedrosa juntou-se ao grupo minoritário, o Workers Party (WP), juntamente com outros três membros do CEI, o que levou a crise para a direção da IV Internacional.

O resultado foi que Pedrosa acabou afastado do CEI. Finalmente, na "Conferência de Alarme", realizada em Nova Iorque, entre 19 e 26 de maio de 1940, foi constituído um novo CEI e seus quatro ex-integrantes foram publicamente censurados pelo seu comportamento durante a discussão sobre a URSS no SWP. Pouco depois, em agosto, Trotsky foi assassinado no México a mando de Stalin.

A militância de Pedrosa no campo trotskista teria uma pequena sobrevida. Em setembro, Mary Houston voltou para o Brasil para recuperar seu emprego na Câmara Municipal e Pedrosa também decidiu voltar pouco depois. Pedrosa saiu dos Estados Unidos em 24 de outubro rumo ao Brasil, mas o fez via Oceano Pacífico, de modo a que pudesse passar por uma série de países com a missão de tentar entrar em contato diretamente com os grupos da IV Internacional para discutir o que se passara no debate sobre a URSS. Assim, acabou passando pelo Peru, Bolívia, Chile, Argentina e Uruguai e entrando no Brasil, por terra, pelo Sul.

Chegou ao Rio de Janeiro em 26 de fevereiro de 1941 e foi preso em 3 de março. Sua detenção foi uma arbitrariedade, pois formalmente não havia razão alguma para prendê-lo, já que Pedrosa fora absolvido em todos os processos que existiam contra ele no Tribunal de Segurança Nacional[46]. A própria polícia reconheceu que Pedrosa "nenhuma atividade subversiva exercera até o momento de sua prisão"[47]. Mesmo assim, a polícia julgou que Pedrosa deveria ser processado no termos do Decreto-Lei número 431, de 18 de maio de 1938, o qual definia os crimes contra a personalidade internacional, a estrutura e a segurança do Estado e contra a ordem social. Sua soltura foi obtida após interferência junto ao

---

46. Pedro da Cunha Pedrosa, *Memorial sobre a Vida de Mario Pedrosa*, Rio de Janeiro, mecanografado, 20.3.1941, p. 3.
47. Informação n. 377/S-2, de Seraphim Braga, Chefe da Seção de Segurança Social, Rio de Janeiro, 12.3.1941, p. 2 (fls. 16 do Prontuário 10 600, de Mario Pedrosa, da Delegacia Especial de Segurança Pública e Social da Polícia Civil do Distrito Federal, Caixa 1 643). Agradeço a gentileza de Renato Maia pela comunicação desse documento existente no Arquivo Público do Estado do Rio de Janeiro.

chefe da polícia política, o "major chefe de polícia do Distrito Federal", Filinto Müller, por parte do pai de Mario Pedrosa. Em 28 de março, Filinto Müller determinou a suspensão do processo contra Mario Pedrosa. Libertou-o e deu-lhe um prazo de dez dias para deixar o Brasil[48]. Pedro da Cunha Pedrosa conseguiu que o filho fosse posto em liberdade com a condição de embarcar sem demora com a família para os Estados Unidos, de onde recebera um convite da União Pan-Americana para que lá fosse trabalhar. Após seu retorno a Washington, Pedrosa se afastou das atividades políticas mais ostensivas, embora não deixasse de acompanhá-las, sobretudo no que se referia ao Brasil, para onde retornaria em 1945. Foi o fim da trajetória de Mario Pedrosa na IV Internacional, que se iniciara no final dos anos 1920.

48. À margem do ofício de Aladio A. do Amaral, delegado especial de Segurança Pública, ao delegado do Cartório da Delegacia Especial de Segurança Política e Social, de 20.3.1941, existe a seguinte anotação manuscrita de Amaral: "Suspender, de ordem do Chefe [Filinto Müller], o processo contra Mario Pedrosa. Rio, 28.3.41. a) Aladio A. Amaral" (fls. 22 do Prontuário 10 600, de Mario Pedrosa, da Delegacia Especial de Segurança Pública e Social da Polícia Civil do Distrito Federal, Caixa 1 643). Agradeço a gentileza de Renato Maia pela comunicação desse documento existente no Arquivo Público do Estado do Rio de Janeiro. Aqui não é de todo inútil especular se o "Chefe" não teria chantageado o pai de Mario Pedrosa...

Primeiro número de *Vanguarda Socialista*, publicado em 31 de agosto de 1945. Sob a direção de Mario Pedrosa, o jornal publicou 124 números até maio de 1948 [Acervo Cemap-Interludium-Cedem].

Capítulo 3
Vanguarda Socialista: Pelo Socialismo Democrático

Nos Estados Unidos, escreveu artigos sob pseudônimo (Jefferson Martins[1]) para jornais do Brasil e textos sobre política internacional para o *Correio da Manhã*, a partir de 1943. Em dezembro de 1944, pediu demissão de suas funções nos Estados Unidos. Na ocasião, ele tinha a expectativa de ir para a França para trabalhar como correspondente do *Correio da Manhã*. No entanto, as autoridades americanas negaram-lhe o visto direto à França. Assim, Mario Pedrosa decidiu voltar ao Brasil, o que ocorreu em 25 de março de 1945[2].

As expectativas que Pedrosa acalentara em sua volta acabaram não se realizando. Sua indicação para correspondente na França não aconteceu e tampouco encontrou o negativo quadro que parecia temer. A ditadura do Estado Novo encontrava-se em um processo de crise e o apoio que a

---

1. Mario Pedrosa (com pseudônimo Jefferson Martins), "A Nova Estratégia da Guerra Mundial", *Diário Carioca*, Rio de Janeiro, 2.8.1941, p. 24; "A Economia de Guerra nos Estados Unidos", *Diário Carioca*, Rio de Janeiro, 23.9.1941, p. 9; "A Quinta-Coluna da América", *O Dia*, Curitiba, 25.11.1941, pp. 1 e 3; "A 'Doutrina da Nova Ordem'", *Diário Carioca*, Rio de Janeiro, 7.9.1941, p. 6; "A Última Cartada de Hitler", *Diário Carioca*, Rio de Janeiro, 12.10.1941, p. 20; "O Japão, a 'Itália' do Extremo Oriente", *Diário Carioca*, Rio de Janeiro, 4.1.1942, pp. 17 e 23 (republicado: "O Japão – A Itália do Extremo Oriente", *A União*, João Pessoa, 10.1.1942, pp. 4 e 7).
2. "Jornalista Brasileiro Regressa ao País Depois de Sete Anos de Exílio", *Gazeta de Notícias,* Rio de Janeiro, 27.3.1945, p. 3.

sustentara por anos se esboroava em velocidade acelerada. Menos de um mês depois de sua volta, Pedrosa estava entre os signatários e fazia parte da comissão organizadora da União Socialista Popular (USP). Esse grupo tinha como fim imediato, "até o surgimento definitivo do Partido Socialista, [...] propugnar, ardorosa e construtivamente, pelas reivindicações fundamentais do Homem e das suas liberdades". Apresentado como o resultado de uma conjunção de agrupamentos trabalhistas e liberais, a USP apresentava um programa de 25 pontos, com itens como Constituinte, revogação da Constituição de 1937, anistia, revogação da legislação autoritária (sindical, segurança, imprensa, funcionalismo público), direito de greve, participação dos trabalhadores nos lucros, divórcio, ensino leigo e gratuito, nacionalização e distribuição das terras, aumento geral de 30% dos salários, entre outros[3]. Nesse grupo heterogêneo, encontravam-se entre os signatários velhos companheiros de militância trotskista de Pedrosa, como Octaviano Du Pin Galvão, Alípio Ferreira Adão, Edmundo Moniz, Hilcar Leite, José Caldeira Leal, Cássio Marella Júnior, José Salvador e outros, bem como ex-comunistas, antifascistas, trabalhistas e liberais, como Azevedo Lima, J. G. de Araújo Jorge, Hugo Baldessarini, Evaristo de Moraes Filho, João Austregésilo de Athayde, Norma Moniz e outros.

Na véspera da divulgação do manifesto e da plataforma da USP, o brigadeiro Eduardo Gomes, antigo "tenente" que se dizia traído por Getúlio Vargas, depois de ter-se demitido de seu cargo no governo, deu uma entrevista ao *Correio da Manhã* na qual pedia a renúncia do ditador Getúlio Vargas e que este entregasse o poder ao Judiciário. Ao mesmo tempo anunciava que se dedicaria à sua candidatura à Presidência, que, desde o final do ano anterior, já se havia posto no terreno político[4]. Tal fato fez com que a USP soltasse uma nota da sua Comissão Executiva hipotecando solidariedade à entrevista "de combate à ditadura Vargas e em prol da revogação da Constituição fascista de 1937 e seus apêndices, situando, assim, o problema político nacional nos seus devidos termos,

---

3. "Para a Formação de um Partido Organiza-se a União Socialista Popular", *Correio da Manhã*, Rio de Janeiro, 18.4.1945, pp. 3 e 12.
4. "Fala o Brigadeiro Eduardo Gomes: Os Homens da Ditadura Não São os Indicados para Presidir as Eleições", *Correio da Manhã*, Rio de Janeiro, 17.4.1945, p. 1.

neste momento de luta pré-eleitoral pela real democratização do país"[5]. Entre os signatários da nota, estava Mario Pedrosa. Quase duas semanas depois, nas comemorações do 1º de Maio, que foram festejadas pela USP no Instituto Brasileiro de Música, Mario Pedrosa fez uso da palavra. Nesse ato, foi divulgado um manifesto da USP. Nele, na sequência dos ataques à estrutura sindical corporativista do Estado, suas últimas palavras foram enfatizar que a USP não preconizava uma

[...] política de golpe, mas de resistência democrática ao golpismo em permanência, que é a continuação do ditador estado-novista. Contra o golpismo dele [...] só há um recurso – é mobilizarmos as massas num formidável movimento pacífico, ao lado de Eduardo Gomes, pela liquidação do Estado Novo, pela revogação da Constituição de 1937, por um governo democrático provisório, pela restauração duma ordem jurídica fundada na democracia e na liberdade[6].

No dia 12 de junho, membros da direção da USP, entre eles Mario Pedrosa, reuniram-se com o brigadeiro para entregar-lhe um memorando. Nele manifestaram sua disposição em apoiá-lo nas eleições, "marchando em Frente Única com todas as forças que estão a seu lado", com base em alguns princípios. A seguir, arrolavam onze pontos, cuja maioria já constava do seu manifesto inaugural, acrescidos do pedido de supressão dos impostos sobre gêneros de primeira necessidade, medicamentos, vestuário e a instituição do imposto de renda a partir da fixação de um valor mínimo de subsistência. A resposta do candidato foi a de que

[...] os mesmos já faziam parte de seu programa, tendo o prazer de afirmar que, se no terreno político a sua bandeira era a da democracia mais ampla, com as liberdades garantidas para todas as correntes de esquerda, no campo social os seus pontos de vista iam além do mínimo apresentado[7].

Parece que a resposta de Eduardo Gomes satisfez o grupo. No entanto, a partir desse momento o nome de Mario Pedrosa deixou de aparecer

---

5. "Da USP ao Brigadeiro Eduardo Gomes", *Correio da Manhã*, Rio de Janeiro, 22.4.1945, p. 24.
6. "Manifesto da União Socialista Popular", *Correio da Manhã*, Rio de Janeiro, 4.5.1945, p. 10.
7. "As Esquerdas Independentes com Eduardo Gomes", *Correio da Manhã*, Rio de Janeiro, 13.6.1945, p. 12.

em suas atividades ou documentos, tornando-se Edmundo Moniz o seu mais destacado elemento. Tal ausência se explica pelo envolvimento de Pedrosa na criação de um novo projeto: o jornal *Vanguarda Socialista*.

De agosto de 1945 a maio de 1948, Mario Pedrosa liderou, no Rio de Janeiro, um grupo formado em grande parte por ex-trotskistas[8] para editar o semanário *Vanguarda Socialista*[9], que acabou exercendo influência sobre um círculo de esquerda fora do Partido Comunista[10].

Aos seus leitores, o novo jornal deixava claras suas balizas:

> Não é órgão de nenhum partido, não está sujeita a nenhuma disciplina partidária; é um trabalho coletivo de vários companheiros irmanados por um mesmo ideal e mais ou menos estruturados pela mesma base cultural marxista. Os editores deste semanário também não pertencem a uma mesma organização política, acontecendo aliás que muitos deles não fazem parte de partido algum. Não é jornal de agitação para a massa; é um jornal de vanguarda. [...] O grupo de camaradas que se decidem a lançar o presente semanário tem isso de comum: a necessidade de se reorganizar o movimento socialista proletário, nacional e internacionalmente, sobre novas bases, e começando tudo de novo. [...] Tentaremos tirar a experiência das formidáveis experiências que vêm abalando a humanidade, desde a Primeira Grande Guerra mundial e a Revolução Russa, até os carregados dias de hoje, albores pálidos da nova era atômica. Não olharemos para nenhum desses acontecimentos com olhos apologéticos. Não aceitaremos nenhuma ideologia, muito menos as oficiais, como explicação desses grandes acontecimentos[11].

Num país afastado do debate de ideias, o semanário, em particular na seção "Documentos do Marxismo", cumpria seu papel desprovin-

---

8. Mario Pedrosa, autor de quase todos os editoriais; Nelson Veloso Borges, industrial que financiava o jornal e que, com o pseudônimo de Pirajá, escrevia a seção de economia e era cunhado de Pedrosa, casado com Celina Houston Veloso Borges; Hilcar Leite (movimento sindical); Edmundo Moniz e Geraldo Ferraz.
9. No período com Mario Pedrosa à frente, foram publicados 124 números. O jornal, já com um caráter completamente diferente, como órgão do PSB, teve mais nove números esparsos, editados por Hermes Lima.
10. Plínio Mello fornece a seguinte lista: Edmundo Moniz, Antonio Candido, Barreto Leite Filho, Hilcar Leite, Hélio Pellegrino, Arnaldo Pedroso d'Horta, Paulo Emílio Sales Gomes, os irmãos Abramo, Miguel Macedo, Azis Simão, Febus Gikovate, Freitas Nobre, Patrícia Galvão, Geraldo Ferraz, Luiz Alberto Bahia (Plínio Mello, "Mario Pedrosa 1900-1981", *O Trabalho*, São Paulo, n. 131, 11-17.11.1981, p. 10). A ela, caberia acrescentar Oliveiros da Silva Ferreira, Paul Singer e Maurício Tragtenberg.
11. "Diretivas", *Vanguarda Socialista*, Rio de Janeiro, ano I, n. 1, 31.8.1945, p. 1.

cianizador publicando textos desconhecidos dos clássicos do marxismo (Bukharin, Engels, Kautsky, Lenin, Marx, Plekhanov, Rosa Luxemburgo, Trotsky), de autores contemporâneos que discutiam os problemas do socialismo (Andrés Nin, David Riazanov, Émile Vandervelde, Juan Andrade, Julius Martov, Karl Korsch, Karl Radek, Lucien Laurat), assim como artigos de jornais da esquerda norte-americana (*New Masses*, órgão do PC americano; *Fourth International*; *The New International*, órgão dos trotskistas dissidentes; *The Call*, órgão do Partido Socialista Americano; *The New Leader*; revista *Politics*; *Labor Action*)[12]. De certa forma, pode-se aqui também traçar um fio de continuidade com o projeto editorial da Biblioteca Socialista, da editora Unitas, que Pedrosa dirigiu em meados dos anos 1930.

Vanguarda Socialista se distinguia de outros pequenos jornais de esquerda pelo bom nível intelectual e pela amplitude dos temas tratados, num leque que abrangia da economia à cultura e, sobretudo, pela crítica ao stalinismo, tanto do PCB quanto internacional. Pode-se comprovar o pioneirismo do jornal pela difusão de um pequeno ensaio de Rosa Luxemburgo, *A Revolução Russa* (tradução de Miguel Macedo), que só veio a público na República Democrática da Alemanha em 1975, acompanhado das habituais observações a respeito dos "erros" de Luxemburgo, e na URSS apenas em 1990. Apesar de *Vanguarda Socialista* ser uma publicação de intelectuais lida por intelectuais, sua iconoclastia, numa época em que o campo da esquerda vivia sob a hegemonia do PCB, fez com que fosse posto no índex dos comunistas brasileiros.

O que também *Vanguarda Socialista* fez sempre questão de colocar em destaque foram as suas posições diante das questões brasileiras. Já em seu primeiro número, deixou claro o que pensava das eleições presidenciais: o jornal manifestou claramente seu apoio ao brigadeiro Eduardo Gomes. Para o semanário, caso os comunistas não tivessem apoiado o movimento "queremista"[13], *Vanguarda Socialista* estaria defen-

---

12. Ver a relação completa dos textos da seção "Documentos do Marxismo" de *Vanguarda Socialista* no Anexo 2, p. 232.
13. Neologismo criado a partir da palavra de ordem "Queremos Getúlio!" e que, em termos práticos, propunha a continuidade de Getúlio Vargas na Presidência com a realização da Constituinte.

dendo a palavra de ordem de "Assembleia Constituinte". No entanto, o "queremismo" reforçou em Vargas a sua ânsia de permanecer no poder e, portanto, deu mais resistência aos "elementos conservadores e fascistas", ou, dito de outro modo, para *Vanguarda Socialista* os comunistas propiciavam a manutenção da ditadura. Assim, restava "procurar aliados contra o inimigo comum que é a ditadura e sua burocracia fascistizada"[14] e, na opinião de *Vanguarda Socialista*, essa aliança era possibilitada pela candidatura de Eduardo Gomes, que acenava com o fim da ditadura, a volta ao estado de direito, a defesa da autonomia sindical e do direito de greve e a garantia da livre expressão. "Nem a continuação de Getúlio, com Prestes ao lado ou não, nem o triunfo de Prestes com Getúlio ou sem ele, nem a subida do general Dutra, ou qualquer coisa de intermediário, como um governo militar, abrirá caminho à democracia"[15]. Nesse apoio a Gomes, é impossível ignorar que a influência da USP, na qual se encontravam vários militantes dentro de *Vanguarda Socialista*, como Mario Pedrosa, Hilcar Leite e Edmundo Moniz, foi determinante nesse posicionamento.

Assim como *Vanguarda Socialista* e a USP, outros pequenos grupos de esquerda, como a União Democrática Socialista e a Esquerda Democrática, também apoiaram a candidatura de Eduardo Gomes e integraram uma frente dentro da União Democrática Nacional (UDN), partido que agregava os opositores da chamada "Revolução de 1930" e os que romperam com o Estado Novo, pelo qual concorria o brigadeiro à Presidência, em disputa com outro militar, lançado por Vargas, o general Eurico Gaspar Dutra. Este havia sido lançado pelo Partido Social Democrático (PSD), criado por Vargas, e que abrigava políticos e burocratas beneficiados pelo Estado Novo e proprietários de terra e industriais enriquecidos na ditadura.

O movimento "queremista" começou a tomar ímpeto em meados de 1945. Isso fez com que os opositores a Vargas receassem que o ditador tentasse manter-se no poder, e ainda com o apoio dos comunistas, o que

---

14. Heitor Corrêa, "As Eleições Presidenciais e as Tarefas dos Socialistas", *Vanguarda Socialista*, Rio de Janeiro, ano I, n. 8, 19.10.1945, p. 4.
15. "Posição Política", *Vanguarda Socialista*, Rio de Janeiro, ano I, n. 1, 31.8.1945, pp. 1 e 4.

tornava a situação mais grave aos seus olhos. O resultado foi que os opositores de Vargas conspiraram com as Forças Armadas, que o obrigaram a renunciar em 29 de outubro, passando o governo às mãos do Poder Judiciário. Ainda assim, no perfil das três principais candidaturas traçado às vésperas da eleição pela *Vanguarda Socialista*, percebia-se quanto Vargas ainda detinha de influência no processo eleitoral:

> *Dutra*: Fez o Estado Novo com Getúlio; fascista – inato, recebeu condecorações de Hitler, candidato dos integralistas, rejubila-se com o seu apoio e é recebido em toda parte com "anauês"!
>
> *Yeddo Fiuza*: lacaio íntimo do ex-ditador e chaveiro de seu bordel privado; como administrador, prefeito de Petrópolis, suprimiu os bondes, única condução dos pobres, para entregar o monopólio dos transportes às empresas de ônibus, condução de ricos; diretor do DNER enriqueceu-se com o "mercado negro" de gasolina e cimento; esse o "candidato do povo" de Prestes.
>
> *Eduardo Gomes*: não é socialista nem esquerdista – é um democrata burguês; sempre combateu o Estado Novo; nunca foi fascista; promete as liberdades democráticas, o direito de greve e a liberdade sindical; manterá a legislação trabalhista expurgando-a de seus vícios fascistas.
>
> É o único candidato cuja palavra merece fé. *Votai nele para Presidente da República*[16].

No entanto, as eleições de 2 de dezembro dariam a vitória a Dutra. A UDN, sem massas, as subestimara, acreditando apenas nos acertos de bastidores e golpes de mão. *Vanguarda Socialista* ficou perplexa diante dos resultados. Ao saudar a perceptível presença do voto operário em um processo eleitoral, o que considerou "um progresso", para o editorialista de *Vanguarda Socialista* tudo estava "às avessas", pois as eleições mostraram "Getúlio Vargas como revolucionário, Fiuza [o candidato do PCB] como honesto, Dutra como democrata e Eduardo Gomes como a imagem mesma de Belzebu, com uma horrível catadura de reacionário, o fascista, o inimigo do proletariado". Essa "inversão" teria sido fruto da ação da "máquina de propaganda totalitária", que

---

16. "Os Candidatos", *Vanguarda Socialista*, Rio de Janeiro, ano I, n. 13, 23.11.1945, p. I. Esse perfil foi reproduzido no *Correio da Manhã*, em primeira página, em suas edições de 27 de novembro e 2 de dezembro de 1945. Grifos do original.

enfatizou a questão da legislação trabalhista. A ela não houve forças capazes de fazer frente:

> A UDN, organização burguesa democrática, por suas limitações de classe, sua inexperiência nesse terreno novo, o anacrônico conservadorismo de sua ala direita (representada sobretudo pelos paulistas), sua timidez diante das massas proletárias urbanas, não estava aparelhada para arrancar os trabalhadores das garras da demagogia estado-novista.

Para a *Vanguarda Socialista*, a responsabilidade coube ao PCB:

> Ele, mais do que qualquer outro, concorreu para que as massas pelo Brasil continuassem iludidas e fiéis, servil e repulsivamente, à imagem do "paizinho dos pobres". Enquanto tudo fazia para resguardar o prestígio de Getúlio perante as massas, o chefe comunista tudo fazia, por outro lado, para desprestigiar, para alargar o fosso entre as massas e o candidato das oposições democráticas.

E, para o editorialista da *Vanguarda Socialista*, o resultado da inação dos comunistas foi a reaparição do espectro do varguismo: "Mas não foi um fantasma o que saiu propriamente das urnas: foi pior, foi o monstro da reação que reapareceu em cena, revitalizado, invocado e amamentado também por Prestes, depois de banido a 29 de outubro. A luta contra ele é a tarefa mais imediata"[17].

Nesse editorial exemplar, reluzem os dois principais focos permanentes da crítica de Mario Pedrosa no Brasil durante esse período: o PCB e seu stalinismo e o varguismo. Anos mais tarde, Pedrosa considerou, do mesmo modo que vários de seus contemporâneos[18], os posicionamentos que o levaram, juntamente com *Vanguarda Socialista*, a se aproximar de determinados setores da UDN como muito rígidos: "Nós mantivemos uma resistência exagerada aos elementos nacionalistas do

---

17. "E Agora?", *Vanguarda Socialista*, Rio de Janeiro, ano I, n. 16, 14.12.1945, pp. 1 e 8.
18. Cf. depoimento de Paulo Emílio Sales Gomes, que em 1945 era membro da União Democrática Socialista, a Maria Vitória Benevides: "Participamos, com a UDN, da campanha do brigadeiro, o que foi uma tremenda burrice, um verdadeiro erro histórico" (*apud* Isabel Maria Loureiro, *Vanguarda Socialista (1945-1948): Um Episódio de Ecletismo na História do Marxismo Brasileiro*, São Paulo, 1984 (mimeo.) (Dissertação, FFLCH – USP), p. 201).

populismo. [...] tínhamos uma pureza de doutrina muito grande. Na preocupação de impedir certos desvios, nossas posições resultavam em certo direitismo"[19].

No entanto, em relação ao PCB, Pedrosa, que fez sempre com que as páginas de *Vanguarda Socialista* fossem extremamente críticas em relação à ação dos comunistas em todos os campos, colocou acima dessas divergências a defesa da atuação legal do partido. Quando a imprensa comunista foi atacada pelo governo de Dutra, *Vanguarda Socialista* imediatamente ficou contra os ataques perpetrados à liberdade de imprensa e pensamento[20]. Quando o PCB teve seu registro cassado pelo Tribunal Superior Eleitoral, de imediato Pedrosa estampou editorial assinado em primeira página chamando o acontecimento de crime político e alertava contra a direita, pois "é daí que temos de esperar os golpes contra a democracia. Esta nós a defenderemos por todos os meios e em todas as ocasiões, sejam quais forem as consequências para nós, nossos amigos, nossos companheiros"[21].

A radical oposição em relação ao PCB não era observada em relação a outros grupos de esquerda, embora as páginas de *Vanguarda Socialista* não deixassem de estampar críticas a eles. Com uma delas, a Esquerda

19. "Entrevista de Mario Pedrosa a Gina Guelman Gomes Machado", Rio de Janeiro, 5.9.1978, em Gina Guelman Gomes Machado, *Vanguarda Socialista: Busca de um Caminho Independente*, São Paulo, 1982 (mimeo.) (Dissertação, FFLCH – USP), p. 137.
20. "Revogar o decreto-lei 431 é impedir novos atentados policiais à liberdade de imprensa. *Vanguarda Socialista* protesta contra a apreensão da *Tribuna Popular*, em defesa das liberdades democráticas", *Vanguarda Socialista*, Rio de Janeiro, ano I, n. 49, 2.8.1946, p. 1; "A Liberdade em Perigo! Ferindo a Liberdade de Imprensa com o Trabuco da Lei de Segurança Nacional, o Governo Acabará Matando a Própria Democracia", *Vanguarda Socialista*, Rio de Janeiro, ano I, n. 52, 23.8.1946, p. 1.
21. Mario Pedrosa, "O Fechamento do PCB Não É um Erro Judiciário – É um Crime Político!", *Vanguarda Socialista*, Rio de Janeiro, ano II, n. 89, 9.5.1947, pp. 1-2; ver também: "Medida Reacionária e Eleitoralista o Fechamento do PCB", *Vanguarda Socialista*, Rio de Janeiro, ano II, n. 73, 17.1.1947, p. 1; Mario Pedrosa, "Análise de um Parecer Reacionário", *Vanguarda Socialista*, Rio de Janeiro, ano II, n. 79, 28.2.1947, pp. 1-2; "Em Defesa da Liberdade", *Vanguarda Socialista*, Rio de Janeiro, ano II, n. 90, 16.5.1947, pp. 1-2; "A Condição da Democracia", *Vanguarda Socialista*, Rio de Janeiro, ano II, n. 101, 1.8.1947, pp. 1-2; "Cassação de Mandatos e a Democracia", *Vanguarda Socialista*, Rio de Janeiro, ano III, n. 114, 29.11.1947, pp. 1-2; Hilcar Leite, "Em Defesa da Democracia e do Movimento Operário!", *Vanguarda Socialista*, Rio de Janeiro, ano III, n. 115, 15.12.1947, pp. 1-2.

Democrática (ED), *Vanguarda Socialista* travou uma longa e ambígua relação, permeada de conflitos e que se concluiu em maio de 1948. Surgida em junho de 1945, a ED possuía um perfil relativamente semelhante ao da USP, embora de maior amplitude, já que se espalhava por vários estados do Brasil. Na sua composição, também havia ex-trotskistas (embora estes estivessem em sua maior parte em São Paulo e também fossem colaboradores, em bom número, de *Vanguarda Socialista*), ex-comunistas, antifascistas, trabalhistas e liberais, e possuíam uma plataforma programática relativamente assemelhada[22]. Nas eleições presidenciais acabou apoiando Eduardo Gomes e nelas a ED chegou a eleger dois parlamentares.

Quando de sua primeira convenção, em abril de 1946, a ED decidiu registrar-se como partido, mantendo o mesmo nome, embora a proposta de mudá-lo para Partido Socialista Brasileiro tenha perdido por pequena margem[23]. Tal modificação somente ocorreu na segunda convenção, em abril de 1947[24]. A decisão de tornar-se partido fez com que *Vanguarda Socialista* pleiteasse publicamente o seu ingresso na organização através de Mario Pedrosa[25] em maio de 1946. Na verdade, essa carta de Pedrosa tornou públicas as divergências entre os dois grupos. A ED julgava *Vanguarda Socialista* muito radical, enquanto esta via na primeira uma tendência caudatária em relação aos comunistas. O debate entre ambas teve um tom duro através das páginas de outros jornais, como *Correio da Manhã* e *Diário de Notícias*[26], e um estilo mais propositivo através das

22. "Supressão de Impostos sobre Roupa e Comida. Programa da Esquerda Democrática Que Apoia a Candidatura Eduardo Gomes", *Diário Carioca*, Rio de Janeiro, 13.6.1945, pp. 1-2.
23. "Conservará o Seu Nome a Esquerda Democrática", *Diário de Notícias*, Rio de Janeiro, 11.4.1946, p. 4; "Registrada a Esquerda Democrática", *Diário de Notícias*, Rio de Janeiro, 25.8.1946, p. 4.
24. "Partido Socialista Brasileiro. Muda de Nome a Esquerda Democrática", *Diário de Notícias*, Rio de Janeiro, 15.4.1947, p. 3.
25. Mario Pedrosa, "Carta Aberta à Comissão Nacional da Esquerda Democrática", *Vanguarda Socialista*, Rio de Janeiro, ano I, n. 38, 17.5.1946, pp. 1 e 4. Esse texto também tinha sido publicado no *Correio da Manhã*, em sua edição de 15 de maio.
26. Edmundo Moniz, "O Stalinismo e a Esquerda Democrática", *Correio da Manhã*, Rio de Janeiro, 28.7.1946, pp. 1-2 (2º caderno); Edmundo Moniz, "Ainda sobre o Stalinismo e a Esquerda Democrática", *Correio da Manhã*, Rio de Janeiro, 11.8.1946, pp. 1 e 3 (2º caderno); Calvino Filho, "Ainda sobre o Stalinismo e a Esquerda Democrática", *Correio*

páginas da *Vanguarda Socialista*[27]. Mas as resistências da direção do já então PSB somente foram vencidas dois anos depois da carta de Pedrosa e efetivamente o ingresso do grupo somente ocorreu em maio de 1948, quando o jornal foi transformado em órgão dos socialistas brasileiros.

Seis meses antes de sua integração ao PSB, em novembro de 1947, Mario Pedrosa proferiu uma conferência promovida pelo Grupo de Amigos de *Vanguarda Socialista*. Com o título "O Socialismo e a Terceira Guerra Mundial", ela ocorreu no dia 13, no auditório da Associação Brasileira de Imprensa. Mario Pedrosa analisou a situação internacional, enfatizando o fato de que da Segunda Guerra saíram dois grandes imperialismos, os Estados Unidos e a União Soviética. Ao mostrar os interesses econômicos e políticos de ambos os países, Pedrosa enfatizou o risco de um novo conflito, pois visavam somente a seus desejos imperialistas. Para o conferencista, os socialistas tinham um papel importante naquele momento, que era o de se manter equidistantes de ambos e lutar contra eles na defesa dos interesses dos povos. Reunindo importantes elementos de informação, tanto sobre os Estados Unidos como sobre a União Soviética, a conferência, que foi publicada no início de 1948 pelo Grupo de Amigos com o título de *Os Socialistas e a III Guerra*, consolidava várias das posições que *Vanguarda Socialista* vinha defendendo ao longo de sua trajetória, embora a questão dos acordos de Teerã, Ialta e Potsdam não fosse discutida e nem fosse possível entrever a já iniciada Guerra Fria, certamente nesse caso porque o foco de sua análise estava centrado na Europa, mais especificamente na França e na Itália.

da Manhã, Rio de Janeiro, 17.8.1946, p. 2; Osório Borba, "Detritos do 'Queremismo'", *Diário de Notícias*, Rio de Janeiro, 4.8.1946, p. 1 (3º caderno); Osório Borba, "Onde? Como?", *Diário de Notícias*, Rio de Janeiro, 14.8.1946, p. 1 (2º caderno); Hermes Lima, "A Esquerda Democrática e o Partido Comunista", *Diário de Notícias*, Rio de Janeiro, 29.11.1946, p. 3 (2º caderno); Edmundo Moniz, "Os Partidos e a Redemocratização do País", *Correio da Manhã*, Rio de Janeiro, 15.12.1946, p. 3; Edmundo Moniz, "Abstenção e Dispersão", *Correio da Manhã*, Rio de Janeiro, 7.1.1947, p. 12. A exceção a essa regra foi Mario Pedrosa, "Desesperadamente Socialista", *Vanguarda Socialista*, Rio de Janeiro, ano II, n. 65, 22.11.1946, pp. 1 e 4.

27. Segismundo Munhoz, "Liberdade e Socialismo", *Vanguarda Socialista*, Rio de Janeiro, ano I, n. 49, 2.8.1946, p. 6; Militante Ignoto, "A Esquerda Democrática e 'Vanguarda Socialista'", *Vanguarda Socialista*, Rio de Janeiro, ano I, n. 51, 16.8.1946, p. 6; Mario Pedrosa, "As Eleições, os Partidos e o Socialismo", *Vanguarda Socialista*, Rio de Janeiro, ano II, n. 62, 1.11.1946, pp. 1 e 4.

Logo em seguida, Mario Pedrosa, representando *Vanguarda Socialista*, partiu no dia 25 de novembro para Antuérpia, na Bélgica, convidado pelo *Bureau* Socialista de Ligação Internacional para participar de uma conferência socialista internacional. Esse *Bureau* Socialista, criado em maio de 1946, em Clacton-on-Sea (Inglaterra), após sucessivas conferências internacionais, inclusive essa de Antuérpia, onde se transformou em Comisco (Committee of the International Socialist Conferences; em português, Comitê de Conferências Socialistas Internacionais), reconstituiu a Internacional Operária e Socialista, que havia sido dissolvida em 1940. Em Antuérpia, a questão central foi a admissão do Partido Social-Democrata Alemão, o que ocorreu por doze votos favoráveis, quatro contrários e doze abstenções. Pedrosa, em matéria publicada sobre a conferência[28], ressaltou que, dos quatro votos contrários (Polônia, Hungria, Tchecoslováquia e Palestina), três vinham de países da Europa Oriental, então já influenciados pela União Soviética. Ao final do texto, Pedrosa comentou que o presidente da conferência, o belga Louis de Brouckere, antigo presidente da Internacional Socialista, ressaltou o fato de que pela primeira vez um brasileiro tomava parte, mesmo que como observador, de uma assembleia socialista internacional. Outra vez, como em 1938 em Paris, Pedrosa participava da criação de uma organização internacional de partidos de esquerda.

Mario Pedrosa regressou ao Rio de Janeiro em 27 de fevereiro de 1948. Nessa estadia na Europa, onde esteve a serviço do *Correio da Manhã* e d'*O Estado de S. Paulo*, além de enviar algumas matérias jornalísticas, fez uma série de matérias sobre a Europa do pós-guerra e entrevistas com diversas personagens (André Gide, André Malraux, Albert Camus, David Rousset e James Burnham), posteriormente publicadas.

Na sóbria declaração publicada no último número dirigido por Mario Pedrosa, o grupo editor de *Vanguarda Socialista* informou que recém-ingressara no PSB e que doara o jornal ao partido, "que decidirá dos destinos da folha como melhor lhe parecer". Agradecendo aos leitores, o

---

28. Mario Pedrosa, "Conferência Socialista de Antuérpia", *Vanguarda Socialista*, Rio de Janeiro, ano III, n. 115, 15.12.1947, pp. 1-2. Esse texto também havia sido publicado em *Correio da Manhã*, 2.12.1947, p. 18.

grupo fazia-lhes um apelo para que ingressassem no PSB e confiava que, sob a direção do partido, *Vanguarda Socialista* "continuasse a ser um órgão de doutrinação e defesa do socialismo e da liberdade"[29]. Como se sabe, a expectativa não foi correspondida.

Já num texto que Mario Pedrosa pensou em publicar no lugar desse anódino anúncio, havia um balanço da trajetória do jornal que aparentemente nunca foi publicado[30]. Nele reiterava que sua primeira missão era "um trabalho de esclarecimento ideológico" e que o julgava em grande parte cumprido.

Graças à colaboração de "eminentes marxistas estrangeiros", *Vanguarda Socialista* pôde definir o "bolchevismo até sua degenerescência stalinista", o trotskismo e a social-democracia. Também tinha clareza de que dera relevante contribuição para situar com "objetividade e perspectiva histórica" a Revolução Russa e trouxera aos meios socialistas do Brasil "novas concepções e novas correntes surgidas ao contato das tremendas realidades do totalitarismo, sob as formas nacionais diversas de fascismo, nazismo e stalinismo". Outra questão que Pedrosa destacou em seu balanço foi a introdução do tema da estatização da economia, tomado das mais variadas fontes, antigas e modernas, com o fim de "definir o conceito de capitalismo de estado, a fim de distingui-lo do conceito de uma verdadeira economia socialista".

A seguir, Pedrosa enfatizou que *Vanguarda Socialista* se dedicou a "preparar quadros para o futuro partido socialista independente". Depois, Pedrosa narrou o processo de formação da Esquerda Democrática e de sua trajetória rumo ao socialismo. O autor afirmou que era necessário tempo e não apenas boa vontade para que se produzisse coesão ideológica entre os militantes ativos. E reiterou a afirmação feita em um editorial do jornal de que o grupo de *Vanguarda Socialista* não hesitaria em aderir e se colocar ao serviço caso forças reais conseguissem se reunir para formar e organizar o movimento socialista no Brasil. A seguir,

---

29. Vanguarda Socialista, "Declaração", *Vanguarda Socialista*, Rio de Janeiro, ano III, n. 124, 1.5.1948, p. 1. Ver também "Doado ao Partido Socialista Brasileiro o Semanário 'Vanguarda Socialista'", *Correio da Manhã*, Rio de Janeiro, 6.5.1948, p. 16.
30. Mario Pedrosa *et alii*, *Vanguarda Socialista: Aos Nossos Amigos e Leitores*, Manuscrito. [Rio de Janeiro], [1948], 4 p. (Acervo Cemap-Interludium-Cedem).

Pedrosa afirmou com franqueza o que retardou o ingresso do grupo no PSB (provavelmente a razão pela qual esse documento não viu então a luz do dia):

> Todos sabem, no entanto, as resistências que foram de saída opostas à nossa entrada para o novo partido. Em virtude de que essa oposição? Em virtude de nosso passado de "trotskistas" e do combate que então fazíamos, por necessidade de esclarecimento ideológico e autodefesa democrática, ao movimento prestista-stalinista. Hoje tudo isso são águas passadas. Nossa fisionomia de socialistas democratas é reconhecida geralmente. Restam apenas a nos fazer caretas os elementos stalinistas que não perdoam a nossa luta intransigente contra o totalitarismo comunista atual e os elementos trotskistas que não nos perdoam haver abandonado as suas fileiras e revelado o sectarismo esterilizante de seu movimento.

A seguir, afirmou que, dali por diante, deveriam militar disciplinadamente no PSB, contribuindo de todas as maneiras para fazê-lo um "combativo organismo socialista, capaz de reunir, sob sua bandeira, todas as forças dinâmicas, morais e intelectuais das classes médias e do proletariado, empenhadas em fazer, realmente, do Brasil uma autêntica democracia social". Enfatizando ver no PSB o canal mais apropriado para a realização dessas mudanças, afirma que o grupo editor, no momento de seu ingresso, contribuía com a doação do jornal ao partido e individualmente colocavam-se à disposição para cumprir as tarefas que lhes fossem indicadas.

Partido Socialista Brasileiro
DIRETÓRIO REGIONAL DO DISTRITO FEDERAL
AV. RIO BRANCO, 173 - 2.º PAV. — GRUPO 203
TELEFONE 32-9652
Rio de Janeiro - D. F.

Rio de Janeiro, 9 de junho de 1956

Ilmo. Snr.
Mário Pedrosa
a/c. da Sra. Nely Ribeiro.
Nesta

Prezado Sr.

O Diretório Regional do D. Federal leva ao conhecimento de V.S. que em reunião de 7 do corrente resolveu, por maioria de votos, exclui-lo deste Partido em virtude da adesão de V.S. ao movimento denominado "Ação Democrática", contrariando os Estatutos do P.S.B. e resoluções dos Orgãos Superiores.

Sem mais, atenciosamente,

a)- Inaldo Pessôa de Mendonça
1º Secretário da C. Executiva.

Ato de expulsão de Mario Pedrosa do Partido Socialista Brasileiro, Rio de Janeiro, 1956 [Fundo Mario Pedrosa – Cemap-Interludium-Cedem].

Capítulo 4
O PSB: Um Socialismo Impotente em uma Democracia Imatura

Mario Pedrosa passou por um período a dar mais atenção às artes plásticas, embora se encontrem algumas referências de sua participação como palestrante em atividades do Movimento dos Estudantes Socialistas Brasileiros ou na União Nacional dos Estudantes[1]. Em 1949, foi um dos oradores do comício de 1º de Maio convocado pelo PSB na Praça Saens Pena; participou da convenção do Distrito Federal do PSB como delegado pelo distrito do Flamengo-Catete e na IV Convenção Nacional do PSB, na qual foi eleito para a comissão nacional da agremiação[2]. Naquele ano, em que pesem tais atividades, sua produção na área política não registra nenhum texto. Tal fato se explica em razão de que, em 1949, Mario Pedrosa se dedicou à publicação de seu primeiro livro, reunindo seus principais textos de crítica de artes plásticas[3]. E também porque decidiu participar do concurso para a cátedra de história da arte e esté-

---

1. *Correio da Manhã*, Rio de Janeiro, 24.8.1948, p. 14; "Conferência", *A Manhã*, Rio de Janeiro, 5.11.1948, p. 5.
2. "Várias Solenidades Assinalaram a Passagem do Dia do Trabalho", *Diário de Notícias*, Rio de Janeiro, 3.5.1949, p. 2; "Instalada a Convenção do Partido Socialista", *Diário de Notícias*, Rio de Janeiro, 25.9.1949, p. 6; "Tem Nova Direção o Part. Socialista Brasileiro", *Diário Carioca*, Rio de Janeiro, 6.11.1949, p. 3.
3. Mario Pedrosa, *Arte, Necessidade Vital*, Rio de Janeiro, Livraria-Editora da Casa do Estudante do Brasil, 1949.

tica da Faculdade Nacional de Arquitetura e, para isso, teve de redigir e apresentar uma tese, *Da Natureza Afetiva da Forma na Obra de Arte*[4], que seria defendida mais tarde.

Os anos 1950 vão levar Mario Pedrosa a um combate, no campo da política, que ele talvez não esperasse mais fazer com a volta à cena política de uma figura que poucos, e talvez nem o próprio Pedrosa, imaginavam que encarasse novamente a ribalta: Getúlio Vargas. Para Pedrosa, Vargas permanecia praticamente o mesmo de 1945, um ditador bonapartista. Num primeiro momento, ele cogitou até fazer esse combate no mesmo campo de disputa, quando seu nome foi especulado para vice na chapa à Presidência da República do PSB apresentada às eleições de 1950, com o nome do presidente nacional do partido, João Mangabeira, como presidente. Embora Pedrosa soubesse que as chances de enfrentar Vargas fossem mínimas por parte do PSB, era o que lhe restava, pois o campo que havia defendido nas eleições de 1945 tomara um rumo francamente direitista. Nas eleições de 1950, o candidato da UDN, novamente o brigadeiro Eduardo Gomes, para enfrentar Vargas, concluiu uma aliança eleitoral com os antigos integralistas, que ressurgiram em 1945 com uma nova sigla, PRP, Partido de Representação Popular. A justificativa de Gomes foi a de que o "fascismo estava morto". Para Pedrosa, essa aliança criara uma barreira insuperável e uma questão indefensável[5]. Pedrosa preferiu declinar da disputa e o cargo de vice-presidente da chapa socialista acabou ficando com o presidente da comissão executiva do PSB de São Paulo, Alípio Correia Neto, e transformou-se em um enfático defensor da candidatura própria do PSB à Presidência da República, numa chapa "pura".

No "Manifesto ao Povo", aprovado na sessão de encerramento da convenção do PSB que definiu a chapa que concorreria às eleições pre-

---

4. A tese foi publicada pela primeira vez em 1979 com outros textos seus (Mario Pedrosa, *Arte / Forma e Personalidade – 3 Estudos*, São Paulo, Kairós, 1979) e republicada no segundo volume de *Textos Escolhidos*, organizados por Otília Arantes, em 1996 (Mario Pedrosa, *Forma e Percepção Estética: Textos Escolhidos (II)*, São Paulo, Edusp, 1996).
5. "Terá Candidatos Próprios o PSB. Para Presidente, João Mangabeira; Para Vice, Mario Pedrosa ou João da Costa Pimenta", *Diário Carioca*, Rio de Janeiro, 29.7.1950, p. 1; "O Quarto Candidato", *Correio da Manhã*, Rio de Janeiro, 29.7.1950, p. 8; "Escolhido o Candidato dos Socialistas à Presidência da República", *Diário de Notícias*, Rio de Janeiro, 30.7.1950, p. 3.

sidenciais, a questão das alianças sem princípios foi o tema central do documento. No entanto, o ambiente traçado, a defesa da democracia contra o totalitarismo, parecia evocar aquele vivido nas eleições de 1945:

> O *Partido Socialista Brasileiro*, ao lançar candidatos à presidência e vice-presidência da República, sem pensar em vitória, certo mesmo de derrota "técnica" no plano eleitoral, cumpre um alto dever histórico. Ele vem proclamar sua fidelidade ao dever da vigilância democrática que ora se embota em tantos espíritos, até ontem impermeáveis aos contatos totalitários. Se os comunistas não pertencem à família democrática, também não pertence o integralismo, mesmo sob o engodo de uma legenda pompensa e farisaica.
>
> A situação política atual, às vésperas das eleições, se caracteriza pelo baralhamento das legendas, a confusão intencional das ideias, a capitulação dos partidos democráticos, a caça desenfreada e sem escrúpulos ao voto, com abandono dos princípios e das necessárias separações políticas, indispensáveis à vida democrática. [...]
>
> Os nossos candidatos formam assim o primeiro quadrado de resistência para que a democracia sobreviva nas horas sombrias que o futuro nos reserva. Em torno dele, confiamos que se venham reunir todos os brasileiros que não capitulam ante os assaltos totalitários, venham de onde vier, e permanecem fiéis à causa da liberdade, mesmo para ficar em minoria. As minorias assim retemperadas, como as de hoje, serão as maiorias de amanhã[6].

No entanto, os apelos do PSB foram completamente ignorados. No dia 3 de outubro de 1950, a legenda teve apenas 9466 votos. Uma votação que correspondeu a 6,5% dos votos nulos! Getúlio Vargas, à frente de uma coligação entre o Partido Trabalhista Brasileiro (PTB) e o Partido Social Progressista (PSP), foi eleito com 3,8 milhões de votos.

Para os socialistas, embora desalentador, o quadro era previsível. O governo de Dutra recebeu, na avaliação do PSB, um voto contrário dos trabalhadores. No entanto, ao PSB caberia a missão de defender as posições, estabelecidas na convenção de julho de 1950 e "calorosamente defendidas por figuras de grande experiência política e dirigentes do partido como sejam Febus Gikovate e Mario Pedrosa", de desfazer as ilusões dos trabalhadores com Vargas:

---

6. "Partido Socialista Brasileiro. Manifesto Ao Povo", Rio de Janeiro, 29.7.1950. Grifos do original.

Mas justamente ao Partido Socialista está reservado o papel de esclarecer a mistificação populista, de denunciar o "trabalhismo" baseado no messianismo de um chefe que conseguiu ludibriar a massa. Para esta o "Ele voltará" foi o atalho que lhe ofereceram como sendo o caminho para a libertação da opressão e da miséria[7].

Tal empreitada começaria com a eleição de Pedrosa para a presidência da seção do Distrito Federal, em 18 e 19 de novembro de 1950[8]. A seguir, Pedrosa se lançaria em uma série de palestras ocorridas nas sedes do PSB com temas de atualidade ou de caráter ideológico e formativo, como a discussão do tema da maioria absoluta (a tese da UDN, derrotada na Justiça, de que Vargas não poderia tomar posse já que não havia vencido com mais de 50% dos votos), "Declaração de Princípios do Socialismo Democrático", "Porque Socialismo e não Comunismo", além dos tradicionais discursos em eventos como o 1º de Maio[9].

Pouco depois, ele seria novamente eleito para integrar o então chamado diretório nacional do PSB em uma convenção nacional extraordinária, que ocorreu nos dias 3 e 4 de junho de 1951. Além de adaptar o PSB à nova lei eleitoral, através de uma reforma estatutária, a reunião aprovou documentos sobre o posicionamento dos socialistas sobre o momento político internacional e nacional. Neste último, o texto aprovado manteve a conduta do partido firmada em julho de 1950, revelando importante contribuição de Pedrosa: completa independência diante do governo de Vargas e de "intransigente defesa das liberdades populares"; apoiar as medidas que o Poder Executivo e o Poder Legislativo apresentassem para "satisfazer as reivindicações dos trabalhadores e da classe

---

7. "A Crise Queremista no Partido Socialista", *Diário Carioca*, Rio de Janeiro, 17.10.1950, p. 3. "Ele voltará" foi um dos *slogans* utilizados durante a campanha de Getúlio Vargas nas eleições presidenciais de 1950.
8. "Reuniu-se a Convenção Local do Partido Socialista. Eleito Presidente o Sr. Mario Pedrosa – Moção ao Vereador Osório Borba", *Diário de Notícias*, Rio de Janeiro, 21.11.1950, p. 3.
9. "Partido Socialista Brasileiro", *Diário de Notícias*, Rio de Janeiro, 3.12.1950, p. 4; "Debates no PSB de Minas Gerais", *Diário de Notícias*, Rio de Janeiro, 9.12.1950, p. 4; "Partido Socialista Brasileiro", *Diário de Notícias*, Rio de Janeiro, 5.1.1951, p. 4; "Porque Socialismo e Não Comunismo", *Correio da Manhã*, Rio de Janeiro, 26.1.1951, p. 4. "Comemorado pelos Socialistas o 1º de Maio", *Diário de Notícias*, Rio de Janeiro, 3.5.1951, p. 4.

média, sobretudo no que disser respeito à diminuição do custo de vida, à melhoria dos salários e ordenados"; reforma agrária, reforma bancária, encampação das empresas estrangeiras que exploram os serviços públicos; combate aos monopólios; garantir que a exploração do petróleo nacional seja feita exclusivamente pelo Estado; defesa do direito de greve e pelas liberdades sindicais[10].

Em agosto de 1951, a seção do Distrito Federal do PSB criticou publicamente o senador do partido, Domingos Velasco, por ele ter votado favoravelmente à nomeação de Batista Luzardo (um antigo "revolucionário de 1930", que foi o primeiro chefe da polícia do Distrito Federal quando Vargas tomou o poder) como embaixador na Argentina, ato também criticado por Mario Pedrosa pelas mesmas razões[11]. Imediatamente, a comissão executiva nacional do PSB divulgou uma nota afirmando que a seção do Distrito Federal violou os estatutos do partido ao divulgar sua crítica e, ao mesmo tempo, reafirmou sua solidariedade ao senador Velasco pelo seu voto. E, no dia seguinte, a comissão executiva nacional tornou pública outra nota em que asseverou que a nota da seção do Distrito Federal era ilegal por razões burocráticas e concluiu afirmando que "toda a ação parlamentar do companheiro Velasco, inclusive no voto em questão, se tem desenvolvido dentro da linha política traçada pelas convenções do partido e de acordo com a opinião da maioria dos membros da comissão executiva nacional, previamente consultados"[12]. O episódio agastou Pedrosa, levando-o a um momentâneo afastamento das fileiras socialistas, o que resultou em um sarcástico comentário por parte de Velasco, quando indagado sobre possíveis debandadas nas fileiras socialistas: "Os desertores são todos trotskistas..."[13]

10. "A Plutocracia do Governo Passado É, em Essência, a Mesma do Atual. Reafirma o Partido Socialista, na Convenção Nacional, sua Posição de Independência em Relação ao Governo", *Diário de Notícias*, Rio de Janeiro, 12.6.1951, p. 3.
11. "Domingos Velasco Está Sereno", *Última Hora*, Rio de Janeiro, 28.8.1951, p. 2.
12. "O PSB-DF e a Nomeação do Sr. Luzardo", *Diário de Notícias*, Rio de Janeiro, 28.8.1951, p. 4; "Apoia a C. E. do Partido Socialista o Senador Velasco", *Diário de Notícias*, Rio de Janeiro, 29.8.1951, p. 4; "Comunicado da Comissão Executiva do PSB", *Diário de Notícias*, Rio de Janeiro, 30.8.1951, p. 4.
13. "Os Trotskistas", *A Manhã*, Rio de Janeiro, 19.9.1951, p. 7.

No mês seguinte, Mario Pedrosa deixou de escrever a seção de artes plásticas no *Correio da Manhã* e passou a publicá-la na *Tribuna da Imprensa*, de Carlos Lacerda, na qual também iniciou a sua colaboração sobre política nacional e internacional. Tais artigos, por conta de um acordo de colaboração entre os jornais de Lacerda e dos Mesquitas, saíam publicados em *O Estado de S. Paulo*, embora isso não ocorresse nem na mesma sequência tampouco com todos os artigos. A respeito dessa colaboração, um antigo articulista de *Vanguarda Socialista* e, posteriormente, jornalista e editorialista de *O Estado de S. Paulo* dá um interessante testemunho sobre as condições em que ela se dava:

> Mario Pedrosa não chegara à rua Major Quedinho [endereço da redação d'*O Estado de S. Paulo*] de contrabando, disfarçado de adversário do Comitê Central [do PCB] e do MMC [Movimento Militar Constitucionalista]. Viera como marxista e como tal era respeitado – não só na rua Major Quedinho, mas também na Praia Vermelha [localização, no Rio de Janeiro, da Escola Militar do Exército], onde buscou com sua cultura multifacetada convencer esguianos [neologismo para indicar os membros da Escola Superior de Guerra do Exército brasileiro], que depois apoiariam os que o levariam ao exílio, que o "Poder Nacional não pode antecipar-se ao estado fluídico da própria sociedade, e só alcançará a plenitude de sua força e de sua coesão quando aquelas classes (as 'classes oprimidas') encontrarem, dentro do todo nacional, o seu lugar ao sol"[14].

Adversário implacável da burocracia soviética, Pedrosa abriu sua colaboração política internacional retomando uma discussão que já apresentara em sua brochura *Os Socialistas e a III Guerra Mundial*. Para ele, estava no Ocidente a possibilidade do triunfo do socialismo. Mas, para isso, era preciso que as forças democráticas e socialistas do mundo não se acomodassem ao que lhes era apresentado pela propaganda soviética. Na verdade, havia uma grande resistência aos regimes stalinistas na Cortina de Ferro e exemplos disso eram apresentados por Pedrosa. Cabia, afirma Pedrosa, aos democratas e aos socialistas do mundo se aliarem a essas forças de resistência: "Camponeses e operários unidos constituem, assim, a grande base de resistência à opressão dos novos senhores da

---

14. Oliveiros da Silva Ferreira, "A Espada e o Escudo", *O Estado de S. Paulo*, ano II, n. 144, 13.3.1983, p. 14 (suplemento Cultura).

burocracia. Dessa união depende, em última análise, a vitória do socialismo na Europa e no mundo"[15].

Crítico implacável de Vargas e do PCB, a colaboração sobre a política nacional de Mario Pedrosa começou com um artigo sobre uma medida oficial do governo. Por tal decisão, o governo dispensava de ponto os funcionários públicos do Rio Grande do Sul que tivessem comparecido ao IV Congresso Nacional dos Escritores, promovido pela Associação Brasileira de Escritores – ABDE. No entanto, Pedrosa lembra que, em abril de 1949, a diretoria da ABDE havia renunciado, um mês depois de ser eleita. Tal situação se produziu em um quadro de disputa entre os militantes do PCB e um grupo de escritores das mais variadas colorações partidárias, de independentes a militantes udenistas. A diretoria que renunciou tinha à sua frente Afonso Arinos, um notório udenista, Carlos Drummond de Andrade, um ex-comunista, Hermes Lima, um socialista, e Otto Maria Carpeaux, entre outros. E com ela centenas de escritores, entre eles Mario Pedrosa, desfiliaram-se da ABDE, que voltou às mãos dos comunistas[16]. Assim, para Pedrosa, a decisão de Vargas era um ato que criava confusão e um retrocesso:

Assim, todo o trabalho dos verdadeiros intelectuais brasileiros em separar o joio do trigo, deixando os fascistas vermelhos isolados nas suas associações esvaziadas de qualquer conteúdo real, de qualquer significação representativa da comunidade intelectual, é torpedeado pelo Sr. Getúlio Vargas, que dá à iniciativa comunista a chancela oficial.

Tudo isso pode ser "mera coincidência", mas só uma excessiva simplicidade de espírito pode deixar de relacionar essas atitudes presidenciais, considerando-as como frutos do acaso. Com o Sr. Getúlio Vargas, o acaso também é, muitas vezes, pura velhacaria[17].

---

15. Mario Pedrosa, "A Defesa da Europa", *Tribuna da Imprensa*, Rio de Janeiro, 6.9.1951. O mesmo texto foi publicado com o título "As Forças da Resistência Europeia" em *O Estado de S. Paulo*, em sua edição de 20.9.1951, p. 2.
16. "Renunciou a Diretoria da Associação Brasileira de Escritores. Ao Mesmo Tempo, com Elevado Número de Sócios, os Dirigentes Encabeçados pelo Sr. Afonso Arinos Retiraram-se da ABDE – Manifesto dos Intelectuais que Se Afastaram – Será Fundada Outra Entidade", *Diário de Notícias*, Rio de Janeiro, 29.4.1949, pp. 2 e 6.
17. Mario Pedrosa, "Manobras Comunistas e Manobras Getulianas", *Tribuna da Imprensa*, Rio de Janeiro, 27.9.1951. Esse artigo foi publicado em *O Estado de S. Paulo*, em sua edição de 6.10.1951, com o título "Acaso Nada, Velhacaria".

Pedrosa, em seu texto, mostra que procedimento semelhante já havia sido adotado por Vargas no Clube Militar, fazendo com que o seu ministro da Guerra, Estillac Leal, ficasse em fogo cruzado em uma disputa entre duas correntes, uma influenciada pelos comunistas e outra conservadora. O resultado foi o enfraquecimento de seu ministro, ao mesmo tempo que Vargas passou a ser o mediador entre as facções "e o punhado de comunistas fardados passará a viver de sua tolerância". Pedrosa alude aqui à figura do bonapartismo.

Nesse mesmo mês de setembro, Pedrosa tomou posse, no dia 29, no seu cargo no diretório nacional do PSB, para o qual havia sido eleito na convenção de junho de 1951.

Ao lado da atividade jornalística, Mario Pedrosa se preparou para a defesa de sua tese que apresentara em 1949 à Faculdade Nacional de Arquitetura e cujo concurso finalmente se realizou no início de 1952[18]. Nele, Pedrosa ficou em segundo lugar e obteve o título de livre-docente. Em março, Pedrosa foi nomeado professor catedrático, interino, de história geral do Colégio Pedro II, função que ocupou até 1955.

O ano de 1952 seria no Brasil um momento em que o governo de Getúlio Vargas começaria a apresentar dificuldades. Em março, o ministro da Guerra, general Estillac Leal, pediu demissão do cargo quando soube que o Ministério das Relações Exteriores havia conduzido, à sua revelia e sem o seu conhecimento, as negociações para a assinatura de um acordo de assistência militar entre Brasil e Estados Unidos. Em seguida, Vargas passou a emitir vários sinais para a oposição no sentido de buscar uma composição, oferecendo-lhe cargos no governo. Vargas não

---

18. "Concurso para Catedrático da F.N.A.", *Última Hora*, Rio de Janeiro, 4.1.1952, p. 2 (2º caderno); "Concurso de História da Arte na FNA", *Última Hora*, Rio de Janeiro, 9.1.1952, p. 1 (2º caderno); "O Concurso na Faculdade Nacional de Arquitetura", *A Noite*, Rio de Janeiro, 10.1.1952, p. 8; "Na Faculdade de Arquitetura: O Crítico Mario Pedrosa Defenderá Tese Hoje", *Correio da Manhã*, Rio de Janeiro, 12.1.1952, p. 5; Antônio Bento, "O Concurso de História da Arte – Estética", *Diário Carioca*, Rio de Janeiro, 13.1.1952, p. 6 (na primeira página dessa mesma edição, o jornal publicou uma foto da defesa de Mario Pedrosa); "Natureza Afetiva da Forma nas Artes Plásticas. A Tese Defendida Ontem, na Faculdade Nacional de Arquitetura, pelo Candidato Mario Pedrosa", *Correio da Manhã*, Rio de Janeiro, 13.1.1952, p. 1 (3º caderno – com fotos); "A *Gestalt* e os Examinadores", *Diário Carioca*, Rio de Janeiro, 19.1.1952, p. 6; Marques Rebêlo, "Concursos", *Última Hora*, Rio de Janeiro, 21.1.1952, p. 2.

conseguia controlar sua bancada parlamentar, ao mesmo tempo que a oposição acirrava seu discurso e começava a se aproximar das Forças Armadas. Tais sinais de debilidade fizeram com que se chegasse a discutir a questão de sua sucessão (com três anos de antecedência!).

Dentro desse quadro, Mario Pedrosa, por meio de seus artigos na imprensa, manifestava impaciência e ao mesmo tempo ficava desolado com a incapacidade da oposição de fazer frente a essa situação. Para Pedrosa, os políticos brasileiros tinham grande dificuldade em pensar politicamente. Como grande parte deles eram bacharéis em direito, os parlamentares desprezavam "o fenômeno vivo para ater-se ao conceito abstrato", o que produzia um "amoralismo puro e simples", apresentado como "sabedoria política". Assim, quando postos diante dos acontecimentos, em vez de mobilizar, iam para os gabinetes interpretar a lei[19]. Quando Vargas, em diversos discursos, no segundo semestre de 1952, lançou um apelo de "união nacional" e reforma do ministério aos partidos de oposição, os oposicionistas ficaram apenas discutindo qual o poder mais preeminente em torno do qual se deveria fazer a "união" ou, então, defendiam a instauração de regimes parlamentaristas[20]. Mas esses oposicionistas não se davam conta de que se tratava de um ardil de Vargas para recompor suas forças, e Pedrosa afirmava que eles não podiam se comportar como "namorada de subúrbio – não acredito, você está me enganando" –, ao contrário, deveriam ao menos contrapor um programa de ação. Isso nitidamente o exasperou:

> A pior situação é a mais cômoda e fácil: ficar na expectativa, acendendo uma vela a Deus e outra ao Diabo, a afirmar, solene, olhando para o texto da Constituição, intocável como uma vestal: aqui não se mexe. Essa é a via da passividade que em política significa derrota certa. Em um abrir e fechar de olhos, o Sr. Getúlio Vargas transformou-se de novo em árbitro da situação. Sua situação estava empalidecendo, o seu governo perdia prestígio de dia para dia. Mas ei-lo novamente situado ao centro de tudo, e com desenvoltura falando para a direita com os políticos e para a esquerda com as massas trabalhadoras[21].

---

19. Mario Pedrosa, "Mentalidade Jurídica e Estratégia Política", *O Estado de S. Paulo*, 23.9.1952, p. 24.
20. Mario Pedrosa, "Convite ao Haraquiri", *O Estado de S. Paulo*, 21.9.1952, p. 9.
21. Mario Pedrosa, "O Discurso e a Oposição", *O Estado de S. Paulo*, 16.10.1952, p. 2.

Mesmo concordando ser válida a proposta do parlamentarismo como uma das alternativas para enfrentar a questão, Pedrosa afirmava que uma das causas do mau funcionamento das instituições estava nos partidos, em especial nas grandes legendas. Os seus problemas, sustentava ele, "têm toda a probabilidade de não ser resolvidos internamente por seus próprios meios, por seus próprios membros, por seus próprios esforços", aludindo à Justiça Eleitoral, que tomara a si tais incumbências. Além disso, essas legendas não possuíam o dom da perenidade. Como se sabia, era muito fácil dissolvê-las e havia políticos tão "previdentes" que já tinham preparadas, em caso de necessidade, novas legendas.

Paradoxalmente, Pedrosa considerava o PCB o partido mais livre e mais vivo existente, pois a lei dos partidos não havia sido feita para ele. Qualquer dissidente ou oposicionista recorria a um congresso, a uma conferência, também ilegais, e não a um tribunal eleitoral. "Contra as atividades do mesmo partido quem intervém não é mais o austero tribunal eleitoral, mas a polícia, que é a forma mais despudorada e extrema, mas por isso mesmo a mais perniciosa e ineficiente, do espírito burocrático."[22]

Apesar disso, Pedrosa manifestava esperança nas pequenas legendas. Sobre o PSB, ao qual estava filiado, traçava, nesse mesmo artigo, um cauteloso retrato: "Também o PSB, no dia em que saísse de sua impotência e paralisia, a democracia no Brasil teria alcançado uma maturidade que não sabemos hoje se chegará a alcançar em algum momento". Enfim, para ele, não era na abundância das pequenas legendas que estava uma das causas do imperfeito funcionamento das instituições, mas na inexistência de grandes partidos.

A carência desses grandes partidos colocava, na opinião de Pedrosa, um problema sério à oposição dentro de tal quadro e diante de tal modo de ação: seriam eles capazes de disputar os votos populares? Para tanto, propunha que a oposição fizesse uso dos meios de que dispunha: da "tribuna da Câmara, do comício, do rádio, do jornal". Neles, deveria se valer da crítica, o que inviabilizaria a "possibilidade de entendimento e colaboração com o presidente", mas "não há como repartir influências,

22. Mario Pedrosa, "O Mal dos Partidos", *O Estado de S. Paulo*, 18.5.1952, p. 6.

amigavelmente. Ou um ou outro conquista e, no momento, retém, monopoliza essas influências". Pedrosa avaliava que, naquele momento, a oposição não tinha condições e tampouco energia para chegar às massas, e que, por isso, esse contato seria de parcos resultados. O quadro somente mudaria com uma nova postura:

> Urge restaurar a hegemonia do Congresso no trato das grandes questões políticas e de interesse geral. Só assim poderá ser colocado, com possibilidade de êxito, o problema do contato indispensável da oposição democrática com a massa. A tribuna do Parlamento deve ser o lugar das grandes iniciativas políticas e estar armada de uma tal acústica que a torne capaz de encontrar ressonâncias profundas no seio da população. Para tanto – o que implica a permanência do regime democrático do país – é indispensável fazer do Executivo, o poder das promessas e da ação, um desdobramento da vontade do Parlamento. Fora daí os políticos brasileiros estarão sem voz para falar ao povo[23].

Por isso, ele reiterava que os processos eleitorais, naquelas circunstâncias, tinham maiores chances de se transformar em plebiscitos que serviriam para consagrar regimes bonapartistas de caráter ditatorial[24]. Uma das mais importantes ferramentas que Mario Pedrosa valorizava no sentido de fazer frente aos regimes bonapartistas era a criação de sindicatos independentes, livres das amarras da legislação corporativista. Comentando as greves de tecelões e de aeroviários que ocorriam no final de 1952, Pedrosa afirmou que os grevistas estavam "dizendo que perderam a confiança no governo 'trabalhista' de Getúlio". Era um fato auspicioso em sua opinião:

> De que precisamos para que a nossa incipiente democracia pegue de raiz? De que a grande massa trabalhadora do Brasil perca as ilusões nos messias e chefes demagogos e passe a usar os instrumentos de defesa e de conquista que a democracia lhe oferece e a Constituição, aprovada pelos que derrubaram a ditadura em 1945, assegura. E esses instrumentos são, além das garantias jurídicas como o "habeas-

---

23. Mario Pedrosa, "A Concorrência Desigual", *O Estado de S. Paulo*, 24.10.1952, p. 2.
24. Mario Pedrosa, "História de Ontem e de Hoje", *O Estado de S. Paulo*, 7.10.1952, p. 54; "Mentalidade Jurídica e Estratégia Política", *O Estado de S. Paulo*, 23.9.1952, p. 24.

-corpus" que ainda outro dia tirava da cadeia um jornalista, o voto, o sindicato livre e autônomo e seu complemento que é a greve[25].

Mas Pedrosa sabia que essa sua defesa do direito de greve era via de mão única, pois, como fazia questão de destacar, ela não havia entrado "ainda na mente dos liberais brasileiros", o que sempre leva a imaginar que seus comentários fossem recebidos com uma piedosa condescendência e um amarelado sorriso pelos leitores de *Tribuna da Imprensa* e *O Estado de S. Paulo*. Mais ainda, para tentar fazer "entrar na mente dos liberais brasileiros" algum discernimento a respeito da importância do significado das tradições nas sociedades modernas, Mario Pedrosa não deixou de comentar a proposta do deputado oposicionista, do Partido Republicano, e ex-ministro da Agricultura do governo Eurico Gaspar Dutra, Daniel de Carvalho. Este havia apresentado um projeto de lei transferindo para o dia 13 de maio as comemorações do dia 1º de Maio. O objetivo do parlamentar era tirar do esquecimento o dia 13 de maio e arrancar do governo trabalhista as comemorações do 1º de Maio. Depois de lembrar que, em 1888, o Brasil ainda abolia o regime do trabalho escravo, e, em 1889, a Segunda Internacional, "o órgão mais autorizado dos trabalhadores dos principais países", fazia uma campanha mundial para reduzir as horas de trabalho livre de dez para oito, Pedrosa comentou sarcasticamente: "Do cotejo verifica-se que este país se achava não direi fora do nosso planeta mas seguramente ainda fora da 'nossa' história contemporânea". A seguir, narrou aos leitores a maneira pela qual o 1º de Maio se transformou em uma data mundialmente comemorada, inclusive no Brasil, daí concluindo que não fazia sentido a proposta de Daniel de Carvalho. Pelo contrário: "O respeito às suas tradições mais específicas reforçam essa resistência civilizadora"[26].

O ano seguinte, praticamente Mario Pedrosa o dedicou à preparação da II Bienal de São Paulo. Esta aconteceria em 1954, durante as comemorações do IV Centenário da fundação da cidade de São Paulo. Para tanto, Pedrosa, encarregado de organizar o programa artístico do evento, passou quase todo o ano de 1953 na Europa organizando as salas

---

25. Mario Pedrosa, "Greve e Democracia", *O Estado de S. Paulo*, 12.12.1952, p. 9.
26. Mario Pedrosa, "Entre a Demagogia e a História", *O Estado de S. Paulo*, 7.6.1952, p. 2.

especiais que exibiriam alguns dos maiores artistas modernos (Picasso, Klee, Mondrian, Munch, Moore, Marini, Calder etc.). Nos três primeiros meses daquele ano, publicou alguns poucos textos. No único texto sobre política brasileira, em que tratava de uma negociata de compra de algodão feita com dinheiro do Banco do Brasil, para a qual não houve reação por parte da imprensa, Pedrosa deixou esta acurada e ainda atual observação:

> Nas democracias capitalistas o mal não está nas restrições à liberdade, mas na formação clandestina de uma oligarquia dominante que se instala nos postos de comando de toda a sociedade e de lá dirige, por cima dos governos, parlamentos e instituições, irresponsavelmente, como numa sociedade anônima, os destinos do país, os negócios públicos e privados e... a independência dos jornais e a liberdade dos cidadãos[27].

Nos demais textos, ele se dedicou a discutir questões relativas a crises nos partidos comunistas (francês e brasileiro), sobre a preparação daquele que seria o último grande processo na URSS (contra os médicos), o qual se dava no contexto de uma forte campanha antissemita, e sobre a discussão da proposta da política de "coexistência pacífica" lançada pela URSS. Pouco antes de partir, no dia 5 de março, Stalin morreu. Ao fato, Pedrosa dedicou apenas uns poucos textos, nos quais discutiu questões relativas à sua sucessão. Mas sua experiência, já que a definição dessa sucessão ainda se arrastaria por um bom tempo através de uma sangrenta disputa interna pelo poder, não o fez perder de vista o essencial da questão, que se tratava de um confronto cujo horizonte se dava no campo da burocracia e de seus valores:

> Representa sem dúvida todo um grupo, toda uma casta com interesses próprios, com objetivos próprios e uma ideologia ainda não completamente formada, cujas origens marxistas já são longínquas. Toda essa gente se considera russa acima de tudo. Para ela o elemento dinâmico, a força motriz do processo histórico-político não é mais, conforme o marxismo, "a classe operária", mas "a nação dirigente russa"[28].

---

27. Mario Pedrosa, "Democracia *versus* Banco", *O Estado de S. Paulo*, 13.1.1953, p. 7.
28. Mario Pedrosa, "Consequências da Morte de Stalin", *O Estado de S. Paulo*, 15.4.1953, p. 5. Pedrosa se refere aqui a Georgy Maximilianovich Malenkov (1902-1988), que na ocasião aparecia como o mais forte candidato à sucessão de Stalin.

Logo que retornou ao Brasil, Mario Pedrosa procurou transmitir aos seus companheiros do PSB suas posições a respeito do que testemunhara sobre os acontecimentos políticos na Europa durante o ano de 1953:

> Realiza-se amanhã, às 20 horas, na sede do Partido Socialista, à rua Tabatinguera, uma palestra do jornalista Mario Pedrosa, sob o título "Perspectivas Internacionais". O jornalista Mario Pedrosa, que acaba de regressar de uma viagem à Europa, onde percorreu numerosos países, terá oportunidade de tratar de diversos acontecimentos, tais como a morte de Stalin, a queda de Beria e o novo programa agrário da URSS, as eleições alemãs, o tratado militar entre a Espanha e os Estados Unidos, além da política exterior dos EE.UU[29].

Mario Pedrosa encontrou o Brasil no início de 1954 no processo de agravamento da crise que se esboçara quando deixara o país em março do ano anterior. Os trabalhadores nas ruas reivindicando aumento salarial; os comunistas em oposição ao governo de Vargas; militares de alta patente criticando abertamente o governo; denúncias de corrupção; demissão dos ministros da Guerra e do Trabalho; esses eram alguns dos elementos desse conflito. Tal situação fez com que seu nome já fosse cogitado como candidato na chapa de deputados do PSB para as eleições de 3 de outubro de 1954[30].

Pedrosa, no entanto, deixou de ter um canal de expressão para comentar a situação. Isso aconteceu porque, ao voltar do exterior, ele dera uma entrevista à *Tribuna da Imprensa* sobre a II Bienal de São Paulo. No curso de uma resposta, Pedrosa afirmou que "nem Segall nem Portinari haviam feito falta à Bienal". Essa frase gerou um protesto do *Jornal de Letras*, um jornal literário carioca que circulou entre 1949-1993, fundado pelos irmãos Elysio, João e José Condé. A réplica de Pedrosa a esse protesto foi impedida de ser publicada na *Tribuna da Imprensa* pelo seu proprietário, Carlos Lacerda, o que fez com que não mais escrevesse no jornal. O texto acabou publicado no *Diário Carioca*[31]. De fato, isso fez

---

29. "Perspectivas Internacionais", *O Estado de S. Paulo*, 26.1.1954, p. 3.
30. "O Momento", *O Estado de S. Paulo*, 9.2.1954, p. 3.
31. Mario Pedrosa, "Dentro e Fora da Bienal – Evolução ou Involução dos 'Mestres' Brasileiros", *Diário Carioca*, Rio de Janeiro, 14.3.1954.

com que o ano de 1954, em que se deu a grave crise que resultou no suicídio de Vargas, quase passasse silente para Mario Pedrosa em política.

Isso apenas não ocorreu porque, em junho, Mario Pedrosa proferiu uma conferência sobre a situação política da Guatemala, que, naquele momento, estava às vésperas de sofrer um golpe de Estado patrocinado pelo governo norte-americano, como se soube mais tarde. Em um ato público de solidariedade à Guatemala, realizado pelo PSB no auditório da Associação Brasileira de Imprensa, em 25 de junho, em que participaram várias outras correntes políticas, Pedrosa realizou uma conferência de duas horas: "A Guatemala em Face da Política Mundial". Para uma plateia lotada, tratou da situação da Guatemala e refutou a versão de que o país era um perigo militar para as Américas e condenou a intervenção da "La Frutera" (como era conhecida a empresa norte-americana United Fruits), à qual acusou de ser a causadora exclusiva da situação naquele país. Na conferência também tratou das políticas externas norte-americana e soviética e se referiu "à corajosa atitude do povo iugoslavo, livrando-se do jugo russo". Isso fez com que os comunistas presentes começassem a vaiá-lo, interrompidos pelos aplausos dos socialistas. Em meio ao tumulto, Pedrosa advertiu: "Ninguém me cassa a palavra nem me arranca desta tribuna". A confusão acabou amainada com a intervenção do deputado comunista Roberto Morena[32].

Quase um mês depois, no mesmo local, em 20 de julho, Pedrosa pronunciou outra conferência: "Política Socialista e Política Comunista". Relacionando-se com o momento interno que vivia o PSB, no qual havia uma corrente que predicava uma política de aproximação ou acomodação com o PCB, com o objetivo de conquistar os seus votos nas eleições de 3 de outubro de 1954, Pedrosa teve como objeto de sua conferência mostrar que essa postura era perigosa e antipartidária. Além disso, ele também reiterou que o PSB não deveria fazer concessões eleitoralistas com a "falsa política trabalhista do governo". Tais posturas, em sua opinião, somente levavam o PSB a participar de acordos eleitorais

---

32. "Comunistas Vaiaram Mario Pedrosa Que Falava da Guatemala", *Diário Carioca*, Rio de Janeiro, 26.6.1954, p. 12; "Conferência de Mario Pedrosa sobre Guatemala", *Diário Carioca*, Rio de Janeiro, 27.6.1954, p. 12 (essa matéria publicou uma errata com respeito ao publicado na véspera).

oportunistas e impopulares, cabendo apenas aos membros do partido defender o socialismo democrático[33].

No início de julho, o PSB reuniu-se em convenção e definiu sua chapa de candidatos e o nome de Pedrosa foi indicado, para deputado federal, entre eles[34].

Do acontecimento mais relevante daquele ano de 1954, o suicídio de Getúlio Vargas, ocorrido em 24 de agosto, Mario Pedrosa deixou seu testemunho em algumas entrevistas concedidas algum tempo depois do suicídio e às vésperas das eleições.

Seu foco central nessas entrevistas eram as lideranças sindicais. Para Pedrosa, o movimento político estava sendo construído sob um forte impacto emocional; no entanto, ele afirmava que a ocupação de dirigentes sindicais não era chorar os mortos. Para os sindicalistas sem preocupações eleitorais era preciso olhar aquele momento com sangue-frio. Aquela era a ocasião para o movimento sindical se tornar independente do Estado: "Urge agora que a geração nova de líderes sindicais se decida uma vez a agir por conta própria, a assumir a direção das lutas sem esperar um sinal dos pelegos do Ministério do Trabalho ou a luz verde do Catete". Aquele momento era propício para acabar com a legislação sindical de "fundo estado-novista". Sugeriu que um projeto nesse sentido, de João Mangabeira (PSB), fosse tirado da gaveta do Senado pelo então presidente Café Filho, de modo a comprovar sua dita "vocação democrática". Pedrosa também propôs que os sindicalistas lutassem pela escala móvel de salários para fazer frente ao avanço da inflação.

Para Pedrosa, a trágica morte de Vargas teve como lição que "a hora dos chefes de massa paternalistas passou". Naquele momento, os trabalhadores deveriam lutar pela sua independência diante do Estado:

> O que está em jogo é mais do que a sorte do Sr. Café Filho, é a sorte do regime democrático sem o qual não haverá condições para que os trabalhadores do Brasil

---

33. "Política Socialista e Política Comunista", *Diário de Notícias*, Rio de Janeiro, 18.7.1954, p. 4; *Correio da Manhã*, Rio de Janeiro, 21.7.1954, p. 8.
34. "Candidatos Socialistas", *Correio da Manhã*, Rio de Janeiro, 3.7.1954, p. 7.

se tornem maiores, ganhem sua emancipação e arrebatem, às mãos de liberais arcaicos e totalitários demagógicos, a bandeira da democracia no Brasil[35].

Pedrosa também manifestava, em outra entrevista, preocupação com o oportunismo com que muitos faziam uso da suposta bandeira do nacionalismo de Vargas na campanha eleitoral que então se desenrolava. Citava como exemplo o caso de Assis Chateuabriand, dono do conglomerado jornalístico "Diários Associados", considerado o "entreguista número 1 do Brasil", que estava fazendo campanha para o Senado pelo Estado da Paraíba, em aliança com João Goulart, e nela se valia do nome de Vargas. Para Pedrosa, o nacionalismo de Vargas era de "consistência duvidosa", pois sempre viveu "nas melhores relações econômicas e políticas com o governo americano e as forças capitalistas ali predominantes".

Nas suas declarações, Pedrosa não poupou o governo de Café Filho, o qual, do ponto de vista social e político, julgava idêntico ao de Vargas, nada tendo feito até ali para modificar coisa alguma. Portanto, os operários e os seus sindicatos não deveriam ficar esperando "a boa vontade oficial para suas reivindicações". Para isso, cobrou das lideranças a capacidade de fazer as massas trabalhadoras raciocinarem e não se deixarem levar por demagogos e exploradores de "um cadáver de um homem desesperadamente envolvido numa trágica situação para a qual não achou outra saída senão a do suicídio". Essas lideranças deveriam olhar para o futuro. Se assim não o fizessem, deixando que as massas se agarrassem àquela imagem de desespero, eles dariam oportunidade ao messianismo e ao paternalismo político e social:

> Por esse caminho a democracia não sobreviverá; ao contrário: morrerá aos pés de um ditador com botas, um demagogo, um totalitário como Perón, Trujillo ou o generalíssimo Franco. Chorar os mortos é, sem dúvida, um ato humano; mas não pode ser ocupação de líderes proletários, cuja missão é ampliar constantemente os direitos dos trabalhadores e conduzi-los à sua emancipação[36].

---

35. Mario Pedrosa, "Apelo aos Trabalhadores", *Correio da Manhã*, Rio de Janeiro, 29.8.1954, p. 5.
36. Mario Pedrosa, "Chorar os Mortos Não Pode Ser Ocupação de Líderes Operários", *Diário de Notícias*, Rio de Janeiro, 8.9.1954, pp. 3-4.

Nessas entrevistas, Pedrosa, em seu apelo à defesa da autonomia dos trabalhadores perante o Estado, não se dava conta do alcance do gesto de Vargas para desarmar o golpe de Estado que a UDN tramara naquela quadra. Pedrosa, ao contrário, persistiria e nas eleições acreditou que "o povo está pronto a acolher outras ideias, outras legendas, outros nomes"[37]. Do mesmo modo, em seu prospecto oficial de campanha, que também foi publicado nos jornais, Pedrosa reafirmou estas convicções:

> Neste momento, em plena campanha eleitoral, estamos vendo mais uma vez se mobilizarem os recursos do dinheiro, da propaganda comercial, da exploração sem escrúpulos de fatores emocionais, em favor de candidatos estranhos aos interesses do povo. Trabalhistas de última hora surgem aos montões, atropelando-se, na caça do voto, a qualquer preço, e à custa dos meios mais detestáveis[38].

Apesar de sua reação bem-humorada ("Recebi a derrota esportivamente, pois considero a eleição um jogo. E, como em todo jogo, precisamos também contar com a derrota"[39]), os números das eleições foram muito duros com Pedrosa. Ele obteve 1 029 votos[40]. Mas não apenas com ele: os socialistas não elegeram nenhum parlamentar no Distrito Federal, e apenas dois deputados federais. Curiosamente, o PCB atribuiu tal resultado à "campanha sistemática contra os dirigentes comunistas", responsabilizando Mario Pedrosa por ela[41]. No Brasil, de modo geral, o PTB e o PSD aumentaram suas bancadas, enquanto a UDN teve a sua diminuída, num perceptível reflexo do gesto de Vargas.

No Brasil de 1955 ainda se continuava tentando acertar as contas com o 24 de agosto de 1954 e, para isso, as eleições presidenciais de 3 de outubro de 1955 tornaram-se um momento capital. O resultado das eleições de 1954 fez com que os planos udenistas e da ala militar anti-

---

37. Mario Pedrosa, "As Eleições de Domingo e os Candidatos no Distrito Federal. Em Quem o Povo Deve Votar", *Correio da Manhã*, Rio de Janeiro, 30.9.1954, p. 5.
38. "Candidatura Mario Pedrosa à Câmara Federal. Amigos do Militante Político e Crítico de Artes Plásticas Lançam um Manifesto", *Correio da Manhã*, Rio de Janeiro, 30.9.1954, p. 3. O mesmo manifesto, com o título "Mario Pedrosa, Candidato Socialista", foi publicado no *Diário de Notícias*, em sua edição de 1.10.1954.
39. *Revista da Semana*, Rio de Janeiro, n. 44, 30.10.1954, p. 50.
40. *Correio da Manhã*, Rio de Janeiro, 24.10.1954, p. 8.
41. "O Pleito e o PSB", *Imprensa Popular*, Rio de Janeiro, 19.10.1954, p. 3.

getulista de atingir o poder se tornassem mais difíceis ainda. Quando a candidatura do governador de Minas Gerais, Juscelino Kubitschek, pelo PSD, lançada em dezembro de 1954, juntou-se à de João Goulart, pelo PTB, como vice-presidente, em maio de 1955, o grupo udenista tentou encontrar pretextos para adiar as eleições de outubro: parlamentarismo; maioria absoluta; cédula única, divulgação de documentos falsificados, como a "carta Brandi" (que Carlos Lacerda divulgara e na qual se forjava uma suposta ligação do vice João Goulart com o governo argentino para implantar uma "república sindicalista/peronista" no Brasil).

Em maio de 1955, o PSB realizou convenções estaduais que decidiram que, nas eleições daquele ano, o partido não poderia, como ocorrera em 1950, sair com uma candidatura própria. Em 1955, os socialistas brasileiros acreditavam que era preciso criar um arco maior de alianças para evitar a dispersão de forças e que, entre os nomes postos, a candidatura com maior chance de fazer frente à chapa Juscelino Kubitschek-João Goulart seria a do general Juarez Távora, chefe do Gabinete Militar do presidente Café Filho, cujo nome havia sido lançado pelo Partido Democrata Cristão – PDC.

Mario Pedrosa foi indicado pelo diretório nacional para integrar uma comissão para "entender-se com o general Juarez Távora sobre o programa mínimo do Partido Socialista"[42]. Reunidos com Távora, os socialistas ficaram com boa impressão do candidato, que também recebeu bem as demandas dos socialistas[43]. Essa reunião foi decisiva para que os socialistas decidissem em sua convenção nacional homologar a candidatura de Juarez Távora, realizada no Rio de Janeiro, em 28 e 29 de maio de 1955. Na convenção, Távora aceitou integralmente o programa mínimo que a ele fora submetido pela direção do PSB. Tal programa, com catorze itens, tratava desde a defesa da Petrobrás até a participação dos trabalhadores nos lucros das empresas[44]. Posteriormente, Távora ain-

---

42. "Coisas da Política", *Jornal do Brasil*, Rio de Janeiro, 13.5.1955, p. 6.
43. "Socialistas Bem Impressionados com o Sr. Juarez", *Diário de Notícias*, Rio de Janeiro, 21.5.1955, p. 4.
44. "Homologada pelo PSB a Candidatura Juarez", *Diário de Notícias*, Rio de Janeiro, 29.5.1955, p. 3.

da integrou ao seu arco de alianças o Partido Libertador – PL e a UDN, a qual forneceu o nome do vice para a chapa, Milton Campos.

Mario Pedrosa, que voltara a escrever na imprensa, no carioca *Diário de Notícias*, defendeu o nome de Távora. Para ele, Távora possuía uma grande vantagem: "trazer ao Brasil um reformismo social e político novo, desta vez sem as origens e os resquícios totalitários do reformismo getuliano"[45]. Távora seria o único candidato sem origens na oligarquia brasileira, pois dela fora preservada por sua clausura nos quartéis. Isso, acreditava Pedrosa, fizera com que ele não tivesse "compromissos com os interesses oligárquicos que convergem para dentro do Banco do Brasil e dali se irradiam em busca dos diversos quadrantes políticos de que se constitui a carta partidária do Brasil".

Outra faceta que Pedrosa apresentava como vantajosa em Távora era a de que ele afastava a "perspectiva golpista" e a substituía pela "perspectiva mais democrática de chamar de novo as massas a intervir pelo voto". Isso porque, na opinião de Pedrosa, em tempos de crise, como aquele momento, os interesses dos grupos oligárquicos levavam à exacerbação, mas como esses grupos não possuíam "árbitros" para contê-los e tampouco massas para apoiá-los uns contra os outros, suas disputas se davam "no vácuo ou sob a indiferença do povo". Isso tinha como resultado um constante apelo a golpes para suprir a ausência popular, resultando em um processo de desintegração da oligarquia.

Essa desintegração fazia com que os partidos políticos se dividissem e as classes médias e proletárias ficassem sem partido. Diante de tal panorama, Pedrosa acreditava que Távora representava algo novo. "Quanto aos outros candidatos, são todos para elas [as massas trabalhadoras] repertório gasto e muito sovado. [...] O que Juarez diz é ouvido e discutido, ao passo que ninguém para para ouvir o que os outros dizem."

No entanto, o otimismo de Pedrosa não se viu transformado em vitória para seu candidato. Juscelino obteve quase 3,1 milhões de votos (35,7%), Távora, 2,6 milhões (30,2%), Adhemar de Barros, 2,2 milhões

---

45. Mario Pedrosa, "Juarez, um Novo Reformismo", *Diário de Notícias*, Rio de Janeiro, 18.6.1955, pp. 4-5.

(25,7%) e Plínio Salgado, 0,7 milhão (8%). Ao analisar o resultado das eleições, Pedrosa atribuiu a derrota de Távora aos

[...] quadros políticos que o apoiaram e à desmoralização reinante nas "elites". Estas tiraram a máscara, quando, na hora da escolha decisiva entre mudar e continuar, entre a reforma e o *statu quo*, entre, enfim, Juarez e os moleques e malandros, seus adversários, tangenciaram[46].

Ao examinar a votação das "elites", Pedrosa esmiuçou a parte de responsabilidade de cada uma delas no resultado eleitoral e na derrota de Távora. Àqueles que votaram em Plínio Salgado, atribuiu a maior responsabilidade: "Foi ele o dreno dos despeitados e frustrados, o abscesso de fixação dos ressentimentos golpistas pequeno-burgueses". Nos que votaram em Adhemar de Barros, que teve expressiva votação nos segmentos de classe média, "reacionários e liberais burgueses, alta e média burguesia", os resultados mostraram "como estão desmoralizadas as elites cultas deste país".

Para a votação de Juscelino, na visão de Pedrosa, prevaleceu o funcionamento da "máquina montada desde a ditadura" e o apoio dos comunistas (que o sustentaram em troca da promessa de sua legalização, mas seriam traídos logo depois das eleições por Juscelino, como profetizou Pedrosa[47]). Mesmo assim, Pedrosa viu com otimismo a boa votação de Távora nos centros operários: "um processo de desintoxicação política entre as massas trabalhadoras e pequeno-burguesas proletarizadas que, ainda em 1950 e 1954, votavam cerradamente na efígie do ex-ditador. [...] Eles provam que as massas proletárias são perfeitamente recuperáveis para a democracia". Esse teria sido o maior saldo do pleito para Pedrosa e o que transformou Távora em uma nova liderança e que cresceria e se transformaria em uma referência para as massas: "O Brasil perdeu um presidente, mas ganhou um líder", concluiu.

46. Mario Pedrosa, "Candidato Vencido, Líder Vitorioso", *Diário de Notícias*, Rio de Janeiro, 12.10.1955, pp. 4 e 6. Esse texto foi republicado em *O Estado de S. Paulo*, em sua edição de 12.10.1955, marcando a retomada de sua colaboração com o diário paulistano.
47. Mario Pedrosa, "As Cartas Marcadas de Juscelino", *Diário de Notícias*, Rio de Janeiro, 20.10.1955, pp. 4 e 6. O artigo foi também publicado em *O Estado de S. Paulo* de 21.10.1955.

Mas o que pareceu a aceitação do resultado das urnas, no início de novembro se modificou, operando-se uma radicalização de suas posições em relação ao populismo e aos comunistas. Mario Pedrosa passou a afirmar que a vitória de Juscelino carecia de legitimidade, pois os resultados da eleição mostravam um país dividido; em outras palavras, punha a questão da maioria absoluta[48], e que a diferença de votos entre o vencedor e Távora, além disso, era decorrente da campanha que o PCB, um partido ilegal, fizera em favor do vitorioso. Eram, em essência, os argumentos que também os opositores udenistas, em especial, e os militares estavam utilizando em defesa da anulação do pleito: "O povo não o sagrou presidente, a Justiça não o sagrará tampouco"[49].

Pedrosa, obnubilado pela vitória da chapa PSD-PTB, o que o levou a ignorar as declarações de Adhemar de Barros e Plínio Salgado aceitando o resultado das urnas e o manifesto de sete partidos políticos (PSD, PSP, PRP, PTB, PR, PTN e PST) denunciando ao país as manobras golpistas e exigindo o cumprimento da Constituição[50], lançou em descrédito as instituições e cogitou, paradoxalmente, nas Forças Armadas, as quais ele também viu divididas na discussão dos resultados eleitorais, ao "tomar plena consciência desse estado de coisas", a força que poderia dar ao Brasil a ordem democrática:

> Quem pode pretender seja o nosso país governado por meio de uma luta aberta de partidos combinada e *um convênio livre* entre eles? Essas condições não existem por aqui. Temos uma máquina montada que desconhece qualquer convênio prévio, livremente aceito por todos. E a consequência é a falta de autoridade nos que pretendem ter vencido, que, por sinal, são sempre gente da máquina. Os resultados da "luta" são, por isso, invariavelmente equívocos, como inevitavelmente falsos

---

48. Pouco antes das eleições de 1955, a UDN havia apresentado uma emenda, que não foi aprovada, transferindo a eleição para a Câmara dos Deputados caso nenhum candidato alcançasse a maioria absoluta dos votos, ou seja, um mínimo de 50% + 1 votos. Mesmo assim, após os resultados da eleição, a UDN voltou a reiterar essa tese para afirmar que a eleição de Juscelino Kubitschek e de João Goulart não fora legítima porque a chapa vencedora não havia sido eleita com a maioria absoluta dos votos.
49. Mario Pedrosa, "A Palavra à Justiça Eleitoral", *O Estado de S. Paulo*, 1.11.1955, p. 4.
50. "Manifesto à Nação", em Adelina Alves Novaes Cruz *et alii* (orgs.), *Impasse na Democracia Brasileira, 1951/1955: Coletânea de Documentos*, Rio de Janeiro, Editora FGV, 1983, pp. 422-425.

os números que saem de uma roleta viciada. Sem o convênio livre honestamente respeitado, a legalidade não existe, e daí ter sido corajosamente denunciada a 24 de agosto. A realidade política tornou-se aqui uma ficção que tem como expressão mais candente o trágico divórcio entre a forma do poder que está no Catete e o seu conteúdo que está na caserna. Urge aos chefes das Forças Armadas se entenderem quanto antes para tomar plena consciência desse estado de coisas. É que não haverá jamais ordem democrática deste país sem essa tomada preliminar de consciência por parte daqueles que, no interregno de discrepância de poder, pelo seu destino respondem[51].

De certo modo, o apelo de Pedrosa acabou sendo ouvido, mas de forma inesperada para ele. No dia 11 de novembro de 1955, o general Henrique Teixeira Lott, que na véspera havia renunciado ao cargo de ministro da Guerra, antecipou-se aos rumores de um golpe de Estado que se articulava no Palácio presidencial do Catete, mobilizou tropas e organizou um "contragolpe", sob a justificativa de que o movimento era feito para se garantir a posse dos candidatos eleitos em 3 de outubro, Juscelino e Jango. O presidente em exercício, deputado Carlos Luz (PSD) – o presidente Café Filho estava licenciado por supostos problemas de saúde – e seus ministros e vários outros políticos, em especial Carlos Lacerda e os udenistas reunidos em torno dele, e militares envolvidos na conspiração refugiaram-se a bordo de um navio da Marinha. Em seu lugar, ocupou a Presidência o senador Nereu Ramos (PSD), depois de o Congresso Nacional aprovar o impedimento de Carlos Luz. No dia 21 de novembro, Café Filho tentou retomar o cargo presidencial, mas o Congresso Nacional também votou pelo seu impedimento. No dia 24 de novembro, o Poder Legislativo, a pedido dos ministros militares, decretou estado de sítio, que vigorou até a posse de Juscelino, em 31 de janeiro de 1956[52].

No dia 11 de novembro, Mario Pedrosa deixou de apresentar uma conferência sobre Léger que daria no Museu de Arte Moderna do Rio de Janeiro[53]. A voz de Pedrosa reapareceu na imprensa no dia 19 de novem-

---

51. Mario Pedrosa, "Ordem Democrática e Realismo Político", *Diário de Notícias*, Rio de Janeiro, 4.11.1955, pp. 4 (1º caderno) e 5 (2º caderno). Grifo do original.
52. O novo presidente decidiu ainda prorrogar o estado de sítio até 26 de fevereiro de 1956.
53. "Conferência de Mario Pedrosa", *Correio da Manhã*, Rio de Janeiro, 11.11.1955, p. 14.

bro[54]. Na sua análise do "contragolpe" do general Lott, que classificou como *putsch*, ele retomou sua análise anterior para afirmar que o 11 de Novembro mostrou que as Forças Armadas teriam se desentendido definitivamente, ao contrário do que augurava em 4 de novembro. Pedrosa aqui também anteviu que o mandato de Café Filho seria cassado e que o estado de sítio seria decretado como forma de garantir a posse de Juscelino. Com a decretação do estado de sítio, Pedrosa voltou às páginas da imprensa apenas no início de dezembro com dois textos alegóricos e terminou o mês com mais um. Um deles tratando da figura do ventríloquo e dos dilemas de sua arte ("Do Ventríloquo e Seus Bonecos"), outro, da figura do polichinelo ("A Farsa Napolitana"), e o último, da lenda do minotauro ("Os Tempos de Minotauro"). Todos aludem perceptivelmente ao governo sob o estado de sítio e debaixo do controle do general Lott e findo o qual se instalaria, com Juscelino e Jango, um governo com as características do varguismo:

> A farsa napolitana, como as pantomimas de circo, acaba enfastiando, de tão repetida que é. [...] É então que o público, cansado da mesma farsa, espera que a cena se inverta. E realmente o gosto do público, por uma lei natural de compensações, passa da gaiatice ao trágico. É sempre assim – ao fim da farsa, a tragédia[55].

Já de uma forma mais explícita, mas mesmo assim cautelosa, Mario Pedrosa prossegue em meados de dezembro com outros textos. Em um deles, comentou a negativa judicial dada ao mandado de segurança de Café Filho para a retomada do posto presidencial. A explicação está no que ele chama de "poderes implícitos", numa alusão também muito clara às forças militares que mantinham o estado de sítio e garantiam o presidente Nereu Ramos.

Pedrosa deixou esta imagem a respeito:

---

54. Mario Pedrosa, "O Golpe Vigente", *Diário de Notícias*, Rio de Janeiro, 19.11.1955, p. 2; *O Estado de S. Paulo* republicou o texto no mesmo dia.
55. Mario Pedrosa, "A Farsa Napolitana", *Tribuna da Imprensa*, Rio de Janeiro, 7.12.1955. Esse texto marcou a volta das colaborações de Mario Pedrosa com o diário de Carlos Lacerda. O mesmo texto foi publicado em *O Estado de S. Paulo* em sua edição de 8.12.1955, p. 7.

No plano da psicologia essa noção de implícito é de fácil compreensão. O exemplo do cão de Pavlov é nesse sentido muito ilustrativo. [...] Também nós, hoje, habitantes dessa pacata cidade do Rio, já não podemos ouvir certos ruídos, ou certos signos, sobretudo marciais e coloridos, sem que imediatamente reajamos no mesmo sentido e da mesma maneira. As nossas reações começam com efeito a ser perfeitamente condicionadas.

Os estímulos condicionantes podem, naturalmente, mudar, e se para o cão do sábio russo era o som do sino que implicava comida, para nós o som, ou a lembrança do ruído, de certas rodas pesadas, com passadeiras que se movem pegajosamente pelo chão como imensos lagartos, nos faz *incontinenti* reconhecer onde estão "os poderes implícitos".

Em relação a estes já estamos agora tão treinados quanto o cão de Pavlov em relação ao som da sineta. No comportamento canino havia implícita a ideia agradável de comida; em nós, aqueles ruídos pelas ruas nos trazem implícito um pensamento de graves apreensões[56].

Somente em 1956 é que Mario Pedrosa pôde voltar a se expressar sem alusões. Ainda durante o período final do estado de sítio, mostrou aos seus leitores que, antes de ser proclamado presidente pelo Tribunal de Justiça Eleitoral, a ida de Juscelino Kubitschek a Washington e ser recebido pelas autoridades dos Estados Unidos como presidente do Brasil foram claramente uma maneira de fazer com que o ato de proclamação fosse simbolicamente ali feito pelo governo norte-americano, o que provocou pressões e embaraços no Brasil[57]. No entanto, Pedrosa ressaltou que foram solicitadas pelos dirigentes dos EUA contrapartidas a Juscelino: "As conversas de Juscelino foram sobre a luta contra o comunismo, a ajuda aos países subdesenvolvidos, dinheiro, petróleo e... energia atômica"[58].

Mas aquilo que Pedrosa alegoricamente chamou de "poderes implícitos" teve na tutela que o general Lott exerceu sobre o governo de Juscelino uma permanente fonte de atenção: "Implícita no fundo de todas as ações administrativas, de todos os projetos e medidas legislati-

---

56. Mario Pedrosa, "Diante dos Poderes Implícitos", *O Estado de S. Paulo*, 17.12.1955, p. 4.
57. Mario Pedrosa, "Washington Diploma Juscelino", *O Estado de S. Paulo*, 8.1.1956, p. 4; "Eisenhower em Face de JK", *O Estado de S. Paulo*, 20.7.1956, p. 5.
58. Mario Pedrosa, "O Segredo da Viagem", *O Estado de S. Paulo*, 11.1.1956, p. 4.

vas está a vontade soberana do ministro da Guerra inarredável"[59]. Lott, de acordo com Pedrosa, constituiu um governo dentro do governo ao indicar vários ministros de Juscelino. Esse protagonismo de Lott no governo de Juscelino fez dele, na visão de Pedrosa, "o salvador da Pátria, à moda de Franco, Trujillo ou do segundo Bonaparte"[60], chegando a que previsse sua candidatura para a sucessão do então presidente, o que de fato ocorreu. Assim, quem assume de fato o comando é Lott: "A maioria parlamentar leva a sua lealdade final a Lott, e não a Juscelino: ela se sente presa politicamente ao Palácio da Guerra e não ao Catete"[61]. Isso ficou exemplarmente claro no episódio do protesto dos estudantes cariocas contra o aumento das tarifas dos transportes públicos, que até determinado momento a polícia civil deixou transcorrer livremente e, de repente, tropas militares passaram a atacar os manifestantes. Para Pedrosa, era uma situação grave, um estado de sítio sem sítio, em que só se apresentava uma saída: "é a retirada do Ministério da Guerra do general Teixeira Lott, o principal provocador de desordens, o agravador desvairado dos contratempos, dos incidentes, das desavenças dentro do governo, fora do governo e entre o povo e os governantes"[62]. Mas Lott permaneceu até sua desincompatibilização para a campanha à eleição presidencial de 1960.

Lott chegou até a incentivar, em março de 1956, a criação de um movimento apartidário de caráter nacionalista que reunia militares da ativa e da reserva, líderes sindicais e parlamentares governistas, a Frente de Novembro. Essa organização propunha a defesa do movimento de 12 de Novembro e reivindicava a reforma agrária, o combate à especulação, a democratização do crédito, a nacionalização das riquezas básicas do Brasil e uma reforma constitucional, bem como se propunha a lançar a candidatura de Lott à Presidência da República. No entanto, a Frente de Novembro acabou criando divisões nas Forças Armadas e terminou

---

59. Mario Pedrosa, "Novembro em Marcha", *O Estado de S. Paulo*, 29.7.1956, p. 4; "Eis a Situação", *O Estado de S. Paulo*, 29.2.1956, p. 4.
60. Mario Pedrosa, "Governo Dentro do Governo", *O Estado de S. Paulo*, 24.5.1956, p. 4.
61. Mario Pedrosa, "Novembro em Marcha", *O Estado de S. Paulo*, 29.7.1956, p. 4; "Eisenhower em Face de JK", *O Estado de S. Paulo*, 20.7.1956, p. 5.
62. Mario Pedrosa, "Sítio sem Sítio", *O Estado de S. Paulo*, 3.6.1956, p. 5.

fechada em novembro de 1956[63]. Pedrosa acreditou em determinado momento que o ministro da Guerra, por conta de sua enorme influência, derrubaria o presidente Juscelino e apenas aguardava a melhor ocasião, o que acabou, como se sabe, não ocorrendo.

Pedrosa foi um crítico implacável dos primórdios do governo de Juscelino, sobretudo no âmbito trabalhista. Isso o procurou mostrar quando o presidente vetava aumentos para funcionários terceirizados, pagando-lhes salários conforme o "mercado de trabalho local" e negava-lhes as vantagens do funcionalismo público, os quais acabavam não tendo direitos nem da iniciativa privada, nem do funcionalismo público, e, além disso, eram-lhes negados o direito de sindicalização e o de greve[64]. Também não poupou o presidente quando protelou o anúncio do novo salário mínimo, que o seu vice, Jango, havia prometido logo após a posse do novo governo e que afinal foi divulgado em 1º de agosto, quando habitualmente, desde Getúlio Vargas, isso era feito em 1º de maio[65]. No caso do salário mínimo, alertava para o fato de que, com os aumentos das tarifas públicas, o salário mínimo, que seria reajustado pelo custo de vida anterior, não seria capaz de dar conta disso. Acrescentava-se a esse quadro a emissão de papel-moeda promovida pelo governo: "A vida não parará, portanto, de subir. [...] A plutocracia não dispensa a inflação e Juscelino, seu caixeiro, trata de incentivá-la. O povo que sofra"[66]. Como se sabe, o governo de Juscelino, para implantar sua política desenvolvimentista, deixou o país extremamente endividado e legou-lhe uma elevada inflação.

O ano de 1956 também foi o do XX Congresso do Partido Comunista da União Soviética e do famoso "relatório secreto" de N. Krushev. Os textos de Mario Pedrosa naquele ano na imprensa sobre o tema refletem o momento em que foram publicados. Um deles, de abril, discutia os crimes de Stalin sob a capa do "culto da personalidade", com alguns

---

63. Mario Pedrosa, "A Conspiração Novembrista", *O Estado de S. Paulo*, 27.6.1956, p. 6; "Decretado o Fechamento da Frente de Novembro e do Clube da Lanterna", *Correio da Manhã*, Rio de Janeiro, 25.11.1956, p. 20.
64. Mario Pedrosa, "Juscelino, Patrão Reacionário", *O Estado de S. Paulo*, 16.3.1956, p. 4.
65. Mario Pedrosa, "Governo Inflacionário", *O Estado de S. Paulo*, 27.3.1956, p. 7; "Reacionário e Inflacionário", *O Estado de S. Paulo*, 16.5.1956, p. 4; "Salário mínimo para Já", *Tribuna da Imprensa*, Rio de Janeiro, 11.7.1956, p. 4.
66. Mario Pedrosa, "Reacionário e Inflacionário", *O Estado de S. Paulo*, 16.5.1956, p. 4.

argumentos empregados no "relatório secreto", mas que eram submetidos ao crivo de sua experiência de militância nas fileiras trotskistas, o que lhe permitia discernir os usuais mecanismos de defesa do aparelho burocrático do partido soviético: "[...] Diante da ameaça de uma avalanche de críticas e recriminações, os altos burocratas tentam amparar-se por detrás da autoridade do partido, a 'única' com certa aparência 'legal' a que ainda se podem agarrar"[67]. Outro, quando fazia duas semanas que se divulgara no Ocidente o texto completo – no Brasil, o texto seria publicado no início de julho –, já se dava sob o conhecimento minucioso das denúncias sobre Stalin. Por isso, preferiu criticar o servilismo dos partidos comunistas ocidentais perante o partido soviético, em especial o brasileiro: "Para eles nada mudou: o dono, transitório ou permanente, do Kremlin é o detentor de toda a verdade". A única observação crítica lançada nesse processo, que permite algum alento naquele momento a Pedrosa, foi aquela feita pelo dirigente do comunismo italiano, Palmiro Togliatti, o qual afirmou que o modelo soviético já não mais poderia ser considerado obrigatório, tornando-se doravante o sistema socialista policêntrico[68].

Nesse ano, Pedrosa depositou no Colégio Pedro II duas teses, ambas datadas de janeiro de 1956. A primeira, *As Principais Correntes Políticas na Revolução Russa de 1917*, foi apresentada como tese para livre-docência da cadeira de história. Nela, Pedrosa examinou a evolução de duas importantes correntes de pensamento na Rússia: a chamada populista e a marxista. A primeira tinha origens, por assim dizer, autóctones, a segunda provinha do Ocidente. O seu trabalho se fez através do acompanhamento dos textos dos seus principais expoentes russos e dos textos de Marx e Engels referentes à Rússia e também fazendo uso de uma historiografia sólida, em especial os historiadores ingleses W. H. Chamberlin – este já com um trabalho mais antigo, porém rigoroso nas suas fontes – e E. H. Carr – que recém-iniciara a publicação de sua monumental história da Rússia Soviética –, ambos completamente desconhecidos em terras brasileiras. Ele vai demonstrar como se formou um pensamento original que buscou fundir ou conciliar certas peculiaridades da história russa, como a *obschina* – a

---

67. Mario Pedrosa, "Da Ideologia à Prática", *O Estado de S. Paulo*, 15.4.1956, p. 128.
68. Mario Pedrosa, "Stalinistas e Coloniais", *O Estado de S. Paulo*, 21.6.1956, p. 2.

comunidade camponesa russa –, com as ideias sociais em voga na Europa e como elas desembocarão na Revolução de 1917:

> A Revolução de 1917, proletária ou socialista nas ideias, nas intenções, na interpretação subjetiva de seus chefes e teóricos, foi no fundo e sobretudo uma revolução do *mujik*, isto é, uma revolução nacional popular com algo de um fenômeno natural. Eis por que "tempestade de neve" chamou-a numa imagem lírica mas lúcida Boris Pilniak[69].

O concurso para o qual essa tese foi escrita acabou não sendo realizado.

A segunda, *Evolução do Conceito de Ideologia (Da Filosofia ao Conhecimento Sociológico)*, foi entregue como tese para livre-docência da cadeira de filosofia. Nesse texto, Pedrosa acompanha a evolução do conceito de ideologia. Inicia-o no plano filosófico, no qual surgiu, e prossegue ao plano sociológico, no qual ganhou corpo, transformando-se em um reconhecido instrumento de análise e de crítica. No campo filosófico, Pedrosa chama a atenção para o fato de que o conceito de ideologia foi empregado por filósofos que tinham como preocupação central agir sobre instituições, tendo, portanto, pouco desenvolvimento. No campo da sociologia, a noção de ideologia teve, segundo Pedrosa, um poderoso desenvolvimento, o que permitiu a análise não apenas das ideias políticas, mas também dos movimentos políticos e sociais. O seu emprego, apoiado em Karl Marx, Max Scheler, Karl Mannheim e outros pensadores, levou a novos campos e permitiu formular o que se terminou por denominar sociologia do conhecimento.

Como a anterior, essa tese não foi defendida em razão da não realização do concurso. No entanto, a segunda metade desse trabalho de Pedrosa chegou a ser publicada em uma série especial, encartada no *Jornal do Brasil*, chamada de "Livro de Ensaios"[70].

---

69. Mario Pedrosa, *As Principais Correntes Políticas na Revolução Russa de 1917*, Rio de Janeiro, 1956, p. 28 (mimeo.) (Tese Livre-Docência, Colégio Pedro II).
70. Publicada com o título de *Ideologia e Ciências Sociais*, a segunda metade dessa tese saiu em três partes, encartadas no suplemento dominical do *Jornal do Brasil*, nas seguintes edições: 5.5.1957, p. 6; 12.5.1957, p. 6; 19.5.1957, p. 6.

Mario Pedrosa, tendo ao fundo o Parthenon, na sua volta ao Brasil, vindo do Japão. Atenas, 1959 [Fundo Mario Pedrosa – Cemap-Interludium-Cedem].

Capítulo 5
Além dos Partidos: A Revolução nos Espíritos

O ano de 1956 também marcou o rompimento de Mario Pedrosa com o PSB. Ele participou da criação da Ação Democrática (AD), um movimento que tinha como objetivo formar uma organização com vistas a unir todas as correntes políticas que buscavam a "remodelação da democracia brasileira", da qual fez parte de sua direção e foi seu presidente. Em seu manifesto convocatório, lançado no final de abril de 1956, a AD declarava que o Estado brasileiro estava nas mãos de um grupo plutocrático desde 1937 e nele continuava a manter os seus interesses e privilégios. A mentalidade desse grupo estendera-se ao povo. Uma parte desse grupo foi educada na "corrupta escola do paternalismo e acostumou-se à ilusão do ganho fácil, de melhorias e de benefícios dados do alto, de mão beijada, para cuja obtenção pouco lutou, ou não lutou em medida comparável à energia, devotamento e inteligência despendidos pelas classes trabalhadoras das livres democracias ocidentais". Aqui, afirmava a AD, até o sindicato lhe foi dado pela ditadura, não como arma de luta, mas "para escravizá-lo ao Estado" e, além disso, a ditadura criara a contribuição sindical obrigatória (então chamada de "fundo sindical"), que serviu ao governo para estabelecer uma burocracia de pelegos. A isso a AD acrescentou a "marcha inflacionária", em que "tudo desmorona, salvo o custo das coisas que sobe, sobe como foguete dirigido, numa sinistra indiferença ao clamor de todo o povo, para acabar numa explosão catastrófica". Depois, prosseguia o manifesto da AD em uma avaliação política idêntica à de Pedrosa sobre o governo de Juscelino, para apontar os caminhos da organização.

Para seus organizadores, os partidos políticos eram incapazes de dar solução para um quadro tão amplo e complexo, sobretudo pelo seu foco eleitoral. A AD pretendia ser

[...] um movimento que ascenda nos espíritos a consciência de que é preciso barrar o caminho à catástrofe e à guerra civil que se aproximam. Urge instilar em cada um sentimento revolucionário inconformista: urge chamar os melhores homens, estejam onde estiverem, pertençam a que legendas pertençam [...] para uma cruzada pela remodelação democrática do Brasil.

Nesse trecho, em especial, é impossível não deixar de perceber a semelhança desse discurso e vocabulário apocalípticos com os daqueles empregados pelos udenistas, particularmente. O trecho termina com uma formulação nitidamente inspirada na *Clarté* dos anos 1920: "Antes da revolução pelo voto é preciso fazer a revolução nos espíritos".

A seguir, a AD listava suas principais reivindicações: punição dos corruptos; reforma dos costumes políticos e sociais; combate à inflação; harmonia das Forças Armadas (que teria sido quebrada em novembro de 1955); reforma agrária; sindicatos livres; industrialização; defesa da Petrobrás; aproveitamento dos minerais atômicos. E concluía o manifesto da AD com um ameaça: "Ou fazemos a revolução democrática, à brasileira; ou os comunistas farão, à moda russa, pelo terror e pelo sangue, a sua revolução"[1]. Ao lado de Mario Pedrosa, integravam o comitê de organização da AD os deputados Nestor Duarte (PL), Rafael Correia de Oliveira (UDN), Aliomar Baleeiro (UDN), Bilac Pinto (UDN), Frota Aguiar (UDN), Oscar Dias Correa (UDN) e Adauto Lúcio Cardoso (UDN), os jornalistas Prudente de Morais, neto, Odilo Costa Filho, Hilcar Leite e Oliveiros da Silva Ferreira, a comerciária Neli Ribeiro, os médicos Fernando Carneiro, Hélio Pellegrino e Egberto Matos, os bancários F. Moura Maia, A.

1. "Comitê de Organização da Ação Democrática. Manifesto de Convocação da Ação Democrática", *Diário de Notícias*, Rio de Janeiro, 24.4.1956, p. 4.

da Assunção Júnior, N. Siqueira Campos e E. Vito Santos, os industriais Nelson Veloso Borges e Marcelo Veloso Borges, o poeta Ferreira Gullar, o sociólogo José Arthur Rios, os professores Afrânio Coutinho e Max da Costa Santos, o sapateiro Fidélis Martino e o gráfico Severino de Almeida Souto, entre outros.

Por mais que se negasse, tratava-se de um partido político. O lançamento público da AD ocorreu no auditório da Associação Brasileira de Imprensa, em 18 de maio[2]. *Incontinenti*, o Diretório Regional do Distrito Federal do PSB, em 7 de junho, decidiu-se pela expulsão de Mario Pedrosa, Neli Ribeiro, Francisco Moura Maia, Fidélis Martino, Severino Almeida e Hilcar Leite, por terem aderido à AD, o que teria contrariado os estatutos do partido e resoluções de sua direção. Embora os expulsos tenham recorrido, a comissão executiva nacional do PSB ratificou o ato[3]. A AD desenvolveu sua ação pública com atos denunciando violências policiais contra estudantes, contra aumentos de preços de gêneros de primeira necessidade etc.[4]

Em meio à sua atuação como presidente da AD, Mario Pedrosa publicou um artigo em que divulgou algumas informações referentes ao chamado "escândalo do pinho". Esse episódio teria ocorrido em 1950 e envolveria o então vice-presidente João Goulart, na ocasião deputado fe-

---

2. "Foi Lançado em Ato Público o Movimento de Ação Democrática", *Diário de Notícias*, Rio de Janeiro, 19.5.1956, p. 3.
3. "Expurgo no PSB", *Correio da Manhã*, Rio de Janeiro, 9.6.1956, p. 14; "Carta de Expulsão de Mario Pedrosa do PSB", Rio de Janeiro, 9.6.1956 (Fundo Mario Pedrosa – Cemap-Interludium-Cedem); "PSB Alija Partidário do Golpe", *Diário Carioca*, Rio de Janeiro, 9.8.1956, p. 4.
4. "Primeiros Arreganhos de uma Ditadura Que Ameaça Descer sobre o Nosso País: Desagravados pela 'Ação Democrática' os Deputados e Estudantes Espancados", *Diário de Notícias*, Rio de Janeiro, 9.6.1956, p. 3; "O Insolúvel Caso do Pão", *Jornal do Brasil*, Rio de Janeiro, 27.7.1956, pp. 11-12; "Só o Congelamento Atenuará as Aflições do Povo Carioca. Ato Público da 'Ação Democrática'", *Diário de Notícias*, Rio de Janeiro, 28.7.1956, pp. 1-2 (2º caderno); "Comício Estudantil contra a Carestia – Participação da 'Ação Democrática'", *Diário de Notícias*, Rio de Janeiro, 15.9.1956, p. 1 (2º caderno); "Impede o Investigador a Distribuição de Boletins. Nota Oficial e Comício Hoje", *Diário de Notícias*, Rio de Janeiro, 18.9.1956, pp. 2 e 10; "Comício da Ação Democrática", *O Estado de S. Paulo*, 19.9.1956, p. 52; "Debate da Lei contra a Imprensa", *Diário de Notícias*, Rio de Janeiro, 26.9.1956, p. 7; "Frente Única contra a Lei Anti-Imprensa", *Diário de Notícias*, Rio de Janeiro, 29.9.1956, p. 3.

deral, o qual teria recebido dinheiro de Perón para ajudar na campanha eleitoral de Getúlio Vargas. Além disso, Pedrosa informava que o general Lott teria recebido, do adido militar brasileiro em Buenos Aires, cópias dos documentos relativos aos trabalhos da Comissão de Investigações Argentinas tratando do episódio, bem como, por conta do teor dos documentos, teria imposto a ida do vice-presidente à sua fazenda em São Borja[5]. Isso irritou sobremaneira Lott, o qual fez divulgar comunicado oficial desmentindo enfaticamente as informações de Pedrosa[6]. Quando ocorreu a crise que levou ao fechamento da Frente de Novembro e do Clube da Lanterna, o governo cogitou fechar outras organizações, entre as quais a Ação Democrática[7]. Talvez não seja de todo ocioso especular que o nome da AD aí estivesse por conta do episódio do "escândalo do pinho", mas efetivamente foi a partir daí que a entidade deixou de atuar e o nome de Pedrosa não apareceu mais a ela vinculado.

A última manifestação política de Pedrosa em 1956 foi subscrever um manifesto pedindo a libertação do escritor iugoslavo Milovan Djilas, que estava preso em Belgrado por haver feito críticas ao regime de seu país, para ser entregue na embaixada iugoslava no Brasil. O documento não foi recebido pelo embaixador sob a alegação de que se tratava de uma interferência em questão interna de seu país[8].

Em 1957, Mario Pedrosa decidiu retomar com maior vigor sua atividade de crítico de arte. A convite de Odilo Costa Filho, que coordenava a modernização do *Jornal do Brasil*, criou em janeiro de 1957 a coluna de artes plásticas do diário carioca, que recebeu o nome de "Artes Visuais". Na nota de apresentação da coluna feita pelo jornal, ficou exposto o seu momentâneo desencanto com a política:

---

5. Mario Pedrosa, "Trapaça Diplomática", *O Estado de S. Paulo*, 9.10.1956, p. 6.
6. "Repele Lott Nova Intriga", *Diário Carioca*, Rio de Janeiro, 14.10.1956, p. 1; "Desfazendo Sórdida Provocação Golpista", *Imprensa Popular*, Rio de Janeiro, 14.10.1956, p. 1; Nancy G. de Carvalho, "Lott Desmente Mario Pedrosa", *Gazeta de Notícias*, Rio de Janeiro, 14.10.1956, p. 3; "Desmentido do Ministro da Guerra", *O Estado de S. Paulo*, 14.10.1956, p. 4; "Nota do Gabinete do Ministro da Guerra", *A Noite*, Rio de Janeiro, 15.10.1956, p. 3.
7. "Decretado o Fechamento da Frente de Novembro e do Clube da Lanterna", *Correio da Manhã*, Rio de Janeiro, 25.11.1956, p. 20.
8. "Recusou Embaixador Iugoslavo Manifesto em Favor de Djilas", *Diário Carioca*, Rio de Janeiro, 1.12.1956, p. 2.

O *Jornal do Brasil* entrega, a partir de hoje, sua coluna de "Artes Visuais" – ou, como se dizia dantes, de Artes Plásticas – ao mestre incontestável da crítica artística entre nós – Mario Pedrosa.
É uma boa notícia, para que chamamos a atenção dos leitores.
Mario está em plena maturidade criadora. As amarguras do irredentismo político e as preocupações absorventes da pesquisa histórica (Mario se prepara para concorrer à cadeira de história no Colégio Pedro II) não lhe retiraram um traço, sequer, da mestria de pensamento e de forma. Os leitores que julguem pessoalmente[9].

Mario Pedrosa se inscreveu, em 1957, para um concurso de catedrático de história geral e do Brasil do Colégio Pedro II. Pedrosa fora nomeado para esse cargo em 1952, nele permanecendo até julho de 1955, quando o historiador Pedro Calmon, vencedor de um concurso iniciado em 1954, tomou posse da vaga que Pedrosa ocupara interinamente[10]. Para esse novo concurso, Pedrosa apresentou a tese *Da Missão Francesa – Seus Obstáculos Políticos*[11]. Nela, além de discutir a influência externa sobre a arte brasileira, tratava dos meandros da política luso-brasileira na vinda, permanência e atuação daquele grupo de artistas franceses no Brasil de D. João VI e no início do novo país, após 1822, bem como examinava questões como as perseguições movidas contra aqueles franceses ligados aos fados napoleônicos. No entanto, o concurso acabou não se realizando.
Para Mario Pedrosa, o ano de 1957, no campo da política, praticamente se circunscreveu a entrevistas e enquetes sobre a desestalinização da União Soviética ou sobre as comemorações dos quarenta anos da Revolução Russa. Nas entrevistas sobre a União Soviética, Pedrosa reiterou a ideia de que a burocracia tudo fazia para permanecer no poder, mesmo livrar-se do ídolo Stalin. Ao comentar as rebeliões polonesa e húngara, salientou que ambas tinham um caráter nacional,

9. "Mario Pedrosa e as 'Artes Visuais' no 'Jornal do Brasil'", *Jornal do Brasil*, Rio de Janeiro, 17.1.1957, p. 5.
10. "Pedro Calmon Catedrático do Pedro II", *Diário Carioca*, Rio de Janeiro, 9.7.1955, p. 12.
11. "Mario Pedrosa, Historiador", *Jornal do Brasil*, Rio de Janeiro, 11.1.1957, p. 8; "Colégio Pedro II – Internato. Concurso para Professor Catedrático de História Geral e do Brasil", *Jornal do Brasil*, Rio de Janeiro, 4.6.1957, p. 12.

democrático, proletário e socialista, cuidando-se em ambos os movimentos de afastar deles as antigas classes dirigentes e os velhos grupos conservadores. Tais rebeliões colocaram na ordem do dia a superação do Estado nacional, fazendo com que a "federação europeia deixasse o plano do puro conceito e da especulação para entrar no plano empírico da política". Tais movimentos também ressaltaram a crise ideológica dos partidos comunistas, que se transformaram em aparelhos "que as circunstâncias criaram para levar ao poder uma casta social nova, a burocracia". Serviram eles, pois, para montar, em cada país, um capitalismo de Estado e se transformaram em um instrumento da burocracia, a qual "mantém as formas capitalistas de exploração sob um regime de puro arbítrio e despotismo"[12]. Mas o exame das crises internas fez Pedrosa ressaltar que os métodos de resolução permaneciam os mesmos do stalinismo[13].

Em abril de 1958, como membro da delegação da Associação Brasileira de Críticos de Arte, na x Assembleia Geral da Associação Internacional de Críticos de Arte (Aica), realizada em Bruxelas, Mario Pedrosa apresentou a proposta de realização de um congresso extraordinário da entidade em Brasília, em setembro de 1959. A proposta foi aceita e a sua "costura política" foi revelada pelo seu amigo Antônio Bento:

> O pedido da realização dessa Assembleia, que resultará em serviço prestado à cultura nacional e à propaganda artística do nosso país, foi feito ao Sr. Israel Pinheiro, presidente da Novacap, pela Associação Brasileira filiada àquele organismo internacional, contando a iniciativa com a aprovação do presidente Juscelino Kubitschek[14].

Com o título "A Cidade Nova – Síntese das Artes", o evento, a ser coordenado por Pedrosa, teve aqui uma via de mão dupla entre o presi-

---

12. Mario Pedrosa, "O Comunismo Está Vivendo os Seus Últimos Momentos", *Revista da Semana*, Rio de Janeiro, ano 57, n. 6, 9.2.1957, pp. 44-45.
13. "Reformas Bonapartistas Se Iniciaram Agora na Rússia. Mario Pedrosa e o Historiador José Honório Rodrigues Falam sobre o Expurgo no *Presidium*", *Jornal do Brasil*, Rio de Janeiro, 6.7.1957, p. 12.
14. Antônio Bento, "Reunião da Aica em Brasília", *Diário Carioca*, Rio de Janeiro, 23.4.1958, p. 6.

dente e o seu acerbo crítico. Para ambos, a sua realização era relevante: a Pedrosa, pela discussão do problema da síntese das artes na cidade moderna realizada com uma plêiade de arquitetos e críticos de arte, e a Juscelino, pela publicidade à nova capital do Brasil, que construíra durante o seu governo e que estava prestes a ser concluída.

Mario Pedrosa durante entrevista a Cacá Diegues e César Guimarães para *O Metropolitano*, órgão da União Metropolitana dos Estudantes, do Rio de Janeiro, em julho de 1959 [Fundo Mario Pedrosa – Cemap-Interludium-Cedem].

Capítulo 6
O Limite: A Questão da Terra

Pouco depois de sua volta ao Brasil, o jornal *Diário de Notícias* publicou um longo texto em que havia encarregado um "grupo de estudos [para] condensar as ideias que esse jornal vem expondo e conjugando-as à nossa experiência de 28 anos de lutas, apresentar ao povo [...] uma apreciação objetiva da situação e do seu momento histórico". O documento, redigido por José Arthur Rios, Max da Costa Santos e Mario Pedrosa, intitulou-se "Um Estudo sobre a Revolução Brasileira"[1]. Sem que se trate de uma coincidência, todos eles pertenceram à direção da Ação Democrática e produziram-no para o jornal que mais deu espaço às atividades da AD enquanto ela existiu[2]. Fundamentalmente, o texto reproduzia boa

---

1. Mario Pedrosa, José Arthur Rios e Max da Costa Santos, "Um Estudo sobre a Revolução Brasileira", *Diário de Notícias*, Rio de Janeiro, 15.6.1958, pp. 5-6. Sobre a autoria do texto, ver a coluna "O Que Se Diz" (*Diário Carioca*, Rio de Janeiro, 9.7.1958, p. 4).
2. "O *Diário de Notícias*, fundado em 1930 por Orlando Ribeiro Dantas em apoio a Getúlio Vargas, mas que logo em seguida passou a combatê-lo, era, na década de 1950, o jornal de maior circulação no Distrito Federal, leitura dominante entre militares, funcionários públicos e estudantes. Urbano, udenista e conservador. [...] Quando Orlando morreu, em 1953, a empresa passou a ser comandada pela viúva, Ondina, que assinava uma coluna sobre música com o pseudônimo D'Or, e pelo filho, João Ribeiro Portela Dantas. Foi este que tomou a iniciativa de contratar uma equipe acadêmica da Pontifícia Universidade Católica do Rio de Janeiro liderada pelo sociólogo José Arthur Rios para um estudo sobre a 'Revolução Brasileira'. O relatório ofere-

parte das ideias centrais do manifesto da AD, apenas com muito mais profundidade e desbastado do sectarismo e do anticomunismo.

Mas havia, além disso, significativas diferenças. O texto, antes de tudo, dava uma enorme ênfase à questão da reforma agrária, à qual atribuía um papel central para o desenvolvimento do Brasil, em todos os seus aspectos. A seguir, dizia com todas as letras não ver necessidade de um Estado liberal no sentido clássico:

> Não queremos um Estado liberal, limitado apenas a tarefas de polícia. Cabe-lhe missão mais positiva e profunda, qual a de demonstrar, pelo exemplo e pelo estímulo, antes do que pela execução direta, seu empenho e concurso a tudo o que a livre-iniciativa, em idênticas condições, puder conseguir com maior rendimento. Sua tarefa é abrir caminho sempre que *possível* à empresa privada nacional e, principalmente, remover os obstáculos de toda a ordem que hoje impedem seu crescimento[3].

Os autores, mais ainda, julgaram relevante haver exceção do papel do Estado no caso da indústria pesada e, principalmente, no caso do petróleo. Nesses casos, advogavam que o "Estado brasileiro deve, decididamente, assumir a responsabilidade da exploração direta". E, mais uma vez, Pedrosa e seus companheiros reiteraram a questão do sindicato livre e o apresentaram como a "reforma agrária" urbana: "Se a reforma agrária é a arma do povo brasileiro contra a exploração latifundiária e plutocrática nas zonas rurais, o sindicato livre e autônomo é a outra forma de combater essa mesma exploração nas cidades".

O documento, além de enfatizar o fato de que o Brasil não deveria, na defesa de seus interesses, alinhar-se incondicionalmente com nenhuma das potências em luta (Estados Unidos e URSS), salientava que não caberia adotar uma postura isolacionista. Ao contrário, em uma postura

---

cendo 'Um Programa para o Brasil' ocupou as oito colunas compactas em corpo 8 da página 5 na edição 10 915, de 15 de junho de 1958, um domingo. Sua ousadia foi certamente percebida pelos editores: objeto de um investimento cultural e político importante, teve chamada discreta na primeira página e, saindo onde saiu, sua repercussão foi contraditória." Nilson Lage, *Jânio Quadros e um Projeto de Brasil Que Sempre Retorna*, disponível em http://tijolaco.com.br/blog/33137-2/, acesso em 3.1.2016.

3. M. Pedrosa, J. A. Rios e M. da C. Santos, *op. cit.*, p. 5. Grifo do original.

terceiro-mundista, propunha manter interesses em comum com as nações pacíficas do mundo e também solidarizar-se

[...] com a incoercível revolução autonomista e independentista dos povos subdesenvolvidos da Ásia e da África, na sua luta contra as potências colonialistas; e deve afirmar, ao mesmo tempo, sua posição de membro atuante da comunidade interamericana e sua consciência fraterna para com os povos vizinhos do continente.

Ali se apresentava, por fim, um programa com dezoito objetivos a se realizar: reforma agrária; nacionalização das indústrias de base na área de energia elétrica, minerais radioativos e petróleo; abolir os obstáculos à iniciativa industrial e à igualdade de oportunidades; reforma do sistema fiscal; remodelação do Conselho Nacional de Economia; recuperação das finanças públicas; revisão na organização e administração do Banco Nacional de Desenvolvimento Econômico; instituir um Banco Rural, especializado no crédito para as atividades agropecuárias; diversificação das exportações; combate à inflação; instituir um programa de educação em massa para acabar com o analfabetismo; nacionalizar as indústrias de radiodifusão e televisão; reforma eleitoral; assegurar as liberdades democráticas em toda a sua plenitude; revisão e aperfeiçoamento da legislação trabalhista; reforma da assistência e previdências sociais; reforma no sistema de defesa militar do país; e reconhecimento do sistema interamericano de solidariedade e defesa intercontinental. Perceptivelmente, tal programa girava em torno da reforma agrária.

Mario Pedrosa, anos depois, em *A Opção Brasileira*, aludiu a esse documento. No seu livro, ele explica que, em meados dos anos 1950, em razão das experiências que vivenciara desde 1937, descrente, de um lado, do "mito da legalidade" – "como se os padrões estruturais econômicos fossem mudar, pouco a pouco, lenta, indefinidamente, sem que se alterasse a ordem constitucional, ou mesmo a ordem institucional" – e, de outro, da profundidade ideológica do desenvolvimentismo – o qual se recusava a incorporar aos seus pressupostos a questão da terra –, situava-se, dentro do espectro político, em "uma faixa minoritária de inconformados que iam da extrema direita a uma esquerda radical em sua nitidez ideológica" (situando-se Pedrosa, evidentemente, nessa esquerda radical) e que era classificada de "golpista". No entanto, como as propostas de "Um Estudo sobre a Revolução Brasileira" acabaram não sendo aceitas – em *A Opção Brasileira* não fica claro exatamente por quem, mas é lícito supor que fosse a parte do grupo da AD que pertencia à UDN ou dela tinha proximidade –, Pedrosa revelou que isso "acarretou o seu desligamento da faixa golpista"[4].

Além disso, como ressaltou Hélio Pellegrino, foi então que Pedrosa, através do que se viria chamar mais tarde de terceiro-mundismo, aproximou-se da questão do nacionalismo progressista, o que lhe permitiu iniciar a reformulação de algumas questões em relação ao populismo varguista:

> Foi por essa época que Mario Pedrosa aprofundou sua reavaliação crítica do fenômeno do nacionalismo. Formado na escola do internacionalismo proletário, foi-lhe necessário admitir que, nos países subdesenvolvidos, o nacionalismo progressista é instrumento indispensável na luta contra o imperialismo. É através da prévia conquista da identidade nacional que os países pobres chegarão, um dia, à ordem socialista internacional. Após ter-se firmado nessa linha de análise, Mario Pedrosa fez dela seu instrumento de luta e de doutrinação política. No período que precedeu o golpe de 1964, pela imprensa, em reuniões de base, [pugnou] pela distribuição de terra aos camponeses, contra a espoliação imperialista[5].

Essa dissociação da "faixa golpista" marcou o final de um longo período em que Pedrosa buscou influenciar setores conservadores com uma pauta socialista. Desde sua volta do exílio, em 1945, nos momentos em que buscou diálogo com esses setores, através da constituição de plataformas, acordos etc., Pedrosa e aqueles com quem atuara e influenciara sempre tinham como questão de princípio pontos programáticos em que se defendiam direitos dos trabalhadores, em especial, o direito de greve e o da liberdade sindical. Tais questões sempre eram ali incluídas e, supostamente, acatadas, como aqui vimos anteriormente. No entanto, quando, em meados dos anos 1950, Pedrosa passou a enfatizar a importância da questão da terra no Brasil e, consequentemente, da reforma agrária como elemento primordial para alavancar o desenvolvimento do

---

4. Mario Pedrosa, *A Opção Brasileira*, Rio de Janeiro, Civilização Brasileira, 1966, pp. 172--173 e nota da p. 172.
5. Hélio Pellegrino, "Presença de Mario", *Folha de S.Paulo*, 20.12.1981, p. 3.

Brasil, transformou-a, como o fazia com a greve e a liberdade de organização, em um ponto programático. Assim, ele fez com que a questão da reforma agrária fosse incluída como ponto central na plataforma da Ação Democrática e, enfaticamente, em "Um Estudo sobre a Revolução Brasileira". Mas logo Pedrosa se deu conta de que, no caso da reforma agrária, nem a formal aceitação ocorria diante da questão. A reforma agrária era simplesmente rejeitada. É de se imaginar que ele tenha notado que a "revolução dos espíritos" na "mente dos liberais brasileiros", ao menos em torno do udenismo, tinha seus limites. Também é lícito pensar que Pedrosa tenha começado a se dar conta de que os "liberais brasileiros" não queriam garantir os direitos dos trabalhadores nem modificar o quadro fundiário do Brasil, mas sim retroagi-los para antes de 1930 e que apenas o antagonismo a Vargas era uma base muito precária para mudar o Brasil. A partir de então, Pedrosa reexaminou alguns de seus pontos de vista e tomou um rumo mais à esquerda.

No início de agosto de 1958, Pedrosa partiu para o Japão para estudar as relações artísticas entre Japão, Europa e América, onde permaneceu graças a uma bolsa da Unesco[6], que havia conquistado pela Aica, e retornou ao Brasil no final de abril de 1959, para cuidar dos preparativos finais do Congresso Internacional da Associação Internacional dos Críticos de Arte.

Em meados de 1959, Pedrosa voltou a escrever, além das críticas de artes plásticas, sobre política nacional e internacional no *Jornal do Brasil*.

A volta ao Brasil permitiu-lhe apresentar novas posturas, resultantes do exame suscitado pelo problema da rejeição do programa de "Um Estudo sobre a Revolução Brasileira", ocorrida no ano anterior. Assim, já havia uma percepção diferente sobre o governo de Juscelino e também, e de algum modo, sobre o varguismo:

> Na verdade, com o governo Juscelino acabou-se a era getuliana (que se prolongou ainda por certo tempo, milagrosamente, pelo gesto desesperado de Vargas). Esta, com efeito, se caracterizou pela aliança dos burgueses progressistas com as classes trabalhadoras sob a batuta daquele hábil regente. Tudo o que era possível tirar da aliança, foi tirado, e até com juros. Agora, porém, diante da inflação galo-

---

6. Sigla em inglês para Organização das Nações Unidas para a Educação, a Ciência e a Cultura.

pante, da agravação das contradições sociais e políticas, do encarecimento constante e progressivo da vida, do desmantelo também crescente dos quadros dirigentes e conservadores do país, se torna bem difícil prosseguir na mesma aliança anti-histórica. E o marechal Lott não demonstra ter as virtudes aglutinantes necessárias a conservá-la, tão abundantes em Getúlio e ainda bastante acentuadas em JK. Tudo indica, assim, que vamos agora assistir a uma delicada operação cirúrgica na política brasileira: a de separar os irmãos siameses PTB e PSD[7].

Pedrosa pareceu ter intuído a cirurgia que os brasileiros fariam nas eleições de 3 de outubro de 1960, ao sufragar a chamada chapa "Jan-Jan" (UDN-PTB): Jânio Quadros e João Goulart. Não teria, é claro, naquela ocasião, condições de prever os resultados disso.

A percepção que Pedrosa formou de Juscelino ainda era muito crítica, mas ele deixou claro que o Brasil, mesmo que ao pesado custo da inflação, dera um passo adiante:

> Através de trancos e barrancos, sem suscetibilidades nem escrúpulos, sem medir consequências, com a leviandade e o entusiasmo de um colegial, tocou o bonde da industrialização para frente, rasgou a mata amazônica, cruzou o interior isolado do país de estradas, e construiu Brasília. Proteger e estimular toda sorte de vários empreendimentos industriais era precisamente a política de há muito preconizada, desde a ditadura getuliana, por todo um grupo das classes dominantes, empenhada em obter favores do Estado para fazer negócios, montar indústrias, estabelecer monopólios, manipular créditos. Sua palavra de ordem era – enriquecimento geral, embora sobretudo próprio... Essa política venceu, pela primeira vez, em toda linha, com o governo Kubitschek, que lhe permitiu monopolizar para si as alavancas de comando do Estado, com exclusão dos interesses dos velhos grupos dominantes, cujo poder econômico, social e político se fundava, *grosso modo*, na propriedade e na riqueza agrárias[8].

Também é nesse período que Mario Pedrosa prosseguiu no seu processo de aprofundamento do que mais tarde se chamaria de "terceiro-mundismo", a divisão política para aqueles países que não se enquadravam entre os países capitalistas avançados (o chamado Primeiro

---

7. Mario Pedrosa, "Entreguismo e Nacionalismo", *Jornal do Brasil*, Rio de Janeiro, 2.8.1959, p. 3 (1º caderno) e 8 (2º caderno).
8. Mario Pedrosa, "Os Anjos da Confusão", *Jornal do Brasil*, Rio de Janeiro, 12.2.1960, p. 3.

Mundo) nem entre os países ditos comunistas (o Segundo Mundo) e que buscou resistir a qualquer tentativa de preservar ou reintroduzir o controle político ocidental. Desse movimento, que Pedrosa acompanhara em seu início, quando da realização da Conferência de Bandung[9], agora se reaproximava através da Revolução Cubana e das críticas que fazia às reações do imperialismo americano perante o governo Fidel Castro:

> Aí está por que os povos malnutridos, sejam os da Índia ou de Burma, de Cuba, Bolívia ou Brasil, não estão particularmente interessados no luxo dessas polêmicas doutrinárias. Abaixo da linha da fome – quer dizer, dos 200 dólares anuais por cabeça e de consumo calórico abaixo de 2 000 – os povos não se mexem para campanhas doutrinárias da ordem da que o senador [George Smathers[10]] os convida.
>
> Por isso mesmo, não se engane o excessivamente doutrinário senador, os povos latino-americanos estão instintivamente do lado de Cuba, com Fidel, suas barbas e tudo; e a própria OPA [Operação Pan-Americana], criação catita de nosso governo, é uma expressão longínqua, tímida, deformada, desse enjoo doutrinário que tomou todo nosso povo e o povo inteiro do continente, que não fala inglês[11].

Em 1960, Mario Pedrosa foi nomeado professor catedrático, interino, de história geral e do Brasil no Colégio Pedro II, do Rio de Janeiro. Em 1968, foi reconhecida sua estabilidade no cargo, o que lhe permitiu, posteriormente, aposentar-se como professor.

No início do ano, quando já reinava a polarização entre os nomes de Jânio e Lott, Pedrosa, reiterando sua preocupação com a reforma agrária, havia proposto ao PSB que lançasse a candidatura de seu militante Francisco Julião:

---

9. Mario Pedrosa, "Vozes da Ásia, Vozes d'África: A Conferência de Bandung", *Correio da Manhã*, Rio de Janeiro, 16.4.1955, p. 2.
10. George Armistead Smathers (1913-2007), senador democrata norte-americano pela Flórida.
11. Mario Pedrosa, "Petrobrás, Cuba e Excesso Doutrinário", *Jornal do Brasil*, Rio de Janeiro, 5.2.1960, pp. 3 e 10. Pedrosa também trata dessa questão em outros artigos: "Isolacionismo e 'Big Stick'", "Cuba e OPA", "Pecado Diplomático", "Rotina Americana" e "A Vez da América Latina", publicados todos no *Jornal do Brasil*, em 22.1.1960, 29.1.1960, 1.4.1960, 29.4.1960 e 10.6.1960, respectivamente.

Francisco Julião representa a hora histórica do Brasil. Afastando os equívocos da vassoura e o reacionarismo da espada, ele trouxe a enxada, símbolo de quatrocentos anos de atraso e opressão rural. Ele quer libertar pelo voto esses milhões de brasileiros que, sai governo, entra governo, continuam indefectivelmente no cabo da enxada. [...] Diante de Julião a vaguidão programática de vassouras e espadas desaparece, pois é ele a única [candidatura] que tem uma bandeira e um símbolo capazes de enfrentar e ganhar a força propagandística das realizações e metas juscelínicas, com Brasília e tudo. O Partido Socialista Brasileiro deve ao Brasil um terceiro candidato[12].

O PSB, no entanto, acabou apoiando a candidatura de Lott. Assim, Mario Pedrosa anunciou publicamente seu apoio à candidatura de Jânio Quadros. Ele propôs o lançamento da chapa Jânio Quadros e Sérgio Magalhães[13]. Pedrosa apontava diversas razões para a formação da chapa Jânio-Magalhães, sendo a primeira delas a falência dos partidos. A seguir, apontou outras questões que julgou relevantes:

Ambos têm defendido para o Brasil uma atitude soberana, independente, no cenário mundial. Reconheceram a legitimidade da revolução cubana, apregoam o direito de autodeterminação dos povos e apoiam a luta anticolonial e anti-imperialista. Ambos levantaram a bandeira da reforma agrária e de importantes reivindicações operárias, como o direito de greve e autonomia sindical. Ambos se declararam pelo dever do Estado de dar ensino gratuito e obrigatório, pela escola pública[14].

Pedrosa fez circular um manifesto coletando assinaturas entre intelectuais, funcionários públicos e estudantes de apoio à chapa Jânio-Magalhães. Como se sabe, a proposta não vingou, pois, em 3 de outubro, Jânio Quadros e João Goulart foram eleitos presidente e vice-presidente

12. "O Terceiro Símbolo", *Jornal do Brasil*, Rio de Janeiro, 18.3.1960, p. 3.
13. Sérgio Nunes de Magalhães Júnior (1916-1991), engenheiro, deputado do PTB que integrava o chamado "Grupo Compacto", o grupo de parlamentares nacionalistas mais radical do partido, defensores da reforma agrária e da estatização de diversos setores da economia e que se opunha ao presidente do partido e vice-presidente da República, João Goulart. Sérgio Magalhães também moveu, durante 1960, forte oposição ao que denominou "manobras continuístas" do governo de Juscelino Kubitschek.
14. "Movimento Eleitoral Pró-Jânio Quadros e Sérgio", *Correio da Manhã*, Rio de Janeiro, 2.9.1960, p. 3; "O Manifesto Pró-Jânio e Sérgio", *Diário de Notícias*, Rio de Janeiro, 2.9.1960, p. 4; Newton Freitas, "Erro de Imprensa", *Diário de Notícias*, Rio de Janeiro, 7.9.1960, p. 3.

da República, respectivamente, mas ela serviu para deixar claro que a mudança de rumos operada nas orientações políticas de Pedrosa, a partir de 1958, levava-o a valorizar uma pauta mais à esquerda, e, por outro lado, a sua firme rejeição do legado populista-varguista ainda permanecia quando chamava a atenção para um nome como o de Sérgio Magalhães.

Em novembro de 1960, Pedrosa foi convidado para ser diretor do Museu de Arte Moderna (MAM) de São Paulo[15]. Em fins de março de 1961, ele foi nomeado, pelo presidente Jânio Quadros, secretário-geral do recém-criado Conselho Nacional de Cultura. Porém, como estava de viagem marcada para o exterior por conta de suas atividades como diretor do MAM de São Paulo, sua posse foi marcada para depois de seu retorno, o que ocorreu em 20 de maio. Pedrosa ali coordenou seis comissões: Artes Plásticas, Cinema, Filosofia e Ciências Sociais, Literatura, Música e Dança e Teatro[16]. Para Pedrosa, as atividades artísticas eram um dos fatores mais significativos de "internacionalização das civilizações e de intercâmbio cultural entre os povos". Em contrapartida, as atividades culturais no Brasil viviam em uma situação caótica, com duplicidade de esforços, colisão de interesses, desperdício de recursos

15. Jayme Maurício, "Reviravolta no Ibirapuera: Mario Pedrosa Diretor do Museu", *Correio da Manhã*, Rio de Janeiro, 13.11.1960, p. 2 (2º caderno); Lourival Gomes Machado, "Questão de Justiça", *O Estado de S. Paulo*, 3.12.1960, p. 6 (Suplemento Literário).
16. Antônio Bento, "Instalado o Conselho Nacional de Cultura", *Diário Carioca*, Rio de Janeiro, 24.5.1961, p. 6; "A Presidência do Conselho", *Última Hora*, Rio de Janeiro, 4.7.1961, p. 3. Eis a composição das comissões do Conselho: Comissão Nacional de Artes Plásticas – Francisco Matarazzo Sobrinho (presidente), Geraldo Ferraz, Oscar Niemeyer, Augusto Rodrigues e Livio Abramo; Comissão Nacional de Cinema (composta pelos integrantes do Grupo Executivo da Indústria Cinematográfica) – Flávio Tambelini (presidente), Moniz Viana, Rubem Biáfora, Manoel Lopes de Oliveira, Desidério Gross, Herbert Richers, Lola Brah, Francisco Luís de Almeida Sales, Florentino Lorente e Armando Zonari; Comissão Nacional de Filosofia e Ciências Sociais – Sérgio Buarque de Holanda (presidente), d. Clemente Isnard O.S.B., Djacir Menezes, Erialo Canabrava e Gilberto Freyre; Comissão Nacional de Literatura – Austregésilo de Athayde (presidente), Carlos Drummond de Andrade, Antonio Candido de Melo e Souza, Jorge Amado e Alceu Amoroso Lima; Comissão Nacional de Música e Dança – José Cândido de Andrade Murici (presidente), Edino Krieger, Eleazar de Carvalho, Otto Maria Carpeaux e Heitor Alimonda; Comissão Nacional de Teatro – Clóvis Garcia (presidente), Alfredo Mesquita, Cacilda Becker, Nelson Rodrigues e Decio de Almeida Prado (cf. "Toma Posse Hoje em Brasília o Conselho Nacional de Cultura", *O Estado de S. Paulo*, 20.5.1961, p. 6).

etc. Para isto se voltavam os objetivos do Conselho: "O governo do presidente Jânio Quadros quer sistematizar o esforço e os recursos com que o Estado contribui para o domínio cultural. Não se trata de fazer dirigismo político-cultural e sim de dar maior rentabilidade a esses esforços e a esses recursos"[17].

Pedrosa realizou uma série de atividades no Conselho, como o levantamento dos recursos públicos destinados às entidades culturais e científicas brasileiras, a suspensão do aumento do preço dos livros, a regulamentação sobre programas educativos nas emissoras de rádio e televisão, a regulamentação sobre programas de educação musical nas escolas primárias e jardins de infância, a regulamentação sobre direitos autorais de músicos, a regulamentação sobre publicação de histórias em quadrinhos nacionais etc. No entanto, suas atividades foram curtas e tiveram fim com a renúncia de Jânio Quadros em 25 de agosto. Logo depois, Pedrosa apresentou seu pedido de demissão, mas o ministro da Educação do novo presidente João Goulart solicitou que ele aguardasse um pouco, com o que concordou. No entanto, com a indecisão do novo governo em relação aos destinos do Conselho, Pedrosa acabou tomando a decisão de demitir-se em caráter irrevogável no início de 1962[18].

Após sua saída do Conselho Nacional de Cultura, Mario Pedrosa continuou à frente do MAM paulista. No início de 1963, o seu mantenedor, Francisco Matarazzo Sobrinho, não tendo mais condições de sustentá-lo, doou seu acervo à Universidade de São Paulo, que não mais conservou Pedrosa à frente do museu[19].

O governo de João Goulart, que acreditava poder unir centro e esquerda e implantar as chamadas reformas de base (agrária, educacional, bancária etc.) a partir de acordos, pactos e compromissos entre as partes,

---

17. "Pedrosa Explica Criação do Conselho Nacional de Cultura pelo Presidente", *Jornal do Brasil*, Rio de Janeiro, 2.6.1961, p. 3.
18. "Conselho Nacional de Cultura", *Correio da Manhã*, Rio de Janeiro, 19.9.1961, p. 3; Ferreira Gullar, "A Volta e Alguns Problemas", *Jornal do Brasil*, Rio de Janeiro, 18.10.1961, p. 4 (Caderno B); "Pedrosa Deixa o Conselho", *Jornal do Brasil*, Rio de Janeiro, 5.1.1962, p. 4 (Caderno B).
19. José Roberto Teixeira Leite, "O Caso do MAM Paulista", *Diário de Notícias*, Rio de Janeiro, 28.2.1963, p. 3 (2º caderno); "O Caso Mario Pedrosa", *Diário de Notícias*, Rio de Janeiro, 22.3.1963, p. 3 (2º caderno).

provocou uma efervescência nas lutas sociais no campo e na cidade. Para Mario Pedrosa, "a classe operária brasileira, de nenhuma tradição revolucionária, foi lançada na frente do processo político, superando qualquer previsão", e isso, em sua opinião, inevitavelmente produziria "um choque entre a direita e a esquerda, para decidir a posse do poder"[20]. No campo, a questão da terra ocupava, "idealmente, a cabeça da imensa maioria dos brasileiros. E por isso mesmo, já não deixa dormir os usineiros do Nordeste, os coronéis pessedistas e udenistas de beira de estrada de todo o Brasil"[21]. O Estatuto do Trabalhador Rural, para Pedrosa, fez com que os camponeses saltassem séculos: "De servos humilhados de um pré-capitalismo decrépito se elevaram a proletários modernos, com sindicatos, contratos coletivos negociados na dura, e em face de anacrônicos barões de duvidosa nobreza, obrigados, também eles, de se travestirem de capitalistas". Isso fez com que, ao lado de sindicalistas conscientes, também surgissem outros, cooperativistas, o que poderia abrir a possibilidade de uma nova etapa no processo evolutivo do regime de terra. Tal mudança aumentaria a produtividade, gerando novos investimentos, novas malhas viárias para o escoamento da produção, fazendo com que a renda fundiária aumentasse, bem como a renda absoluta. Acomodados, os donos de terra ficariam à espera da valorização, sem esforço, o que, em contrapartida, criaria obstáculos crescentes ao acesso à terra por parte dos camponeses. Para isso, o governo de João Goulart, através da Superintendência da Reforma Agrária (Supra), propusera um decreto de desapropriação, por interesse, das terras marginais às estradas de ferro e de rodagem e açudes. Tal medida empolgou Pedrosa, que, como vimos, há muito julgava a questão da reforma agrária capital para o desenvolvimento do Brasil. Para tanto, lançou um apelo a Goulart para que o assinasse e não se vergasse às pressões: "O presidente João Goulart há de sentir, se assiná-lo, a segurar-lhe a mão para reforçá-la, o peso de uma autoridade misteriosa: é o da própria história do Brasil que, afinal, estará dando outro passo à frente".

20. Wilson Figueiredo, "Segunda Seção", *Jornal do Brasil*, Rio de Janeiro, 24.10.1963, p. 8.
21. Mario Pedrosa, "O Passo Histórico", *Correio da Manhã*, Rio de Janeiro, 22.1.1964, p. 1 (2º caderno).

Mario Pedrosa, ao mesmo tempo que divulgava seus livros, fazia sua campanha eleitoral para deputado federal pelo então MDB. Rio de Janeiro, 1966 [Fundo Mario Pedrosa – Cemap-Interludium-Cedem].

Capítulo 7
"Com Alguma Merenda e Docinho": O Golpe de Estado de 1964

As expectativas de Pedrosa não se cumpriram e "os usineiros do Nordeste, os coronéis pessedistas e udenistas de beira de estrada de todo o Brasil" conspiraram com os militares e desencadearam o golpe de Estado de 31 de março de 1964, de caráter conservador, com "apoio de 'massa' [...] da qual se excluíram apenas as massas proletárias das cidades, as massas rurais pobres do campo, grande parte da intelectualidade e naturalmente os grupos e políticos associados ao regime deposto"[1].

Logo após o golpe de Estado, Pedrosa julgou que era chegada a ocasião para proceder a um exame aprofundado sobre o Brasil, ao mesmo tempo que, situando-o tanto no foco local como no internacional, mais uma vez atualizou sua interpretação sobre o desenvolvimento do capitalismo que iniciara com Livio Xavier em 1930. Para tanto, Pedrosa aproveitou, a partir de um artigo que lhe fora encomendado pelo jornalista francês David Rousset sobre o golpe de Estado de 1964, a ocasião para ampliar seus objetivos de análise e interpretar o golpe de Estado dentro do grande contexto da política internacional e o transformou em livro, que originalmente tomaria o nome de *Imperialismo, Brasil, Revolução*[2].

---

1. Mario Pedrosa, "Os Fogueteiros da Impotência", *Correio da Manhã*, Rio de Janeiro, 23.7.1967, p. 3 (4º caderno).
2. Pedro Gomes (interino), "Segunda Seção", *Jornal do Brasil*, Rio de Janeiro, 30.6.1964, p. 8; Wilson Figueiredo, "Visão de Abril", *Jornal do Brasil*, Rio de Janeiro, 19.7.1964, p.

A primeira parte do texto acabou concluída em julho-agosto e a segunda em setembro de 1965, tomando elas, respectivamente, os títulos *A Opção Imperialista* e *A Opção Brasileira*. No primeiro livro, Pedrosa examinou a evolução da política externa dos Estados Unidos, de como fizeram eles a "opção imperial", passando das formulações dos "pais fundadores" da democracia americana às posturas de um Império, e de como essa evolução também se deu em relação ao chamado Terceiro Mundo, em especial à América Latina. Pedrosa também faz uma fina discussão, fundada em uma bibliografia extremamente atualizada na época, sobre a estrutura social das empresas multinacionais, a respeito da mudança de comportamento da classe operária, sobre as estruturas de poder norte-americanas e soviéticas, acerca do impacto do desenvolvimento tecnológico nas relações de trabalho e nos mecanismos de tomada de decisão e de como isso interferia nos países periféricos e nas suas classes trabalhadoras e em seu caminho ao socialismo, inclusive no Brasil. Por ocasião do lançamento do livro, Pedrosa assim o sintetizou:

> Descrevendo e analisando as múltiplas relações entre os Estados Unidos e a América Latina, que se formaram no curso dos anos, abordo os problemas surgidos com a luta pela hegemonia do nosso continente entre a Inglaterra, Alemanha e Estados Unidos e, finalmente, o problema da chamada integração hemisférica. Entre essa parte e a parte final, que é uma análise e apreciação em perspectiva do papel das grandes corporações americanas não só na sociedade americana como no contexto mundial, incluo, também, um capítulo sobre reforma contrarrevolucionária, conceituação pessoal para significar o caráter específico das reformas nas estruturas econômicas, sociais e financeiras empreen-

8; "Da Prática à Teoria", *Jornal do Brasil*, Rio de Janeiro, 14.5.1965, p. 10; Edmundo Moniz, "A Opção Brasileira", em Mario Pedrosa, *A Opção Brasileira*, Rio de Janeiro, Civilização Brasileira, 1966, [orelha]. Para uma apreciação de conjunto de ambas as obras, ver Everaldo de Oliveira Andrade, "A Hipótese de Mario Pedrosa sobre a América Latina como Laboratório da Gênese Imperial dos EUA nas Décadas de 1930-40", em *Anais Eletrônicos do X Encontro Internacional da Anphlac*, São Paulo, Anphlac, 2012; "Mario Pedrosa, o Golpe de 1964 e a Ditadura", *Verinorio – Revista On-line de Filosofia e Ciências Humanas*, [s.l.], ano IX, n. 17, abr. 2013, pp. 28-37; "Mario Pedrosa e as Perspectivas de Resistência à Ditadura em 1964", em *Anais Eletrônicos do XXII Encontro Estadual de História da Anpuh-SP, Santos, 2014*, São Paulo, Anpuh-SP, 2014.

didas pelas potências fascistas e totalitárias que determinaram o destino do mundo entre as grandes guerras[3].

Em *A Opção Brasileira*, Pedrosa retomou o corpo analítico formulado em 1930 e em 1937 e a ele incorporou suas reflexões de fins dos anos 1950 e início dos anos 1960, chegando a transcrever largos trechos de alguns de seus textos no livro. Nele incorporou o conceito de substituição de importações para explicar o desenvolvimento industrial durante o primeiro governo Vargas, e já apresentava uma apreciação sem tanta animosidade do segundo governo Vargas, bem como do de Juscelino. Ao tratar do segundo governo Vargas, Pedrosa reconheceu nele a defesa de setores nacionalistas da economia que promoveram um novo desenvolvimento, que serviram de base a Juscelino Kubitschek e o que designou como o seu desenvolvimentismo desenfreado, que teve como resultado grande endividamento do país. Tal situação se agravou com a sucessão de Juscelino, que, com o interregno Jânio Quadros, levou ao poder João Goulart. Este não foi capaz de organizar e controlar o processo político e econômico, daí resultando o golpe de Estado de 1964. Os artífices desse golpe apareceram com a proposta de instalar uma política em favor dos interesses norte-americanos. No entanto, as propostas dos militares, "reformas ortopédicas", como Pedrosa as chamou, nada produziram e os problemas brasileiros voltavam a ser os da época de João Goulart. Tentou compreender o golpe de Estado de 1964, buscando encontrar nos governos de Juscelino, Jânio e Jango as raízes da ditadura. Sobre esta, Pedrosa acreditava que ela rapidamente perdera sua base de massa, pois sua política de defesa dos interesses norte-americanos e das empresas americanas desgastara o governo junto ao empresariado brasileiro e às classes trabalhadoras.

A ditadura militar não é nem nunca foi uma revolução: sua função seria antes de represar as águas para subirem. O povo brasileiro, em sua imensa maioria, que é de jovens, de muito jovens, não aceitará para sempre a condição de subdesenvolvi-

---

3. José Condé, "Véspera do Livro", *Correio da Manhã*, Rio de Janeiro, 11.8.1966, p. 2 (2º caderno). Para um exame mais aprofundado de *A Opção Imperialista*, ver Isabel Loureiro, "Mario Pedrosa e o Socialismo Democrático", em Marques Neto (org.), *Mario Pedrosa e o Brasil*, São Paulo, Fundação Perseu Abramo, 2001, pp. 131-141.

do. A mocidade brasileira o demonstra todos os dias, por sua vanguarda – a massa estudantil e, lá embaixo, a massa dos jovens operários que se iniciam na disciplina do trabalho e do viver coletivos. A mocidade campesina chega, pelo recrutamento, pela fome e pela ambição, diariamente, aos milhares, à cidade. A mocidade brasileira dos quartéis também faz parte da mesma vanguarda. Com os formidáveis meios de comunicação intermassa de hoje os quartéis não estão separados por muros espessos dos *campi* universitários nem dos pátios das fábricas. O apelo latente da revolução faz com que a trama entre essas forças se teça. Isso também é inevitável. O povo brasileiro – serão brevemente muito, muito mais de cem milhões – tem pela frente uma história a viver.

A revolução é a colocação do povo brasileiro, de sua mocidade, na via de sua história. De uma história que ele terá de fazer – e fazê-la nossa[4].

A partir de então, Pedrosa se engajou nas mobilizações de defesa dos direitos e garantias individuais e políticas violentadas pelo regime instaurado pelo golpe de Estado de 1964. Nesses dias, ele subscreveu, defendeu e divulgou diversos manifestos: o Manifesto à Nação, subscrito por 97 intelectuais que defendiam as liberdades democráticas, a realização das eleições de 1965 e 1966 e a convocação de uma Conferência Nacional pela Democracia e Desenvolvimento[5]; o manifesto repudiando a participação do Exército brasileiro na intervenção da República Dominicana[6]; o manifesto pedindo a imediata libertação do editor Ênio Silveira (proprietário da Editora Civilização Brasileira)[7].

Em fevereiro de 1967, Pedrosa assumiu a cadeira de história da arte da Faculdade de Arquitetura da Universidade Federal do Rio de Janeiro, função que ocupou até março de 1968[8].

---

4. Mario Pedrosa, *A Opção Brasileira*, Rio de Janeiro, Civilização Brasileira, 1966, pp. 310-311.
5. "Manifesto à Nação Defende Liberdade", *Correio da Manhã*, Rio de Janeiro, 14.3.1965, p. 32; "Esquerda Lança Manifesto ao País", *Jornal do Brasil*, Rio de Janeiro, 14.3.1965, p. 10.
6. "Manifesto de Intelectuais Condena Intervenção e Faz Defesa da Carta da OEA", *Jornal do Brasil*, Rio de Janeiro, 6.5.1965, p. 4; "Intelectuais Repudiam Intervenção", *Última Hora*, Rio de Janeiro, 6.5.1965, p. 2.
7. "Intelectuais e Artistas pela Liberdade", *Jornal do Brasil*, Rio de Janeiro, 30.5.1965, p. 5.
8. "Coluna JB. Lance-Livre", *Jornal do Brasil*, Rio de Janeiro, 10.2.1967, p. 10; Frederico Morais, "Artes Plásticas", *Diário de Notícias*, Rio de Janeiro, 20.3.1968, p. 3 (2º caderno).

Em 1966, Pedrosa, para abrir outra frente de combate, decidiu filiar-se ao MDB (Movimento Democrático Brasileiro), o partido de "oposição" criado pela ditadura para disputar as eleições daquele ano, que já se dariam sob o bipartidarismo imposto pela ditadura. Uma de suas primeiras ações dentro do MDB foi tentar impedir a filiação de um grupo de militantes lacerdistas ao seu novo partido. Carlos Lacerda tentara criar, sem sucesso, um terceiro partido, o Parede (Partido da Renovação Democrática). Diante do insucesso, os parlamentares lacerdistas do Parede dividiram-se entre Arena (Aliança Nacional Renovadora) e MDB para não deixar de disputar as eleições de 1966. Mario Pedrosa e outros jornalistas filiados ao MDB, Edmundo Moniz, Augusto Vilas Boas, Tiago de Melo, Márcio Moreira Alves, Hermano Alves, Darwin Brandão e Paulo Silveira, enviaram um telegrama de protesto ao secretário-geral do MDB, deputado Martins Rodrigues:

> Comunicamos a Vossa Excelência a nossa total rejeição na Guanabara às manobras que se processam no seio da Executiva do MDB com o objetivo de oferecer ao grupo lacerdista a integração, como bloco, no partido, além de outros privilégios, à revelia do pensamento das bases. O Sr. Carlos Lacerda e seus auxiliares compactuaram com o golpe de Estado de 1964, exercendo repressão sobre seus adversários políticos na Guanabara. E só divergem do atual governo por julgarem que ele não é tão *revolucionário* quanto queriam que fosse. Reservando-nos o direito de denunciar à opinião pública os autores dessa manobra que esperamos ver coibida imediatamente pelo Gabinete Executivo Nacional do MDB[9].

Pedrosa e seus companheiros alimentaram esperanças inúteis, pois foi justamente a direção nacional que deu sua decisão favorável à entrada dos lacerdistas, contra a opinião da maioria da seção emedebista da Guanabara, que era contrária, além dos motivos apontados no telegrama, pela óbvia razão de que esses deputados seguiriam a orientação de Lacerda, e não a do partido em que pretendiam ingressar[10].

---

9. "MDB Adia para Terça Decisão sobre Deputados do Parede", *Jornal do Brasil*, Rio de Janeiro, 3.7.1966, p. 11, grifo do original; "Jornalistas Protestam em Telegrama", *Correio da Manhã*, Rio de Janeiro, 3.7.1966, p. 3.
10. John W. Foster Dulles, *Carlos Lacerda, a Vida de um Lutador*, vol. 2: *1960-1977*, Rio de Janeiro, Nova Fronteira, 2000, p. 437.

Em setembro, na convenção partidária do MDB da Guanabara, Pedrosa teve seu nome aprovado como candidato a deputado federal[11]. Durante sua campanha eleitoral, de poucos recursos, além da participação em comícios, panfletagens etc., também continuava publicando textos de análise e crítica à ditadura nas páginas do *Correio da Manhã*, além de aproveitar "noites de autógrafos" de seus livros *A Opção Imperialista* e *A Opção Brasileira* para também desenvolver sua campanha política. Márcio Moreira Alves narrou, anos depois, como eram os comícios de Pedrosa na campanha:

> Em [19]66, cinco jornalistas do *Correio [da Manhã]* – eu, Mario, Hermano Alves, Alberto Rajão e Fabiano Vilanova – candidataram-se à Câmara Federal. Arranjamos um caminhão e íamos para a [estação da] Central [do Brasil] fazer comícios, distribuir panfletos. Todo mundo distribuía seus panfletos para o pessoal que ia tomar o trem para os subúrbios. Mario preferia distribuir um livreto de sua autoria, "Tratado Sintético da Classe Operária Brasileira", com umas vinte páginas. Eu dizia que ninguém teria tempo de ler isso tudo no trem, mas ele retrucava: "Vão ler em casa". Nos seus discursos, gritava: "Precisamos acabar com a sede do imperialismo no Brasil". E apontava para o prédio do Ministério do Exército, para pavor de todo o mundo[12].

Na campanha de Pedrosa também ocorreram episódios de censura, quando sua propaganda eleitoral televisiva foi retirada do ar, uma vez, ao propor, fundamentando-se em encíclica papal que consagrava o dia 4 de outubro como o da luta pela salvaguarda da paz no mundo, uma "manifestação pela paz com relação à Guerra do Vietná e à qual não devia ficar insensível o governo brasileiro"[13]. E outra, quando, ao afirmar que havia um clima de insegurança no Brasil e que ele era menos velado no interior do que nas capitais, empregou a expressão "ditadura militar implantada no país"[14].

11. "MDB Prepara Candidatos e Comícios", *Correio da Manhã*, Rio de Janeiro, 4.9.1966, p. 3.
12. "Mario Pedrosa Morre aos 81 Anos", *Folha de S.Paulo*, 6.11.1981, p. 31; ver também "Mario Pedrosa, 1900-1981. O Iniciador da Crítica de Arte no Brasil", *Jornal do Brasil*, Rio de Janeiro, 6.11.1981, p. 1 (Caderno B).
13. "Pedrosa Tem Censura ao Invocar Papa", *Correio da Manhã*, Rio de Janeiro, 22.9.1966, p. 16.
14. "Crítica e Censura", *Correio da Manhã*, Rio de Janeiro, 8.10.1966, p. 10.

Da mesma forma que ocorrera por ocasião da entrada dos membros do Parede, Mario Pedrosa foi surpreendido pela direção regional do MDB da Guanabara. O procurador do MDB recebeu a informação do procurador regional eleitoral de que, na lista de candidatos do partido, haveria vários nomes "notoriamente comprometidos em atitudes de cunho subversivo, vinculados à ideologia que a Justiça Eleitoral já considerou incompatível com a vida democrática". Tal informação foi levada à direção regional do MDB, que decidiu, em antecipação a uma eventual ação do Tribunal Regional Eleitoral (TRE), retirar os doze nomes indicados e os substituiu, em 14 de setembro. Entre eles, estava o de Mario Pedrosa e de três outros que saíram candidatos e que haviam assinado a nota contra a entrada dos militantes do Parede (Márcio Moreira Alves, Hermano Alves e Paulo Silveira). Os "impugnados" imediatamente entraram com ações legais para reverter a decisão, afirmaram que não suspenderiam suas campanhas e divulgaram um comunicado:

> Nós, candidatos à eleição de 15 de novembro próximo, na legenda do MDB, declaramos de público que não autorizamos a Direção Regional desse partido a negociar clandestinamente os nossos nomes de candidatos por outros que não foram escolhidos pelo único órgão soberano do MDB, a Comissão Diretora Regional, reunida expressamente para esse fim. É evidente que não nos conformamos com a negociação espúria entre o presidente do partido e o presidente do Tribunal, na qual se fez o tráfico de nomes de acordo com conveniências estranhas à causa da redemocratização do Brasil pela qual estamos empenhados como candidatos legítimos na legenda de um partido que a direção se prepara para trair[15].

Logo em seguida, a Procuradoria do Tribunal Regional Eleitoral entrou com pedidos de impugnação das candidaturas sob a alegação de que os doze pertenciam ao PCB. Tais pedidos foram feitos com base em documentação fornecida pela polícia política. No caso de Pedrosa, afirmava-se, no amálgama produzido pela Delegacia de Ordem Política e Social do Departamento Estadual de Segurança Pública do Estado da Guanabara, que ele, entre outras coisas, teria sido "educado na Europa, mantido contato com terroristas franceses. De regresso da URSS, esteve

---

15. "Oposição Antes do SNI Retira Nove Candidatos", *Correio da Manhã*, Rio de Janeiro, 15.10.1966, p. 12 (o título traz uma incorreção no número de candidatos que no corpo da matéria é corrigida).

no México, onde manteve contato com Trotsky"[16]! Finalmente, no dia 6 novembro, realizou-se a sessão do TRE em que seriam julgadas as impugnações. Mario Pedrosa e Márcio Moreira Alves foram os dois únicos candidatos que puderam defender-se oralmente na sessão.

Mario Pedrosa [...] caracterizou sem rebuços o poder ditatorial, mostrando, inclusive, a humilhação a que estava reduzido o Judiciário, pelas prerrogativas cassatórias do governo. Além disto, fez uma nítida, límpida e inequívoca profissão de fé socialista e democrática. "Não há democracia sem socialismo – disse o candidato – assim como não existe socialismo sem liberdade. Se é proibido, no Brasil, lutar-se pelo socialismo e pela democracia, se estas ideias estão proscritas e condenadas pela ditadura, que eu seja impugnado!" E os juízes não o impugnaram. Mario Pedrosa foi absolvido por cinco votos a zero[17].

O próprio Pedrosa, em um artigo publicado dias depois, sem se identificar, citou sua defesa oral:

Que o regime regencial é um regime de nítido corte neofascista não há mais nenhuma dúvida, e um dos candidatos impugnados, ao fazer sua defesa perante o Tribunal Eleitoral, no domingo passado, o disse com todas as letras. Com efeito, a Justiça brasileira perdeu sua autonomia. Na época do Estado Novo, o Tribunal de Segurança que julgava de plano, sem ter que se ater a provas, via suas sentenças absolutórias negadas na prática pelo poder policial, para o qual ser um incriminado absolvido era apenas uma das condições para recuperar a liberdade. Sob o regime de hoje, também: os tribunais eleitorais podem rejeitar as impugnações que a polícia e o SNI fazem a candidatos, sem que aos mesmos estejam assegurados do direito de concorrer ao pleito. Um decretozinho do ditador os elimina[18].

Nessa reunião, enfim, o TRE tomou a decisão de conceder registro a dez dos candidatos, Pedrosa, como vimos, entre eles. Mario Pedrosa recebeu o número 134 e nas eleições obteve 7 157 votos. Foi o 21º mais votado entre os

16. "SNI e Dops Impugnam com Dossiê Falso", *Correio da Manhã*, Rio de Janeiro, 2.11.1966, p. 3. A citação foi extraída da Informação 09092, de autoria de Waldemar dos Santos Reis (Fls. 215), Preventivo 61, Caixa 1326). Agradeço a gentileza de Renato Maia pela comunicação desse documento existente no Arquivo Público do Estado do Rio de Janeiro.
17. Hélio Pellegrino, "Vitória contra a Ditadura", *Correio da Manhã*, Rio de Janeiro, 13.11.1966, p. 3 (7º caderno).
18. Mario Pedrosa, "Os Riscos Honrosos do Candidato", *Correio da Manhã*, Rio de Janeiro, 13.11.1966, p. 3 (7º caderno).

candidatos a deputado federal pela Guanabara, cabendo-lhe a sexta suplência no seu partido, que conseguiu quinze mandatos entre os 21 possíveis[19]. Para Pedrosa, aquela campanha eleitoral se revelava de grande importância. Na sua avaliação, o Congresso Nacional que seria eleito em 15 de novembro de 1966 seria o único poder legítimo que poderia existir no Brasil, porque seria a expressão da vontade popular, pois a eleição indireta do sucessor de Castelo Branco fora um simulacro de eleição, por ter sido feita por um Congresso desautorizado e mutilado. Castelo Branco ainda pretendia deixar, através de uma nova Constituição, institucionalizada a ditadura. Para Pedrosa, naquele momento, o da campanha eleitoral, desenrolava-se uma luta pela redemocratização do Brasil:

> Em suma, não é possível prosseguir na política de opressão popular, de empobrecimento generalizado das classes proletárias e sobretudo das classes médias, de desnacionalização crescente da economia, de instauração de um regime antidemocrático permanente no nosso país, condição para que os convênios de garantias dos capitais americanos, os acordos diplomáticos secretos, as concessões cada vez mais escandalosas aos direitos soberanos da nação possam vingar, mantendo aberto um processo de propaganda eleitoral no curso do qual toda essa política é denunciada, dia e noite, com audácia crescente por parte dos candidatos que encontram crescente receptividade por parte dos eleitores (tudo isso agravado pelo fato inegável de que os ouvidos populares são cada vez mais surdos aos porta-vozes do partido do governo)[20].

Após as eleições, Pedrosa vislumbrava uma segunda fase, a da "reimplantação das instituições realmente democráticas, tarefa a ser realizada pelo futuro Congresso, a ser eleito pelo voto direto", ou, dito de outro modo, atribuía a esse novo Congresso tarefas constituintes. E, em seu otimismo, Pedrosa ainda enxergava uma terceira fase, a "de organização política e de ação programada para levar o Brasil à criação de uma democracia socialista, com as reformas de estrutura exigidas e sob um plano econômico global de inspiração socialista"[21].

19. "Martins Aplaude Decisão do TRE", *Correio da Manhã*, Rio de Janeiro, 8.11.1966, p. 14; "TRE Indica Quem Se Elegeu no Rio", *Correio da Manhã*, Rio de Janeiro, 21.12.1966, p. 8.
20. Mario Pedrosa, "Das Cassações à Renúncia", *Correio da Manhã*, Rio de Janeiro, 16.10.1966, p. 3 (4º caderno).
21. "Único Poder Legítimo É Novo Congresso: Pedrosa", *Correio da Manhã*, Rio de Janeiro, 28.9.1966, p. 3.

No entanto, o ditador Castelo Branco, que Pedrosa cognominou de regente, tomou uma série de medidas, antes das eleições e de entregar o cargo ao seu sucessor, general Costa e Silva, que abalaram o seu otimismo. O ditador cassou o mandato de vários parlamentares da oposição que tentavam sua reeleição e de oposicionistas, fechou o Congresso antes das eleições e o reabriu depois do pleito, fez o Congresso aprovar uma nova Constituição, enviou e fez aprovar a chamada Lei de Imprensa e decretou a Lei de Segurança Nacional, a qual, como a Constituição, entraria em vigor no dia da posse de Costa e Silva, em 15 de março de 1967. Estas três, a Constituição, a Lei de Imprensa e a Lei de Segurança, Pedrosa as considerou as colunas mestras de sustentação erguidas pelo ditador para assegurar o novo regime[22]. No caso das eleições, o "terror, a corrupção pela ação dos governos locais, os currais, as cassações, as impugnações e ameaças perenes de impugnações deram a vitória pelos Estados ao partido do governo"[23], provocando em Pedrosa o que ele chamou de semifrustração, pois o MDB conseguira vitórias na Guanabara, Amazonas, Paraná, Bahia, Espírito Santo, Goiás e Acre. A tática de ofensiva ininterrupta, como Pedrosa a denominou, aliada à "pusilanimidade e dispersão das forças de oposição", serviria para institucionalizar um regime que consagraria "os 'ideais' do Poder Militar instaurado no país a 1º de abril de 1964" e estruturaria um regime que "veio para durar". "Trata-se do poder de uma oligarquia determinada a dirigir o Brasil por muito tempo, paternalisticamente, isto é, a pancada, punição, castigo, com alguma merenda e docinho." Esse regime deixou claros os seus pressupostos em todas as iniciativas tomadas pelo ditador Castelo Branco no final de seu mandato:

Que premissas são essas? Um governo despótico e centralizador que dá uma liberdade controlada ou consentida aos cidadãos; que detém todas as alavancas de comando do aparelho econômico, financeiro, tributário, fiscal do país; que, abolindo a federação, desconhece a autonomia dos Estados, intervém na sua política econômica e administrativa, controla, nomeia, demite e faz governadores e prefeitos municipais; que assegura aos capitais monopolistas internacionais uma posição

---

22. Mario Pedrosa, "O Único Partido Político", *Correio da Manhã*, Rio de Janeiro, 28.5.1967, p. 3 (4º caderno).
23. Mario Pedrosa, "Um Novo Regime para uma Nova Elite", *Correio da Manhã*, Rio de Janeiro, 8.1.1967, p. 3 (4º caderno).

hegemônica na vida econômica do país; que mantém aberto o território nacional à presença de tropas estrangeiras, desde que a serviço dos interesses estratégicos imperiais norte-americanos, aos quais o novo regime está preso, pelos quais optou e nos quais funda suas esperanças de triunfo e de progresso[24].

Pedrosa também esclareceu a seus leitores as razões pelas quais o poder acabou se concentrando naquele momento nas mãos dos militares. Em primeiro lugar, ele o via como resultado da Guerra Fria e que foi se transformando em doutrina militar nos anos 1950 nos Estados Unidos e dali passou aos demais países que enviavam seus quadros militares para receberem formação na América. Tratava-se do conceito de segurança nacional. Essa nova noção colocou em desuso a de "defesa nacional". Esta antiga ideia era focada na ênfase nos aspectos militares da segurança, relacionando-os com os problemas de agressão externa. A nova concepção punha em foco uma defesa global das instituições, abandonando os referenciais territoriais, e passou, ao levar em conta aspectos psicossociais, a considerar a agressão interna, que eram, evidentemente, a "infiltração e a subversão ideológicas". A segurança nacional tornou a agressão interna suscetível de ser objeto de repressão violenta por parte das Forças Armadas. Assim, ficara dissolvido o "velho conceito de fronteiras territoriais no de 'fronteiras ideológicas'"[25]. Com tudo isso, observou Pedrosa, os militares politizaram-se, puseram de lado a "defesa de sua ordem constitucional e institucional, de sua gente, de sua cultura".

Hoje os generais só defenderão a própria pátria se as instituições políticas vigorantes ou os políticos no governo forem do seu agrado, quer dizer, se se encaixarem no novo conceito de segurança nacional. Do contrário, poderão achar-se no direito de preferir aliar-se a qualquer invasor estrangeiro que venha ocupar sua terra para, em nome da "segurança nacional" deles, combater a "agressão interna" ideológica. Além de "instituições políticas" o conceito marechalício de segurança incorpora também "as instituições econômicas e jurídicas que, garantindo a estabilidade dos contratos e o direito de propriedade, condicionam, de seu lado, o nível e a eficácia dos investi-

---

24. Mario Pedrosa, "A Constituição Desnacionalizante", *Correio da Manhã*, Rio de Janeiro, 25.12.1966, p. 3 (4º caderno).
25. Mario Pedrosa, "Das Reviravoltas do Nacionalismo", *Correio da Manhã*, Rio de Janeiro, 3.12.1967, p. 3 (4º caderno).

mentos privados". Aí está, a inviolabilidade das fronteiras passou; não é coisa de que se cogite mais. O que é inviolável, porém, e chama à ação as Forças Armadas, são os "investimentos privados". Em países como o Brasil acontece serem esses investimentos numa grande percentagem estrangeiros. Particularmente americanos[26].

Pedrosa dizia que os generais latino-americanos se transformaram em "capitães de mato em potencial para os grandes investidores metropolitanos dos Estados Unidos".

Com a importada "ideologia da segurança nacional" juntou-se a situação do Brasil, na qual o Estado, no curso de um processo histórico que vinha de décadas, se elevara acima das classes e se colocara como árbitro entre elas. No entanto, desse Estado bonapartista surgiu toda a precariedade do poder político no país, o que fez com que os militares tomassem as "alavancas do poder". Mas a facção militar que fez isso o fez como um partido político, mas sem um vínculo direto com nenhum dos existentes no Brasil, partidos esses que se lhe aparentavam como "má fé e demagogia", prestes a transformarem-se em "corrupção e subversão". A forma como aqueles remanescentes dos partidos que apoiaram o golpe de Estado de 1964 foram tratados revela o desprezo que os militares votavam aos partidos:

> Os velhos liberais brasileiros que vieram da UDN em 1945 e adjacências são cadáveres insepultos, tenham ou não sido eleitos nas últimas eleições. Os mais moços vieram na esteira deles, mais práticos, aderiram com armas e bagagens aos mais sinistros atentados às liberdades públicas e à democracia, e em paga estão aí montados em posições de mando embora secundárias e até em governos de Estados, hoje, sem exceção, reduzidos a agências do poder central. E para isso foram nomeados e não eleitos[27].

Essa facção dos militares apresentava-se como representante de uma ideologia política supostamente "moderna", "a mais compatível ao mesmo tempo com a ordem e certo progresso do país e com a causa da 'civilização ocidental' perante a 'agressão' perene e inerente ao 'comunismo soviético,

---

26. Mario Pedrosa, "Segurança Nacional contra o Brasil", *Correio da Manhã*, Rio de Janeiro, 19.3.1967, p. 1 (4º caderno).
27. Mario Pedrosa, "Questão de Regime, Não de Personalidades", *Correio da Manhã*, Rio de Janeiro, 5.2.1967, p. 3 (4º caderno).

chinês ou cubano'"[28]. Enfim, o molde da "ideologia da segurança nacional".

A política deixou de ser ocupação isolada deste ou daquele militar para ser ocupação coletiva máxima do Exército, da Marinha, da Aeronáutica, em seu conjunto. A explicação do fenômeno se deve à penetração ideológica dos Estados Unidos no cerne institucional das nossas Forças Armadas, em nome da divisão maniqueísta do mundo entre comunistas e democratas, dentro do qual nós, inocente povo brasileiro e seus governantes intoxicados, ocuparíamos nossa trincheira de exaltados democratas, sob a chefia do marechal Castelo Branco, o fiador brasileiro daquela ideologia[29].

Tomado o poder, os militares refizeram o sistema constitucional do país e remodelaram a máquina administrativa, "certos de que no isolamento político total em que se encontram no próprio país o regime que têm de impor ao povo não é nem pode ser do agrado deste". Enfim, é nesse panorama que Pedrosa explicou as razões pelas quais os militares, que num primeiro momento dividiram com o ramo civil a responsabilidade do golpe de Estado, depois passaram a enfeixar em suas mãos um único poder: "supercentralizado, despótico, militar, e militar não por ser 'despótico' mas por ser especializado, profissional, burocrático"[30].

Para Pedrosa, era chegada a hora de constituir-se uma "oposição independente, tenaz e corajosa", pois não se podia cair na acomodação de que, findo o governo do ditador Castelo Branco, haveria uma "humanização" da ditadura ou simplesmente se deveria compor com o novo ditador, como defendia então Carlos Lacerda[31]. Ao longo de seus artigos publicados durante o ano que vai de meados de 1966 até meados de 1967, Pedrosa lançou várias propostas dirigidas à chamada Frente Ampla, que Carlos Lacerda buscava articular com os ex-presidentes Jus-

---

28. Mario Pedrosa, "A Ideologia de Nossos Marechais", *Correio da Manhã*, Rio de Janeiro, 22.1.1967, p. 3 (4º caderno).
29. Mario Pedrosa, "Das Reviravoltas do Nacionalismo", *Correio da Manhã*, Rio de Janeiro, 3.12.1967, p. 3 (4º caderno).
30. Mario Pedrosa, "O Único Partido Político", *Correio da Manhã*, Rio de Janeiro, 28.5.1967, p. 3 (4º caderno).
31. Mario Pedrosa, "Precisa-se de uma Oposição", *Correio da Manhã*, Rio de Janeiro, 19.2.1967, p. 3 (4º caderno).

celino Kubitschek, Jânio Quadros e João Goulart. Em primeiro lugar, alertava para o fato de não se tratar de um combate fácil:

> As forças oposicionistas em "frente ampla", ou "frente única", ou frentes dispersas devem saber que qualquer iniciativa delas para formalizarem-se numa organização será olhada cada vez mais de soslaio pelos novos detentores do poder. As campanhas mesmo unilaterais ou parciais contra este ou aquele ponto mais antipático da política governamental facilmente serão denunciadas como subversivas. O regime não permite oposições nem campanhas de oposição[32].

Essencialmente, insistia no fato de que as reivindicações não deveriam restringir-se apenas a uma pauta conjuntural, principalmente centrada na volta de eleições diretas presidenciais (tema de maior interesse, é claro, dos principais aliados da Frente Ampla). Pedrosa afirmava que isso soaria "platônico aos ouvidos populares se não vier como acompanhamento a reivindicações muito mais imediatas e vitais para a massa trabalhadora". E citava como exemplos o fim do controle salarial, a volta do direito de greve e a anistia[33].

Suas argutas observações sobre a situação política do Brasil formuladas em seus artigos quinzenais nas páginas do *Correio da Manhã* acabaram levando a que fosse convidado para participar das negociações da formação da Frente Ampla[34]. No entanto, as dificuldades propiciadas pelos interesses em jogo e, sobretudo, as profundas divergências entre as partes fizeram com que a Frente Ampla não alcançasse significativa repercussão. Mesmo assim, ela incomodou o suficiente a ditadura para que, em abril de 1968, esta proibisse todas as suas atividades.

O processo de aproximação do terceiro-mundismo que Mario Pedrosa iniciara em fins dos anos 1950 se aprofundou ainda mais nesse momento.

---

32. Mario Pedrosa, "Questão de Regime, Não de Personalidades", *Correio da Manhã*, Rio de Janeiro, 5.2.1967, p. 3 (4º caderno).
33. Mario Pedrosa, "Da Velha Estratégia e uma Nova Política", *Correio da Manhã*, Rio de Janeiro, 3.9.1967, p. 4 (4º caderno).
34. Jorge Ferreira, *João Goulart, uma Biografia*, Rio de Janeiro, Civilização Brasileira, 2011, p. 610. Esse autor transmite a preconceituosa e infundada opinião, tomada de Claudio Bojunga (*JK, o Artista do Impossível*, Rio de Janeiro, Objetiva, 2001, p. 649), de que Pedrosa integrava as negociações porque era "trotskista", sem sequer se dar ao trabalho de explicar o significado do adjetivo, já que Pedrosa deixara as fileiras trotskistas em 1940!

Em um texto publicado por ocasião das comemorações do cinquentenário da Revolução Russa, Pedrosa manifestou a crença de que a fase russa do marxismo e do comunismo teria terminado. Convicção que foi acentuada mais tarde em Pedrosa com o esmagamento da Primavera de Praga[35]. Expressou expectativas positivas em relação à China, onde, referindo-se à recém-iniciada Revolução Cultural, "se passa por uma enigmática crise de transição ou de tateio, as forças populares que a levaram para a frente ainda não se esgotaram". Além disso, Pedrosa falava com empolgação das revoluções cubana e argelina, da Guerra do Vietnã, do "levante descontrolado dos povos do Terceiro Mundo" e da fundação da Organização Latino-Americana de Solidariedade – OLAS, que havia sido criada em 1966 em Havana. Essa organização representava, para Pedrosa, um movimento revolucionário à esquerda do Partido Comunista e que fixou duas ideias centrais: a de que a luta central dos povos oprimidos e subdesenvolvidos era contra o imperialismo norte-americano e que essa luta somente se faria por meios insurrecionais. Tais concepções para os partidos comunistas, como o brasileiro, eram "quase uma insensatez".

Os partidos comunistas eram caudatários do velho princípio estratégico da caricatura do bolchevismo, o stalinismo. Para eles, apenas um partido organizado e centralizado poderia fazer a revolução, ditando às massas a ação a tomar. O stalinismo negava, nesse processo, a ação espontânea das massas. "A espontaneidade, camaradas, é o inimigo mortal por excelência", afirmava Krushev, como lembrava Pedrosa. A isso, Pedrosa contrapunha as concepções de Rosa Luxemburgo sobre o espontaneísmo das massas, aduzindo as posições de Frantz Fanon sobre o tema. O que o levava a concluir que o novo partido revolucionário surgia na periferia, no Terceiro Mundo:

> O partido revolucionário é um novo partido que só se cria e se organiza na ação revolucionária, de que as massas começam por ter a iniciativa. O reformismo é um instrumento de uma outra época, ou específico das metrópoles. A revolução, ao contrário, é um instrumento da periferia. Ela será mundial, quando chegar a bater às portas das metrópoles, procedente do mundo dos subdesenvolvidos, colonos e escravos[36].

35. Mario Pedrosa, "O Crime de Praga", *Correio da Manhã*, Rio de Janeiro, 22.9.1968, p. 3 (4º caderno).
36. Mario Pedrosa, "A Crise do Comunismo e o Novo Partido", *Correio da Manhã*, Rio de Janeiro, 26.11.1967, p. 4 (4º caderno).

Sobre o PCB, Mario Pedrosa acreditava que a ele cabia, antes do golpe de Estado de 1964, pela "ordem natural das coisas", o seu direito à legalidade. Naquela conjuntura do início de 1968, em que os movimentos sociais voltavam a se manifestar e ocupar as ruas, o que, na sua avaliação, resultava em que o regime fizesse "água por muitos lados", colocando na mesa a discussão de uma abertura democrática, cabia um lugar ao PCB, por ser "um partido autenticamente nacional, nascido do desenvolvimento histórico da sociedade brasileira". Mas Pedrosa fazia questão de ressaltar que o PCB tinha uma pesada herança a ser superada. O PCB, em sua história, perdeu frequentemente a noção de que tinha de superar o estágio de manter-se simplesmente como o legatário de uma herança longínqua

[...] para ser uma substância ativa na realidade envolvente. Daí sua passividade crítica, não marxista, abjetamente mística diante das imposições de uma autoridade suprema, estranha, ausente, acima das contradições necessárias da realidade. Foi a época do stalinismo. Correspondeu durante muito tempo essa época aos piores anos de clandestinidade e perseguição do comunismo brasileiro. A face medonha do stalinismo afastou dele muitas das melhores consciências revolucionárias deste país e do Ocidente[37].

Mario Pedrosa vivenciou ativamente o período de mobilizações que levou ao "1968" brasileiro. Os jornais noticiavam sua presença em debates em escolas, dando palestras sobre os mais variados temas da atualidade política, participando de comícios, passeatas, além das suas análises sobre política na imprensa, nas quais se pôde ver algumas de suas principais preocupações. Os seus textos discutiam temas variados, como os novos rumos da Igreja, que passou a tomar em consideração as questões sociais de uma nova perspectiva; a Guerra do Vietnã; a questão do movimento negro nos Estados Unidos; a Guerra dos Seis Dias entre Israel e Egito, Jordânia e Síria e a questão palestina; a posição subalterna do Brasil perante os EUA na questão nuclear; o assassinato de Che Guevara; o descaso do governo brasileiro perante os EUA a respeito da Amazônia; censura às artes e aos artistas no Brasil; o fim da Primavera de Praga etc.[38]

37. Mario Pedrosa, "O Partido", *Correio da Manhã*, Rio de Janeiro, 21.1.1968, p. 3 (4º caderno).
38. Ver os textos desse período na "Bibliografia Política de Mario Pedrosa" publicada ao final deste volume, p. 239.

Esse ativismo teve, para Pedrosa, severas consequências. No dia 4 de abril de 1968, depois de ter sido agredido pela Polícia Militar quando entrava na igreja da Candelária para assistir à missa por Edson Luís – jovem estudante assassinado dias antes pela repressão no restaurante Calabouço –, teve uma isquemia no interior da igreja[39]. Depois de convalescer quase um mês, Pedrosa seguiu rumo à Europa, onde participaria do júri da Bienal de Gravura de Cracóvia, na Polônia, seguindo em uma longa viagem para outras atividades ligadas à arte, retornando perto do fim de agosto[40]. No final de outubro, partiria novamente ao exterior, dessa vez para tomar parte do júri da Bienal de Gravura de Tóquio[41].

Pouco antes de partir para o Japão, saiu no Brasil (ao mesmo tempo que era reeditada a coletânea de textos de Trotsky publicada em 1933 pela Unitas, dessa vez saindo pela Laemmert), integrando uma coletânea, uma das conferências que Pedrosa deu naquele período. Ministrada na Pontifícia Universidade Católica do Rio de Janeiro, em uma atividade patrocinada pelo Diretório Acadêmico Jackson de Figueiredo daquela universidade, em junho de 1967, integrava um ciclo destinado a discutir a realidade brasileira. Nele, coube a Pedrosa abordar o tema "A Política"[42], em que retomava os textos de 1930 e 1937 e *A Opção Brasileira*, atualizando-os até aquele momento. Ela se reveste de importância porque produz uma síntese dos seus trabalhos dos anos de 1930 até ali e também condensa suas análises sobre o Brasil apresentadas nas páginas do *Correio da Manhã*.

Essa foi a última contribuição de Pedrosa para o debate político no Brasil, pois, em 13 de dezembro de 1968, a ditadura promulgou o Ato Institucional número 5 (AI-5), que permitia um elenco enorme de ações arbitrárias. O AI-5 autorizava o presidente da República a decretar o recesso do Congresso Nacional; intervir nos Estados e municípios; cassar mandatos

39. "Pedrosa", *Correio da Manhã*, Rio de Janeiro, 6.4.1968, p. 1.
40. Vera Pedrosa, "Mario Pedrosa Viaja", *Correio da Manhã*, Rio de Janeiro, 21.5.1968, p. 2 (2º caderno); "Pedrosa", *Correio da Manhã*, Rio de Janeiro, 1.9.1969, p. 2 (2º caderno).
41. Cícero Sandrone, "Quatro Cantos", *Correio da Manhã*, Rio de Janeiro, 26.10.1968, p. 7.
42. Mario Pedrosa, "Aspecto Político", em Mario Pedrosa, Gilberto Paim, Eduardo Portella, Walter Silveira & Clarival Valladares, *Introdução à Realidade Brasileira*, Rio de Janeiro, Cadernos Brasileiros, 1968, pp. 9-32. A referência à conferência de Pedrosa está em "Gente", *Correio da Manhã*, Rio de Janeiro, 13.6.1967, p. 9.

parlamentares; suspender, por dez anos, os direitos políticos de qualquer cidadão; decretar o confisco de bens considerados ilícitos; e suspender a garantia do *habeas-corpus*. Foi o início de uma progressiva escalada de violência, física inclusive, por parte do regime, dando poder de exceção aos governantes para punir arbitrariamente os seus adversários, reais ou supostos. Diante das notícias que lhe chegavam do Brasil, Pedrosa decidiu adiar sua volta. Através de notas pela imprensa, mandava notícias: "Mario Pedrosa [...] continua na Europa, na expectativa dos acontecimentos brasileiros. Talvez vá para Londres, onde, segundo se diz, poderá permanecer um ano"[43]. Acabou ficando em Lisboa, hospedado na casa de seu irmão Homero, professor do curso de engenharia sanitária da Universidade de Lisboa, retornando em fins de março de 1969.

Mario Pedrosa passou então a dedicar-se apenas ao trabalho de crítica de arte, mas, mesmo aí, a política não podia deixar de exibir os seus rastros. No Rio de Janeiro, quando a polícia invadiu o Museu de Arte Moderna e fechou a exposição dos artistas brasileiros selecionados para representar o Brasil na VI Bienal de Paris, Pedrosa, como presidente da Associação Brasileira de Críticos de Arte (ABCA), protestou contra o Itamaraty, o qual acabou endossando essa ação policial, pois as obras acabaram não sendo enviadas para a França. Juntamente com os artistas censurados pelo Ministério das Relações Exteriores, Pedrosa liderou uma campanha de boicote de artistas nacionais e estrangeiros à X Bienal de São Paulo, como forma de repúdio à ditadura. Também como presidente da ABCA, protestou contra a mutilação feita pelo Comando de Caça aos Comunistas ao monumento a Garcia Lorca, de Flávio de Carvalho[44].

O final dos anos 1960 trouxe a Pedrosa um curioso paradoxo em relação ao episódio de 1954, que abre esta biografia. Na viagem que realizou à Europa logo após convalescer da isquemia que o acometeu durante a missa a Edson Luís na igreja da Candelária, Pedrosa enviou uma saborosa crônica sobre os incidentes ocorridos durante a Bienal de

---

43. Frederico Morais, "Artes Plásticas", *Diário de Notícias*, Rio de Janeiro, 26.2.1969, p. 3 (2º caderno).
44. Francisco Alambert & Polyana Canhête, *Bienais de São Paulo: Da Era do Museu à Era dos Curadores*, São Paulo, Boitempo, 2004, p. 124; "Atentado a Lorca: ABCA Tem Protesto", *Correio da Manhã*, Rio de Janeiro, 31.7.1969, p. 5.

Veneza. Em meio aos estudantes que protestavam contra a militarização da mostra, estava um grupo de artistas e, entre eles, surge um personagem que Pedrosa assim descreve: "Emilio Vedova, altíssimo, esquálido, com suas vastas barbas, não se sabe bem se tolstoianas ou bakuninescas [...]. Diante das grades da Bienal, sobrecabeceando os estudantes por sua altura, Vedova brandia uma bandeira vermelha [...]"[45].

Pouco mais de um ano depois, durante o processo de disputa de poder na ABCA, no encerramento do mandato de Pedrosa, surgiram duas chapas, uma do Rio de Janeiro e outra de São Paulo. As últimas intervenções de Pedrosa à frente da ABCA deixaram, aparentemente, algumas pessoas assustadas e o comentário antipolítico e reacionário de um dos sócios, ironicamente aquele mesmo que, em 1954, estava ao lado de Pedrosa fazendo gracejos irreverentes com a política, é visivelmente dirigido contra Pedrosa e mostra o ambiente de terror daqueles tempos:

> A campanha já começou. De um lado há persuasão, de outro argumentação – mas parece existir até pressão, fórmula esta de espíritos irritados e personalistas. O que parece justo é que a ABCA não seja entregue a quem possa utilizá-la apenas para manifestações de caráter ideológico, motivações políticas ou benefícios pessoais, como viagens, indicações para júris etc. A classe do crítico de arte está entregue ao léu das circunstâncias e nada se tem feito para defendê-la da situação que enfrenta há quase quarenta anos. E a ABCA não conquistou, como entidade, vantagens maiores. A nova diretoria da ABCA, seja do Rio ou de São Paulo, precisa trabalhar pela classe e pela divulgação da arte no país. A nova diretoria deve ser sobretudo tecnicista e muito atuante em favor de seus pares. E o espírito de renovação e de rejuvenescimento que enfrentamos em todos os setores, sendo positivo, deve atingir também a ABCA. E que falem, sobretudo, os profissionais militantes, comprometidos com a causa, com experiência e responsabilidade[46].

A vitória, no entanto, ficou com o grupo carioca, liderado por Antônio Bento e mais próximo de Mario Pedrosa.

---

45. Mario Pedrosa, "As Trombetas da Polícia de Veneza", *Correio da Manhã*, Rio de Janeiro, 5.7.1968, p. 6.
46. Jayme Maurício, "Artes Plásticas", *Correio da Manhã*, Rio de Janeiro, 4.10.1969, p. 3 (2º caderno).

Mario Pedrosa, no exílio, no Peru, quando passava férias na casa de sua filha Vera, Lima, 1977 [Fundo Mario Pedrosa – Cemap-Interludium-Cedem. Foto de Aracy Amaral].

Capítulo 8
O Último Exílio

Mas, logo no início dos anos 1970, as garras da ditadura realmente se apertaram em torno de Pedrosa. Incomodada com o crescente volume de notícias no exterior sobre as torturas praticadas contra os seus opositores, a ditadura, através do Exército, instaurou um Inquérito Policial Militar (IPM) para apurar os "fatos". Como resultado dos depoimentos tomados junto a diversos diplomatas em vários países da Europa e nos Estados Unidos, acabaram indiciados dois funcionários do Ministério das Relações Exteriores e a esposa de um deles; o casal Carlos Senna Figueiredo e Maria Regina Pedrosa (sobrinha de Mario Pedrosa, filha de seu irmão Homero), todos estes residentes em Londres, mais quatro residentes no Brasil (dois deles funcionários do Ministério das Relações Exteriores) e Mario Pedrosa. Segundo as acusações divulgadas pela ditadura, as denúncias eram enviadas do Brasil, desde janeiro de 1969, pela mala diplomática e chegavam à representação brasileira de Berna, Suíça, e de lá distribuídas a "intelectuais franceses que se encarregavam de divulgá-las na imprensa estrangeira. Constava esse material de publicações, panfletos e denúncias". A ditadura afirmava que o grupo no Brasil tinha ligações com "os meios intelectuais médios de esquerda e o PCBR" (Partido

Comunista Brasileiro Revolucionário). No final de julho foi decretada a prisão preventiva de todos os indiciados[1].

Os quatro jovens, por motivo da denúncia que os atingiu, foram presos e, dois deles, cruelmente torturados, sem dúvida com o objetivo de aprender, na própria carne, a inexistência da tortura política no país. Mario Pedrosa teve a sua prisão preventiva decretada e, por este motivo, asilou-se na embaixada do Chile. Miguel e Rosisca, expulsos do serviço diplomático, impedidos de voltar ao Brasil, onde seriam presos, fixaram residência na Suíça. O mesmo impedimento pesou sobre Carlos e Regina, uma vez que o casal também teve sua prisão preventiva decretada. Ambos permaneceram em Londres, na condição de exilados[2].

Mario Pedrosa ficou, desde fins de julho até 1º de outubro de 1970, asilado na embaixada chilena no Rio de Janeiro para obter o salvo-conduto do governo a fim de poder sair do Brasil e embarcar em direção ao Chile[3]. Ainda durante o asilo na embaixada chilena no Brasil, Pedrosa conheceu dois militantes, Túlio Quintiliano e Jones Freitas, com os quais passou a travar uma discussão sobre "a política errada dos guerrilheiros da época, a metodologia voluntarista deles, o programa em geral reformista das organizações foquistas, bem como a degeneração da Revolução Russa de 1917 sob a batuta do stalinismo"[4]. As conversações prosseguiram no Chile, tomaram amplitude, conquistaram outras adesões à crítica da luta armada e resultaram na formação do grupo Ponto de Partida o qual foi a base da formação da Liga Operária, que está na origem do atual Partido Socialista dos Trabalhadores Unificado.

1. "Diplomatas da Subversão: IPM na Justiça Militar", *Diário de Notícias*, Rio de Janeiro, 17.6.1970, p. 9; ver também: "Diplomatas Têm Prisão Decretada", *Diário de Notícias*, Rio de Janeiro, 30.7.1970, p. 3; "Juiz Decreta a Prisão de Implicados em Publicações contra o País no Exterior", *Jornal do Brasil*, Rio de Janeiro, 30.7.1970, p. 17.
2. Hélio Pellegrino, "Ressurreição de Mario", em Carlos Eduardo de Senna Figueiredo, *Mario Pedrosa, Retratos do Exílio*, 2. ed., Rio de Janeiro, Antares, 1982, p. 11.
3. Hélio Pellegrino *et alii*, "Mario Pedrosa & a Vitória dos Seus Fracassos", *O Pasquim*, Rio de Janeiro, n. 469, 23 a 29.6.1978, p. 7; Frederico Morais, "Acontece", *Diário de Notícias*, Rio de Janeiro, 8.10.1970, p. 3 (2º caderno); "Un journaliste poursuivi pour avoir dénoncé les tortures", *Le Monde*, Paris, 26.8.1970, [s.p.].
4. Enio Bucchioni, *Túlio Quintiliano: Presente! Ahora y Siempre!*, p. 3. Disponível em blog-convergencia.org/?=2560, acessado em 13.11.2015.

No Chile, passou a lecionar história da arte latino-americana na Faculdade de Belas-Artes de Santiago e integrou o Instituto de Arte Latino-Americana. Em 1971, a pedido do presidente Salvador Allende, passou a organizar um museu de arte moderna. A instituição, inaugurada em abril de 1972, com o nome Museu da Solidariedade, teve seu acervo constituído com doações de artistas e críticos de arte de todo o mundo. Nas palavras que proferiu, ao lado de Allende, na inauguração do museu, Pedrosa afirmou, a propósito do galo desenhado por Joan Miró e que seria o símbolo da instituição, que ele "representava também a heterogeneidade do museu e a visualidade que podia tomar o apoio político, pois suas formas abstratas feitas a partir de um lirismo surrealista permitiam tanto uma leitura sem um conteúdo social evidente como um chamado à ação revolucionária"[5]. Hoje, no Museo de la Solidaridad Salvador Allende, nome que tomou o museu inaugurado em 1972, há uma Sala Mario Pedrosa, em reconhecimento ao seu vital trabalho para a gestão e a articulação da instituição que abriga o galo de Miró.

Ainda em 1971, Mario Pedrosa foi enquadrado na Lei de Segurança Nacional, o que levou intelectuais e artistas de todo o mundo, entre os quais Alexander Calder, Henry Moore, Pablo Picasso e Max Bill, a endereçarem uma carta aberta ao ditador brasileiro, Emílio Garrastazu Médici, manifestando sua indignação e apreensão com as notícias da decretação da ordem de prisão contra Pedrosa por razões políticas determinada pelo governo do Brasil. "Conhecido por suas obras no campo das artes e por todos aqueles que a leram ou o conheceram pessoalmente, Pedrosa representa uma das mais completas expressões da inteligência de um país que sempre representou brilhantemente e soube defender com intransigência e coragem." Os subscritores responsabilizavam pessoalmente o ditador pelo bem-estar físico e mental de Pedrosa e aguardavam impacientemente a revogação dos atos que o governo havia tomado contra ele[6].

---

5. Palavras de Mario Pedrosa na inauguração do Museu da Solidariedade, *apud* Carla Macchiavello, "Una Bandera Es una Trama", em Claudia Zaldívar (ed.), *40 Años – Museo de la Solidaridad por Chile: Fraternidad, Arte y Política, 1971-1973*, Santiago, Museo de La Solidaridad Salvador Allende, 2013, p. 39.
6. "The Case of Mario Pedrosa", *The New York Review of Books*, New York, 9.3.1972, [s.p.]; "Picasso Intervient en Faveur de M. Pedro [*sic*] Pedrosa, Critique d'Art Brésilien", *Le Monde*, Paris, 23.10.1971, [s.p.].

Mario Pedrosa permaneceu no Chile até o golpe de Estado que derrubou e matou Salvador Allende, em 11 de setembro de 1973. Ficou durante dezessete dias tentando entrar na embaixada do México em Santiago para obter asilo. Na embaixada, ficou mais dezessete dias até poder embarcar para o México[7], onde teve uma curta estadia e seguiu para Paris, onde ficou exilado por cerca de quatro anos.

Em seu exílio francês, Mario Pedrosa dedicou-se a escrever vários textos sobre arte e política. No campo da política, o trabalho ao qual mais se dedicou foi *A Crise Mundial do Imperialismo e Rosa Luxemburgo*. Ao terminar a sua redação, em julho de 1976[8], Pedrosa fez o seguinte comentário:

> Parei de escrever porque estava dedicado a acabar o segundo volume que se espichou muito, sobre a Rosa, *A Crise do Imperialismo*. São umas setenta páginas. Agora estou com o campo aberto para enfrentar a terceira tese: *A Internacional da Contrarrevolução, ou a Malha das Multinacionais*. Com a Rosa me despedi do europeísmo[9].

Mario Pedrosa teve contato pela primeira vez com as ideias econômicas de Rosa Luxemburgo no final da década de 1920, quando de sua estada em Berlim e Paris. Disso dá testemunho uma carta de 14 de maio de 1928 ao amigo Livio Xavier:

> A tese de Rosa Luxemburgo sobre a acumulação do capital explica hoje melhor a situação do capitalismo mundial do que a de Hilferding, Lenin, Bukharin – que a deformou como sempre, etc. A questão do imperialismo. A questão colonial. Etc. O bolchevismo enfim está em crise.

O resultado do seu estudo da principal obra econômica de Luxemburgo, *A Acumulação do Capital* (1913), só veio a público muito tempo depois em *A Crise Mundial do Imperialismo e Rosa Luxemburgo* (1979).

---

7. Carta de Mario Pedrosa a Carlos Eduardo de Senna Figueiredo, Cidade do México, 23.10.1973, em Carlos Eduardo de Senna Figueiredo, *Mario Pedrosa, Retratos do Exílio*, 2. ed., Rio de Janeiro, Antares, 1982, p. 52.
8. O livro seria publicado anos depois: Mario Pedrosa, *A Crise Mundial do Imperialismo e Rosa Luxemburgo*, Rio de Janeiro, Civilização Brasileira, 1979.
9. Carta de Mario Pedrosa a Carlos Eduardo de Senna Figueiredo, Paris, 17.7.1976, em Carlos Eduardo de Senna Figueiredo, *op. cit.*, p. 58. O primeiro volume trata das "Teses para o Terceiro Mundo".

Mario Pedrosa leu *A Acumulação do Capital* de uma perspectiva "terceiro-mundista", até hoje de grande atualidade. Interessava-lhe mostrar que Rosa Luxemburgo, ao salientar a unidade dialética entre acumulação de capital na metrópole e subdesenvolvimento na periferia, foi não só a primeira marxista a combater o imperialismo, mas também a entender o capitalismo como um sistema mundial. A descrição do processo de substituição das formas econômicas não capitalistas pelas formas de produção capitalista, em que o capital, na maioria das vezes com métodos violentos, transforma aquelas formas de produção para adaptá-las às suas necessidades, foi vista por Pedrosa como de "profunda originalidade" e como uma explicação fecunda para o "subdesenvolvimento" causado pela expansão capitalista. Em suma, a tese de Luxemburgo, de que a acumulação do capital, para além da apropriação da mais-valia, só foi e é possível no intercâmbio entre economias capitalistas e não capitalistas, foi considerada por ele uma elucidação convincente do processo de desenvolvimento histórico do capitalismo como processo global e, consequentemente, da destruição violenta das culturas e dos espaços não capitalistas.

Além disso, Pedrosa enfatizava outra ideia de Luxemburgo, a de que o capitalismo não podia prescindir dos métodos violentos da "acumulação primitiva", que, combinados com a força do dinheiro e da corrupção, continuam a ser necessários para a reprodução ampliada do capital. Essa "acumulação primitiva permanente", que associa antigas formas de expropriação (privatização da terra e expulsão da população camponesa, mercantilização da força de trabalho e supressão de formas de produção e consumo autóctones, apropriação de recursos naturais etc.) com novos mecanismos de mercantilização em todos os domínios da vida, é o que David Harvey chamou posteriormente de "acumulação por expropriação", conceito que tem sido considerado muito útil para captar o novo momento do imperialismo. Vemos, assim, que Mario Pedrosa foi precursor da onda de *aggiornamento* das ideias econômicas de Luxemburgo.

Essas ideias gerais, expostas nos capítulos históricos de *A Acumulação do Capital*, constituem a espinha dorsal da síntese que Pedrosa faz da história do imperialismo, até chegar à década de 1970, quando, no seu entender, ficou evidente a crise do capitalismo. Perante a possibilidade do "desabamento, um dia, do sistema capitalista, segundo o esquema de Marx e as previsões de Rosa Luxemburgo", só restou ao Estado norte-americano impor ao mundo sua política imperialista, que se confunde com a das empresas transnacionais norte-americanas, com a finalidade de favorecer a acumulação do capital. Pedrosa considerava que a alternativa para países como o Brasil de escaparem à condição de Colônia estava em "uma autêntica revolução nacional, à maneira da China, ao fim da Segunda Guerra Mundial".

Mario Pedrosa emociona-se ao ser chamado à mesa para assinar o livro de fundação do Partido dos Trabalhadores, no Colégio Sion São Paulo, 1980 [Foto de Juca Martins/Olhar Imagem].

Capítulo 9
A Volta ao Brasil e o Partido dos Trabalhadores

Em 1977, Mario Pedrosa recebeu a notícia de que a ordem de prisão preventiva contra ele havia sido revogada e entrou em negociações com a embaixada brasileira em Paris para tratar de sua volta. Pedrosa recebeu um título de nacionalidade brasileira, com validade de 24 horas, com o qual poderia voltar na data marcada pelas autoridades brasileiras. Com ele, desembarcou no Rio de Janeiro no dia 8 de outubro de 1977. Ao chegar, foi interrogado pela polícia por cerca de trinta minutos e foi liberado em seguida[1]. Após seu retorno, Pedrosa deu muitas entrevistas, nas quais falava sobre arte e política indistintamente, mas sempre ressaltando que continuava marxista: "um marxista aberto, distante das ortodoxias e das ideias codificadas"[2].

Praticamente um ano depois, em 28 de setembro de 1978, Mario Pedrosa compareceu sozinho à 2ª Auditoria da Marinha, no Rio de Janeiro – os demais réus do processo continuavam exilados –, para assistir ao julgamento do chamado "processo do Itamaraty", no qual fora acusado de enviar denúncias sobre tortura ao exterior. Pedrosa e os demais acusados foram absolvidos por falta de provas[3]. Em novembro de 1978,

---

1. "Mario Pedrosa retorna ao Brasil", *Folha de S.Paulo*, 9.10.1977, [s.p.].
2. "Arte e Política, Ainda os Temas de Pedrosa", *O Estado de S. Paulo*, 13.10.1977, p. 21.
3. "Sem Provas", *Veja*, São Paulo, 4.10.1978, pp. 43-44.

mantendo acesa a reivindicação que já fazia em 1967, participou do I Congresso Nacional pela Anistia, realizado em São Paulo, "no qual chorou sem disfarçar e no qual fez um discurso completado em coro pela assistência"[4].

Nessa época, já acompanhava com profundo interesse o movimento que os trabalhadores brasileiros, com Luiz Inácio Lula da Silva e seus companheiros do ABC paulista e de outros Estados à frente, desencadeavam rumo à constituição de um partido. Em 1º de agosto, havia escrito uma carta a Lula apoiando e incentivando sua iniciativa de constituição de um partido:

> Cunha-se assim com a naturalidade das coisas elementares o partido que a consciência proletária de que você e seus companheiros estão imbuídos. Isso é penhor do futuro: fruto das tradições dos mestres nutrida do sangue dos nossos heróis proletários. Sem a libertação do movimento trabalhista é inútil falar-se em liberdade, democracia ou socialismo[5].

No ano seguinte, Pedrosa publicou diversos artigos na imprensa, em particular no então recém-fundado *Jornal da República*, em defesa da constituição desse partido que tomou o nome de Partido dos Trabalhadores. Neles, enfatizou o aspecto que mais o aproximou do novo partido, o fato de ter surgido do movimento real dos trabalhadores.

> Só mesmo no Brasil, neste país novo, grande, ignorante e bárbaro, é que se poderia produzir um proletariado novo, ignorante, bárbaro, mameluco ou cafuzo, capaz de propor ao Brasil burguês, rico e branco um partido deles, proletários, com que esperam, confiantes e cheios de fé, fazer renascer o Brasil[6].

A essa característica, somava-se outra que o encantava, como atento leitor das ideias de Rosa Luxemburgo, mais ainda, a dos criativos caminhos das massas em busca de sua emancipação, sem se preocupar com fórmulas e formas previamente talhadas:

---

4. Cláudio Abramo, "Um Príncipe do Espírito", *Folha de S.Paulo*, 6.11.1981, p. 31.
5. Carta de Mario Pedrosa a Lula, Rio de Janeiro, 1.8.1978, p. 2 (Fundo Mario Pedrosa, Acervo Cemap-Interludium-Cedem).
6. Mario Pedrosa, "O Futuro do Povo", *Jornal da República*, São Paulo, 1.9.1979, p. 4.

Ninguém pode traçar aprioristicamente e ainda menos doutrinariamente qualquer ação ou comportamento prévio para o nosso Partido dos Trabalhadores. O empirismo salutar será no fundo a sua força para a ação. O Estado burguês não admite porém nenhuma transformação estrutural seja de que natureza for. Aqui surge, queira-se ou não se queira, entre a burguesia e a classe dos trabalhadores um impasse, ou melhor, um choque de posições como o de dois times em disputa de área.

A missão do proletariado contemporâneo como classe consciente de seus próprios interesses será oposta à da burguesia, pois, não levando o Estado a qualquer forma política do capitalismo, altera-lhe sem dúvida a forma classista, e como classe consciente abre o Estado uma perspectiva que tende a estabelecer formas consequentes e democráticas de socialismo[7].

A nova classe operária, que Pedrosa chamava de o principal meio de produção brasileiro, tinha naquele momento a sua verdadeira missão histórica, construir o Partido dos Trabalhadores. Tal tarefa se fazia necessária naquele quadro de decomposição econômica e social em que milhões de trabalhadores se levantavam em busca de seus direitos. "O Partido dos Trabalhadores é o grande projeto de transformação do Brasil", afirmava Pedrosa. Essa mudança serviria para que os trabalhadores pudessem ser considerados povo, com "as distinções que em toda a parte marcam um povo", coisa que sequer a República quis mudar, sempre se mantendo "as condições sociais mais humilhantes que predominaram neste país desde a Colônia". Tal estado de coisas era explicado por Pedrosa pelas

[...] velhas classes dominantes, corrompidas desde o berço pelos privilégios e monopólios de cuja legitimidade espúria nem desconfiavam, que fizeram um país de baixa moralidade, no qual um despotismo embrutecedor (sem escrúpulos e sem a menor perspectiva histórica) oprime um povo humilhado. Sua única perspectiva é ganhar dinheiro, de qualquer maneira, ao estilo dos barões salteadores de estrada ao tempo do capitalismo americano do fim do século XIX[8].

Eram tarefas e lutas gigantescas que se impunham ao nascente partido e Pedrosa sabia disso, bem como tinha consciência de que o movimento que se dava em torno de sua organização também não tinha parâmetros em nossa história:

7. Mario Pedrosa, "O PT e o Estado", *Jornal da República*, São Paulo, 12.1.1980, p. 4.
8. Mario Pedrosa, "O Futuro do Povo", *Jornal da República*, São Paulo, 1.9.1979, p. 4.

O Partido dos Trabalhadores não é um partido como os outros, pois é no fundo um produto intrínseco da história do Brasil contemporâneo. Não é por outra razão que sua missão é mais do que política, é civilizadora. Não é por outra razão também que ele não vai nascer como os outros, de natureza parlamentar, já de botinas. É um partido que tem de alcançar os eleitores de pés no chão e obter deles o consentimento que necessita para fazê-lo vingar[9].

Parte desses artigos, bem como a carta a Lula, foi reunida em um livro publicado em setembro de 1980[10].

No dia 10 de fevereiro de 1980, ocorreu o ato de lançamento e fundação do Partido dos Trabalhadores, realizado no Colégio Sion, em São Paulo. Ali foram chamados à mesa para assinarem o manifesto e o livro de fundação do partido os seus seis primeiros signatários,

que foram intensamente aplaudidos pelas cerca de setecentas pessoas presentes no auditório do Colégio Sion: Mario Pedrosa, escritor, crítico de arte e líder socialista; Manoel da Conceição, líder camponês; Sérgio Buarque de Holanda, historiador; Lélia Abramo, presidente licenciada do Sindicato dos Artistas de São Paulo; Moacir Gadotti, que assinou em nome do educador Paulo Freire; e Apolônio de Carvalho, combatente na Guerra Civil Espanhola e na Resistência Francesa e um dos líderes dos movimentos da resistência popular no Brasil[11].

Assim, Mario Pedrosa teve, então, reconhecida a sua longa trajetória de luta pelo socialismo com a honrosa deferência de ser "filiado número 1" de um novo partido socialista que surgia naquele momento e que, como a Pedrosa, dava muitas esperanças ao povo brasileiro. Naquele dia de fevereiro, Pedrosa também deixou escrita uma mensagem que foi subscrita e distribuída por diversos núcleos do Rio de Janeiro, a que dera o nome de "Hora da Lealdade":

Na hora em que aqui nos reunimos, companheiros de todo o Brasil, para assinar o nome sob a flama do Partido dos Trabalhadores, temos consciência do que

9. Mario Pedrosa, "A Missão do PT", *Jornal da República*, São Paulo, 5.11.1979, p. 4.
10. Mario Pedrosa, *Sobre o PT*, São Paulo, Ched, 1980.
11. *A Fundação do PT*. Documento mimeografado conservado no acervo do Centro Sérgio Buarque de Holanda da Fundação Perseu Abramo, 1 p. Ver também: Perseu Abramo, "Divergências na Fundação do PT. Avaliações Diferentes das Perspectivas de Legalização do Partido", *Movimento*, São Paulo, n. 242, 18-24.2.1980, p. 8.

estamos fazendo. Diferentemente de todos os partidos por aí, com sua dança de letras e siglas, o PT é simplesmente o Partido dos Trabalhadores. É único de estruturas, é único de tendências, é único de finalidade. Quem for apor a assinatura ao fim de seu manifesto não o fará, porém, se na sua consciência encontrar que ele rende outro som, entra por desvãos, tropeça em outra linha, não é ainda seu partido. Partido de massa não tem vanguarda, não tem teorias, não tem livro sagrado. Ele é o que é, guia-se por sua prática, acerta por seu instinto. Quando erra, não tem dogmas e pela autocrítica refaz seu erro. Por isso, ao nos inscrevermos no PT, deixamos à sua porta os preconceitos, os pendores, as tendências extras que possivelmente nos moviam até lá, para só deixar atuando em nós uma integral solidariedade ao Partido dos Trabalhadores[12].

Por um infeliz desmazelo arquivístico, o livro de fundação contendo 101 assinaturas lançado no Colégio Sion em São Paulo, em 10 de fevereiro de 1980, foi extraviado[13]. Por vezes, esse trágico episódio ironicamente ainda provoca confusões póstumas.

Posteriormente, como parte do processo de institucionalização do partido perante a Justiça Eleitoral, os fundadores do PT elaboraram uma ata contendo os termos de abertura do livro de fundação e a Primeira Comissão Diretora Nacional Provisória do PT em 1º de junho de 1980[14]. Nesse novo livro, hoje custodiado pelo Centro Sérgio Buarque de Holanda da Fundação Perseu Abramo (CSBH-FPA), na ata da "Reunião de Fundação do Partido dos Trabalhadores – PT", realizada nos dias 31 de maio e 1º de junho de 1980, na rua Ministro de Godoy, 1484, em São Paulo, o primeiro signatário é Apolônio de Carvalho, antigo militante do PCB e, posteriormente, do PCBR. Também é importante ressaltar que, nessa mesma ata, não se encontram as assinaturas de Mario Pedrosa e de Sérgio Buarque de Holanda[15]. Além disso, também no acervo do CSBH-FPA conservam-se as fichas de fundação do Partido dos Trabalhadores,

12. Mario Pedrosa, "Hora da Lealdade", São Paulo, 10.2.1981.
13. Moacir Gadotti e Otaviano Pereira (orgs.), *Pra que PT: Origem, Projeto e Consolidação do Partido dos Trabalhadores*, São Paulo, Cortez, 1989, p. 48.
14. Idem, ibidem.
15. Ambos ainda encontravam-se vivos naquela ocasião e até o momento de seu desaparecimento, como se sabe, jamais renunciaram à sua condição de petistas e de fundadores do partido; assim, a ausência das assinaturas dos dois deve ser explicada por questões de saúde ou de agenda.

e aquela que recebe o número 1 é, mais uma vez, a de Apolônio de Carvalho, datada de 1º de junho de 1980.

Enfim, embora não se possa desconhecer o nome de Apolônio de Carvalho em primeiro lugar nos documentos de registro burocrático do PT, de 31 de maio e 1º de junho de 1980, cabe a Mario Pedrosa o título de filiado número 1 do PT, pois a ele foi ofertada pelos presentes no Colégio Sion a primazia de assinar os documentos que são considerados certidão de nascimento do PT, no dia em que o PT sempre comemora como sua data de criação, 10 de fevereiro de 1980. Isso, no entanto, por vezes ainda cria confusões, as quais, ironicamente, mais uma vez parecem fazer aflorar o velho estigma stalinista do trotskismo.

A reunião no Colégio Sion foi o último grande ato político público de Mario Pedrosa. A partir daí, sua saúde debilitou-se progressivamente. Ainda em agosto de 1980, bem adoentado, compareceu a um ato, no Rio de Janeiro, evocativo dos quarenta anos do assassinato de Leon Trotsky, organizado por duas entidades trotskistas brasileiras, a Convergência Socialista e a Organização Socialista Internacionalista.

Mario Pedrosa não resistiu ao avanço do câncer que o consumiu e faleceu no dia 5 de novembro de 1980, no Rio de Janeiro. Foi sepultado no Cemitério São João Batista, no Rio de Janeiro. Em seu enterro, estiveram presentes cerca de trezentos amigos e parentes. Seu esquife estava coberto com a bandeira do Partido dos Trabalhadores. Presente à cerimônia, o presidente do Partido dos Trabalhadores, Luiz Inácio Lula da Silva, depois de narrar como foi o primeiro encontro de ambos, afirmou que, "se cada brasileiro tivesse um pouco de Mario Pedrosa dentro de si, nosso povo já teria se libertado da opressão". Além de velhos amigos que fizeram uso da palavra na ocasião, Darle Lara, antigo secretário de Pedrosa, leu uma carta conjunta das organizações trotskistas brasileiras Convergência Socialista e Organização Socialista Internacionalista, destacando sua importância como intelectual ligado à classe trabalhadora. O esquife baixou ao som da *Internacional*, o centenário hino dos trabalhadores[16].

16. "Mario Pedrosa É Enterrado no Rio, sob Forte Emoção", *Folha de S.Paulo*, 7.11.1981, p. 29; "Mario Pedrosa É Enterrado por 300 Amigos e Parentes", *Jornal do Brasil*, Rio de Janeiro, 7.11.1981, p. 5.

Seu companheiro de militância e de profissão desde os anos 1930, o jornalista Barreto Leite Filho deixou salientada a importância de Pedrosa:

> Nos seus últimos anos de vida, a velhice e a doença privaram Mario Pedrosa do papel que teria desejado representar e teria representado no processo de modernização da vida pública brasileira. Ainda assim, o enterro do grande pensador e militante político revelou a importância do legado político que deixou para as gerações mais recentes e, sem sombra de dúvida, para as que venham a aparecer. De Afonso Arinos a Lula, do liberalismo avançado ao socialismo genuinamente proletário, todas as tendências que se voltam para o futuro do Brasil e do mundo estiveram presentes. Os trotskistas enviaram uma mensagem, lida à beira do túmulo por um amigo do morto, embora este houvesse abandonado o trotskismo para se associar ao socialismo democrático, há mais de quarenta anos. Os artistas e críticos de artes visuais testemunharam o que lhe deviam, em termos de estímulo, apoio e inspirações[17].

As palavras do português Paulo de Castro, colaborador de *Vanguarda Socialista*, escritas dias depois de sua morte, assim sintetizam a trajetória política de Pedrosa:

> Nasceu com o século, cresceu com a Revolução Russa, viu mirrar a árvore da revolução, mas isso não abalou nem as suas raízes nem a seiva, a sua dedicação às classes trabalhadoras. E, como Goethe, acreditou que a "árvore da vida é eternamente verde". Foi um inconformista e um revolucionário até o fim da vida[18].

---

17. Barreto Leite Filho, "O Mestre Morto", *Folha de S.Paulo*, 14.11.1981, p. 3.
18. Paulo de Castro, "Mario Pedrosa, a Morte de um Humanista", *Diário de Notícias*, Lisboa, 14.12.1981, pp. 2 e 8.

Mario Pedrosa presidindo o júri da Bienal de Gravura polonesa, Cracóvia, 1968. Foto de Konrad Karol Pollesh [Fundo Mario Pedrosa – Cemap-Interludium-Cedem].

Mario Pedrosa em sua casa, Rio de Janeiro, 1959
[Fundo Mario Pedrosa – Cemap-Interludium-Cedem].

Mario Pedrosa aos 11 anos com seus irmãos (da esq. p/ dir.): Mario, Carmelita, Clóvis e Elisabeth, Paraíba, 1911 [Fundo Mario Pedrosa – Cemap-Interludium-Cedem].

O bacharel em direito, Rio de Janeiro, 1924 [Fundo Mario Pedrosa – Cemap-Interludium-Cedem].

O militante comunista, Berlim, 1928 [Fundo Mario Pedrosa – Cemap--Interludium-Cedem].

O militante sindical. Nos anos 1930, antes da oficialização sindical promovida por Getúlio Vargas, jornalistas e gráficos atuavam no mesmo sindicato, a União dos Trabalhadores Gráficos, dirigida pela Liga Comunista do Brasil, da qual Pedrosa era um dos dirigentes, São Paulo, 1932 [Fundo Mario Pedrosa – Cemap-Interludium-Cedem].

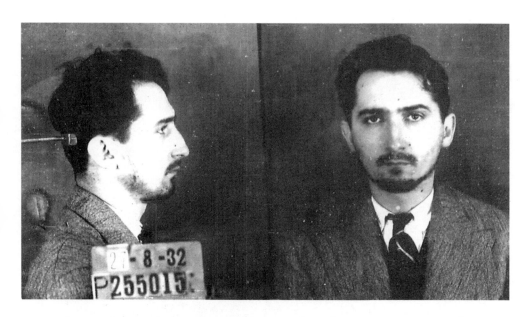

Retratos de Mario Pedrosa feitos pela polícia política de São Paulo, por ocasião de sua prisão na Mazorca Constitucionalista, São Paulo, 1932 [Fundo DOPS-SP – Arquivo Público do Estado de São Paulo].

A família de Mario Pedrosa (3º na segunda fileira, da esq. p/ dir.). Ao seu lado, sentados: a irmã Maria Stela (4ª), a mãe Antônia (5ª), o pai Pedro (7º) e a irmã Beatriz (9ª); de pé, ao fundo, os irmãos Manoel Xavier (8º), Clóvis (10º), Maria Carmelita (11ª), Homero (14º) e Maria Elisabeth (15ª), Rio de Janeiro, 1935 [Fundo Mario Pedrosa – Cemap-Interludium-Cedem].

Mario Pedrosa em seu exílio nos Estados Unidos da América, com Mary Houston Pedrosa e a filha Vera Pedrosa (à direita, à frente), Washington, 1943 [Fundo Mario Pedrosa – Cemap--Interludium-Cedem].

Mario Pedrosa em seu exílio na França, Paris, 1938 [Fundo Mario Pedrosa – Cemap--Interludium-Cedem].

Mario Pedrosa tentou voltar ao Brasil, mas foi detido pela polícia política de Filinto Müller em março de 1941. Foi logo em seguida libertado e enviado para os Estados Unidos, Rio de Janeiro, 1941 [Fundo DEOPS-RJ, Aperj. Imagem gentilmente cedida por Renato Maia].

Almoço comemorativo do primeiro ano de existência de *Vanguarda Socialista* (Mario Pedrosa, com a mão no queixo, é o oitavo do lado esquerdo, na parte interna, Rio de Janeiro, 1946 [Fundo Mario Pedrosa – Cemap-Interludium-Cedem].

Almoço de despedida a Mario Pedrosa, de partida para a Europa, onde foi selecionar e definir a Bienal de São Paulo de 1954, comemorativa do IV Centenário da cidade. (Da esq. p/ dir.) Sentados: Hilcar Leite (5º), Mario Pedrosa (6º), Vera Pedrosa (9ª); de pé: Barreto Leite Filho (4º), Ferreira Gullar (8º), Lucy Teixeira (9ª), Darle Lara (10º), Rio de Janeiro, 1953 [Fundo Mario Pedrosa – Cemap-Interludium-Cedem].

No início de agosto de 1958, Mario Pedrosa partiu para o Japão para estudar as relações artísticas entre Japão, Europa e América, com uma bolsa da Unesco. Aqui o vemos com a família que o abrigou, Tóquio, 1958 [Fundo Mario Pedrosa – Cemap-Interludium-Cedem].

Mario Pedrosa discursa no jantar comemorativo de seus sessenta anos. À sua esquerda, Mary Houston Pedrosa e, à sua direita, Maria Eugênia Franco, diretora da Biblioteca Mário de Andrade, São Paulo, 1960 [Fundo Mario Pedrosa – Cemap-Interludium-Cedem].

Mario Pedrosa preside reunião do Conselho Nacional de Cultura. Na foto, podem ser vistos (da esq. p/ dir.) Geraldo Ferraz (4º), Francisco Matarazzo Sobrinho (5º) e, encoberto pela folha, Oscar Niemeyer (6º), Brasília, 1961 [Fundo Mario Pedrosa – Cemap-Interludium-Cedem].

No lançamento de *A Opção Imperialista,* (da esq. p/ dir.) Mario Pedrosa, Dias Gomes e Mário Martins, Rio de Janeiro, 1966 [Fundo Mario Pedrosa – Cemap-Interludium-Cedem].

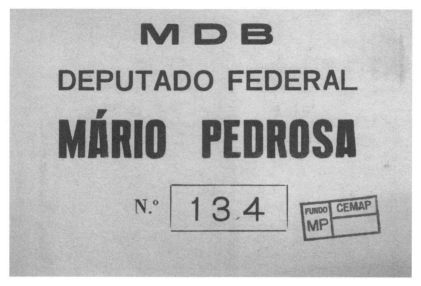

Cédula eleitoral de propaganda da candidatura de Mario Pedrosa a deputado federal, Rio de Janeiro, 1966 [Fundo Mario Pedrosa – Cemap-Interludium-Cedem].

PREZADO ELEITOR:

Esta carta tem o leal propósito de solicitar o seu voto para MÁRIO PEDROSA, candidato do MDB a Deputado Federal pelo Estado da Guanabara, nas eleições de 15 de novembro do corrente ano.

Desde 31 de março de 1964, o Brasil, em todos os setores, vem sofrendo um progressivo processo de amesquinhamento de suas melhores energias. Primeiro, foram-se os anéis: instaurou-se, em nosso País, uma ditadura, cassou-se, prendeu-se, espancou-se, exilou-se, atentou-se contra a cultura e a liberdade, desrespeitou-se o povo, empobreceu-se o homem da classe média e o operário, esmagou-se o incipiente movimento democrático nos campos.

Agora, além dos anéis, vão-se os dedos: o povo foi espoliado de seu direito de escolher diretamente o Presidente da República; ocorre em nossa Pátria uma estagnação mortalmente perigosa de nosso desenvolvimento industrial; há desemprêgo em massa, num país em explosão demográfica, existe fome e miséria nas cidades e nos campos; o custo de vida sobe a níveis intoleráveis, enquanto os salários são congelados por ordem do govêrno; a política econômico-financeira oficial favorece e estimula a dominação de nossa economia por parte das grandes corporações americanas. Estamos nos transformando num país ocupado, sob dominação estrangeira.

As eleições de 15 de novembro, para escolha de um nôvo Congresso, podem significar um eficaz instrumento da luta contra o presente estado de coisas. Para isto, torna-se necessário eleger um candidato que, pelo seu passado, pela firmeza atual de suas posições, pela lucidez com que analisa a situação brasileira, possa exprimir, verdadeiramente, os melhores anseios do povo brasileiro por uma revolução profunda e autêntica, pela democracia, pela emancipação de nossa terra, contra a ditadura, contra a dominação imperialista, contra a exploração do homem pelo homem, pela paz, soberania e igualdade de todos os povos.

Chegou a hora do povo cassar o govêrno! Vote em MÁRIO PEDROSA, para deputado federal! É o pedido que lhe fazemos como integrantes do COMITÊ MÁRIO PEDROSA.

VINICIUS DE MORAIS	HÉLIO PELLEGRINO	NARA LEÃO
DI CAVALCANTI	JANIO DE FREITAS	DJANIRA
FERREIRA GULLAR	GLAUBER ROCHA	FLÁVIO RANGEL
AMILCAR DE CASTRO	JOSÉ CARLOS DE OLIVEIRA	CARLOS LEÃO
REINALDO JARDIM	LUCIANO MARTINS	JOSÉ AUTO
MÁRIO CARNEIRO	LUIZA BARRETO LEITE	VERA BARRETO LEITE
NELLY RIBEIRO	JOSÉ ALBERTO LOPES	FERNANDO DUARTE

Apoio à candidatura de Mario Pedrosa a deputado federal, Rio de Janeiro, 1966
[Fundo Mario Pedrosa – Cemap-Interludium-Cedem].

MDB

MANIFESTO DO CINEMA NÔVO

O Cinema Nôvo Brasileiro afirmou-se perante o mundo, conquistando mais de trinta prêmios internacionais, porque buscou sua inspiração na realidade do Brasil e no povo brasileiro. Cresceu em liberdade e só com as liberdades políticas garantidas poderá continuar a contribuir para a cultura nacional. Em um momento em que sua obra é destruida pela proibição de participar da miséria e do sofrimento dos brasileiros, em que a Censura corta obras de arte porque em tudo vê fantasmas de subversão, em que a restrição à liberdade de opinião transformou-se em terrorismo cultural, afirmamos que só a redemocratização do Brasil permitirá, não só ao Cinema Nôvo como a todo o País, a retomada de seu desenvolvimento e a reconquista de sua independência. Sentimo-nos, portanto, no dever de apoiar, nas únicas eleições livres e diretas que nos restam, homens que têm lutado pela redemocratização do Brasil e se dispõe a continuar lutando no Congresso Nacional:

Para Senador — Mário Martins

Para Deputado Federal — Marcio Moreira Alves
Mário Pedrosa
Hermano Alves
Lisânias Maciel

Para Deputado Estadual — Fernando Barros (ex-pres. do CACO,
Joaquim Arnaldo (líder operário)
Alberto Rajão (jornalista)
David Malta (pastor protestante)

ASSINADO: Nelson Pereira dos Santos, Roberto Farias (diretor), Joaquim Pedro de Andrade (diretor), Paulo Gil Soares (diretor), José Viana de Oliveira Paula (produtor), David Eulalio Neves (diretor), Luiz Carlos Barreto (produtor), Glauber Rocha, Gustavo Dahl (diretor), Leon Hirszman, Arnaldo Jabor, Mário Carneiro (diretor de fotografia), Dib Lufti (diretor de fotografia), Paulo César Saraceni, Walter Lima Júnior (diretor), Carlos Diegues, Sérgio Ricardo (diretor).

Apoio de cineastas à candidatura de Mario Pedrosa a deputado federal, Rio de Janeiro, 1966 [Fundo Mario Pedrosa – Cemap-Interludium-Cedem].

Mario Pedrosa em seu apartamento durante o exílio, Paris, 1977 [Foto de Carlos Freire. Fundo Mario Pedrosa – Cemap-Interludium-Cedem].

No I Congresso Brasileiro de Anistia. Na mesa (da esq. p/ dir.): Luiz Eduardo Greenhalgh (2º), Eny Raimundo Moreira, então presidenta do Comitê Brasileiro de Anistia do Rio de Janeiro (3ª). Ao fundo, atrás da pessoa de camisa xadrez curvada, Celeste Fon, irmã do então preso político Aton Fon Filho. De pé ao centro, Mario Pedrosa. Sentados atrás de Mario Pedrosa: (à direita, de barba) o senador italiano Lelio Basso; (à esquerda) Mario Schenberg. Atrás de Lelio Basso, com bigode, o arquiteto Pedro Taddei Neto, então presidente do Instituto dos Arquitetos do Brasil, seção de São Paulo, São Paulo, 1978 [Foto de Juca Martins/Olhar Imagem].

No Colégio Sion, em São Paulo, durante a fundação do Partido dos Trabalhadores. (Da esq. p/ dir.) Manoel da Conceição, Mario Pedrosa, Lélia Abramo e Sérgio Buarque de Holanda, São Paulo, 1980 [Foto de Nair Benedicto/N Imagens].

Na casa de Cláudio Abramo: (da esq. p/ dir.) Lélia Abramo, Cláudio Abramo, Mario Pedrosa e Radhá Abramo, São Paulo, 1980 [Acervo Lélia Abramo].

Mario Pedrosa na casa de seu sobrinho Geyser Péret (filho de Elsie Houston Péret e Benjamin Péret), São Paulo, meados dos anos 1950 [Acervo Jacqueline Péret].

Companheiros de Toda a Vida

O jornalista Aristides Lobo, São Paulo 1930 [Fundo Livio Xavier – Cedem-Unesp].

O poeta surrealista francês e concunhado de Pedrosa, Benjamin Péret, e o jornalista Livio Xavier, São Paulo, 1930 [Fundo Livio Xavier – Cedem-Unesp].

A tradutora Berenice Xavier e seu irmão Livio, Aristides Lobo e a escritora Raquel de Queiroz, São Paulo, 1934 [Fundo Livio Xavier – Cedem-Unesp].

Livio Xavier e Geraldo Ferraz, diretor do jornal antifascista *O Homem Livre*, São Paulo, 1933 [Fundo Livio Xavier – Cedem-Unesp].

O jornalista Victor de Azevedo, São Paulo, 1933 [Fundo Livio Xavier – Cedem-Unesp].

A comerciária e futura atriz Lélia Abramo e seu irmão, o jornalista Fulvio Abramo, São Paulo, 1934 [Acervo Lélia Abramo].

O advogado e jornalista Plínio Gomes de Mello, Rio de Janeiro, 1935 [Fundo Plínio Mello – Acervo Cemap-Interludium-Cedem].

MARIO PEDROSA SOB O OLHAR EMOCIONADO DE SEUS COMPANHEIROS

Capítulo 1
Um Príncipe do Espírito*

Cláudio Abramo[1]

Mario Pedrosa se tornou conhecido e reconhecido por uma larga parcela da *intelligentsia* brasileira depois que passara a linha dos sessenta anos. Num país como o nosso, onde a *carrière* dos intelectuais se faz através do acesso, frequentemente facilitado, à universidade, não é de estranhar: o Brasil ignora seus filhos, quando não os mata. E quando esses filhos não são bem pensantes, algo que Mario definitivamente nunca foi, ela procura obliterá-los.

---

* Fonte: Cláudio Abramo, "Um Príncipe do Espírito", *Folha de S.Paulo*, 6.11.1981, p. 31.
1. Cláudio Abramo (São Paulo, 1923 – São Paulo, 1987), jornalista. Por conta da então precária situação vivida por sua família durante a infância, cursou apenas o primário, deixando a escola sem concluir o ginásio, obtendo o diploma ginasial ao prestar um exame de Madureza aos 46 anos de idade. Declarava ter tido por mestres no jornalismo Livio Xavier, Hermínio Sacchetta e Mario Pedrosa, este também considerando-o "uma espécie de pai". Iniciou sua carreira como jornalista no *Jornal de São Paulo*, em 1945, permanecendo nele até o seu encerramento, em 1948. Nesse mesmo ano, ingressou n'*O Estado de S. Paulo*. Entre o final de 1950 e todo o ano de 1951, Abramo frequentou a Escola de Altos Estudos em Ciências Sociais – EHESS de Paris, a convite do governo francês. Em 1952, de volta ao Brasil, assumiu o cargo de secretário de redação d'*O Estado de S. Paulo*, sendo o jornalista mais jovem a assumir essa função. Com Giannino Carta, então diretor do *Estado*, iniciou o processo de modernização e profissionalização do jornal. Em 1963, deixou o *Estado* para assessorar o então ministro da Fazenda, Carvalho Pinto. Em seguida, dirigiu o diário paulista *A Nação*, no qual ficou até o golpe de Estado de 1964. Ficou quase um ano desempregado até

Mario Pedrosa se tornou conhecido por seus ensaios políticos revolucionários e pelos extensos e inovadores estudos sobre estética. Não teve a sabedoria – nem as condições políticas lhe permitiram, pois viveu várias vezes no exílio – de fazer a carreira do mestrado, do doutorado, do PHD, se descontarmos um concurso que há muitos e muitos anos prestou na Faculdade de Arquitetura no Rio. Foi um intelectual ativo durante toda a sua vida, que conduziu com magnânimo desprendimento, levado pelo seu espírito aberto ao que era inédito no processo histórico e nos fatos políticos e culturais de nosso país e do mundo e habitado por uma ironia bem-humorada e compassiva.

Não faltarão certamente os que dele falarão hoje com invejável conhecimento teórico e minúcia metodológica. Não sendo um *scholar*, Mario Pedrosa influenciou, no entanto, várias gerações sucessivas de jovens e essa influência se renovou, até agora.

Uma das inteligências mais ricas e criativas que nosso país teve, que o fato de ter viajado extensamente ajudou, ele se embrenhou seguidamente em sucessivas tentativas políticas e revolucionárias, até que, com 79 anos, depois de um exílio de seis anos no Chile, de onde escapou milagrosamente dos cães de Pinochet, e na França, ele se entregou à procura de fórmulas nacionais para os problemas brasileiros. Um certo atavismo, creio, empurrou-o então para a procura da cultura do índio brasileiro – e ao mesmo tempo reencontrou nas lideranças sindicais do ABC uma fonte nova para aplicar seu inesgotável entusiasmo político.

Ele só teve dois grandes inimigos em sua rica, movimentada existência: o Estado e o stalinismo, o primeiro nas formas injustas com que se

---

ser contratado pela *Folha de S.Paulo*. Nele, exerceu os cargos de chefe de produção, secretário-geral e diretor de redação, período no qual executou grandes reformas editoriais. Nessa época, foi perseguido pela ditadura, sendo preso por subversão em 1975. Em 1979, Abramo foi afastado da direção da redação por imposição do ministro do Exército e anuência da direção do jornal. Em 1979, juntou-se a Mino Carta para fundar o *Jornal da República*. Foi correspondente da *Folha de S.Paulo* em Londres e Paris, de 1980 a 1984. Em 1984, ao voltar ao Brasil, assumiu a coluna diária "São Paulo", da *Folha de S.Paulo*, que só se interrompeu com seu falecimento. No ano seguinte à sua morte, publicou-se *A Regra do Jogo*, livro de textos jornalísticos e um ensaio autobiográfico.

apresenta no Brasil, o segundo com seu séquito de injúrias e distorções, das quais muitos se arrependem hoje.

Tolerante, espirituoso, ameno, com uma natural disposição compassiva com a humanidade e as pessoas, incapaz de atribuir a outros intenções preconcebidamente negativas, tinha uma forma peculiar de falar, cheia de símbolos e sínteses, carregada de um sotaque paraibano-pernambucano-carioca, as mãos delicadas e finas de índio da floresta, a testa larga de nordestino, uma pronta generosidade com as crianças, que se sentiam bem à sua volta, para desespero das mães, um reconhecimento automático das pessoas amigas, mesmo se desconhecidas, um horror definitivo pelo detalhe desimportante, uma aversão declarada a fórmulas preconcebidas de pensar e de agir, uma certa desconfiança brincalhona diante de explicações dadas rapidamente demais, um humor fino e arguto que permeava suas relações, a capacidade inesgotável de comover-se (como no Congresso da Anistia em São Paulo, no qual chorou sem disfarçar e no qual fez um discurso completado em coro pela assistência), a disposição extrema de indignar-se.

Ele deixa amigos em todo o mundo, por onde viveu, andou e procurou. A grande maioria deles já morreu: Ignazio Silone, Herbert Read, o casal Rosmer, Paulo Emílio Sales Gomes, e tantos outros, de morte natural ou devorados pelos aparelhos do Estado ou do stalinismo. A sua geração está desaparecendo. Quando estive com ele no começo do ano, no Rio, ele me contou da visita que lhe fizera, um dia, no ano passado, Luís Carlos Prestes, após uma hostilidade de cinquenta anos, já Mario muito doente: "tocou a campainha, a Mary (Mary Houston Pedrosa, a mulher e grande companheira de Mario) foi abrir, era o Prestes... ele ficou aí onde você está sentado, algum tempo, conversamos".

Capítulo 2
Mario Pedrosa 1900-1981: Depoimento de Fulvio Abramo*

Fulvio Abramo[1]

A poucos dias do falecimento de Mario Pedrosa firma-se, entre os que com ele procuraram compreender e explicar os rumos desastrosos que o movimento revolucionário estava tomando – a derrota e a eliminação não só dos dirigentes da grande revolução do povo russo, mas, principalmente, de suas ideias e de seus programas –, consolida-se, repito, a convicção de que se torna necessário interpretar e entender os motivos reais que o conduziram, primeiro, a enfileirar-se na Oposição de Esquerda, depois, entre os seguidores de Trotsky e, numa etapa posterior, a abandonar a orientação do ambíguo e vacilante "trotskismo" das décadas de 1950, 1960 e 1970.

---

* Fonte: Fulvio Abramo, "Mario Pedrosa 1900-1981: Depoimento de Fulvio Abramo", *O Trabalho*, São Paulo, n. 132, 18-24.11.1981, p. 9.
1. Fulvio Abramo (São Paulo, 1909 – São Paulo, 1993), jornalista. Militou, ao lado de Mario Pedrosa, na Liga Comunista do Brasil e na Liga Comunista Internacionalista. Preso após o *putsch* comunista, em 1936, foi libertado com a "macedada" no ano seguinte. Partiu para o exílio na Bolívia, até o final da ditadura varguista do Estado Novo. Em 1946, de volta ao Brasil, reencontrou seus antigos companheiros no Partido Socialista Brasileiro, entre eles Mario Pedrosa. No PSB, dirigiu o jornal *Folha Socialista*, em São Paulo. Como militante socialista, exerceu os dois únicos cargos públicos de sua vida, o de chefe de gabinete da Secretaria de Higiene e o de diretor de Abastecimento da Prefeitura de São Paulo. Militou no PSB até seu fechamento pelo golpe de Estado de 1964 e também no Sindicato dos Jornalistas, no qual liderou uma greve fundamental

Mario não se formou entre os primeiríssimos comunistas, aqueles lutadores de início do ano de 1917 e dos anos 1920 que procediam em sua maior parte das fileiras dos combatentes das classes trabalhadoras e de algumas tênues camadas de intelectuais de classe média oriundas do anarquismo bakuninista, do anarcossindicalismo e, em menor medida, de exíguos, embora algumas vezes fortes, agrupamentos socialistas.

Entretanto, quando abraçou finalmente o programa marxista, filiando-se ao Partido Comunista, já levava esboçada, em sua mente, uma visão mais ampla, mais abrangente, do que seria necessário "fazer" – conforme a questão posta por Lenin – para desencadear, no seu país, no Brasil, os movimentos capazes de transformar a velha e apodrecida sociedade semifeudal, rural, em que se vivia, numa sociedade se autoconstruindo socialista. Encontrou diante de si uma série interminável de esquemas, fórmulas e *slogans* com que se pretendia "repetir os passos gloriosos" da Revolução de Outubro, percorrendo, tim-tim por tim-tim, os cânones de uma poderosa burocracia já então fincada na própria estrutura do Estado soviético. Uma burocracia que, por instinto de sobrevivência, já se dera conta de que, para continuar burocracia – e dominante –, devia, antes de mais nada, arrancar pela raiz o espírito crítico e, com ele, a democracia interna do partido, do regime e do governo.

A sua recusa ao amoldar-se humildemente aos "destinos maiores da pátria (supostamente) socialista", na forma como os apresentava o aparelho corrompido do Estado e do partido, indicou-lhe o roteiro da oposição política, da luta pela correta colocação dos objetivos da revolução proletária. Daí a sua opção pela oposição política, da qual não se afastou até o último dia de sua vida. Não é intento deste antigo companheiro de Mario, realizar, neste breve artigo, a análise que deve ser feita do seu papel, da sua contribuição aos movimentos revolucionários de nosso tempo, aqui e fora daqui. É, antes, chamar a atenção sobre a necessidade de se proceder a uma reavaliação do que significou a presença

---

para a categoria, em 1961. Com o golpe, engajou-se na luta democrática e, em 1980, animado com as perspectivas políticas que a ideia de um Partido dos Trabalhadores trazia, engajou-se desde o início no novo partido. Em 1980, participou da fundação do PT e, em 1981, fundou com alguns companheiros o Centro de Documentação do Movimento Operário Mario Pedrosa – Cemap, sua atividade principal em seus últimos anos.

de Mario – e com ele a de Livio Xavier, de Aristides Lobo, de João da Costa Pimenta, do grupo, enfim, a que denominei em outra ocasião de "primeiro trotskismo" – no processo subsequente do movimento revolucionário: da semente então plantada e cujos resultados são muito mais significativos e promissores do que geralmente se considera.

Capítulo 3
O "Velho" Mario e os Jovens Trotskistas*

Enio Bucchioni[1]

APESAR DE TER ROMPIDO SEUS LAÇOS ORGANIZATIVOS COM A IV INTERNACIONAL NO FINAL DA DÉCADA DE 1930 POR SER ANTIDEFENSISTA DO ESTADO OPERÁRIO SOVIÉTICO, MARIO PEDROSA REIVINDICOU O TROTSKISMO ATÉ O FIM DE SUA VIDA. NESTE ARTIGO, O COMPANHEIRO ENIO, UM DOS REDATORES DA CS (*CONVERGÊNCIA SOCIALISTA*), NOS RELATA ALGUMAS PASSAGENS DA HISTÓRIA COMUM DO "VELHO" MARIO E DOS JOVENS TROTSKISTAS DA DÉCADA DE 1970.

Mario Pedrosa, o Ponto de Partida e a Convergência Socialista

Mario Pedrosa avisara que iria chegar atrasado à reunião. Havia passado o dia inteiro acertando a documentação e todos os detalhes da

---

* Fonte: Enio Bucchioni, "O 'Velho' Mario e os Jovens Trotskistas", *Convergência Socialista*, São Paulo, ano III, n. 48, 25.11-9.12.1981, p. 6.
1. Enio Bucchioni (São Paulo, 1948), jornalista e professor. Em 1966, Enio entrou na FEI (Faculdade de Engenharia Industrial) e começou a militar na AP (Ação Popular). Em 1969, juntamente com a AP, vai para o PCdoB (Partido Comunista do Brasil). Em 1970, exilou-se no Chile. O início de sua conversão ao trotskismo ocorreu pelas mãos de Mario Pedrosa, que também estava exilado no Chile na época. Com o golpe de Estado de 11 de setembro de 1973, que derrubou o presidente chileno, Salvador Allende, Bucchioni, depois de passar por uma delegacia de polícia, acabou detido no Estádio Nacional do Chile. Túlio Quintiliano foi levado para o Regimento Tacna, do Exército chileno, unidade na qual todos para ali enviados acabaram desaparecidos. Não houve sobreviventes em Tacna. Bucchioni foi um dos últimos brasileiros a sair do Chile, conseguindo exilar-se na França e, posteriormente, em Portugal. Quando retornou ao Brasil, em 1978, trabalhou no jornal *Versus*, na editoria nacional. Atuou para a formação da Convergência Socialista, da qual foi um dos dirigentes, e que hoje é o Partido Socialista dos Trabalhadores Unificado. Foi um dos autores de *China × Vietnã*, publicado pela Editora Versus em 1979.

sua viagem à Índia, onde iria presidir, se é que minha memória não se equivoca, uma Bienal.

Já não mais me recordo o que discutimos naquela noite. Éramos nove brasileiros exilados em Santiago do Chile, no começo do governo de Allende, em 1971. Este grupo de companheiros adotou o nome de Ponto de Partida, retratando uma época em que era necessário recomeçar novamente todas as coisas, após as mais recentes derrotas dos trabalhadores e da esquerda, a de 1964 com o PCB e a de 1969-1970 com a guerrilha.

"O velho Mario", já com setenta anos, foi um dos fundadores do Ponto de Partida e, nos primeiros meses, um dos seus maiores incentivadores. Com o passar do tempo, suas atividades no Chile foram se dedicando cada vez mais à arte, embora durante o período da Unidade Popular chilena sempre mantivéssemos com ele inúmeras discussões e contatos informais.

Nestes três anos, o Ponto de Partida se transformou num grupo trotskista, recolhendo do "velho" os primeiros ensinamentos. Em 1978, os antigos companheiros de Mario Pedrosa do Ponto de Partida criaram a Convergência Socialista no Brasil.

O "Velho", a Embaixada, Túlio e a Televisão

A ideia de construir o Ponto de Partida foi sendo elaborada por Mario, Túlio Quintiliano e Jones durante os quase três meses em que permaneceram refugiados no interior da embaixada chilena no Brasil esperando a tramitação oficial para o exílio. Eram os tempos de Médici.

Túlio, ex-dirigente universitário, ex-militante do PCB e do PCBR, contou-me posteriormente várias passagens deste período. Foi através de Mario que ele leu e discutiu pela primeira vez o *Programa de Transição* e *A Revolução Traída*. Antes de conhecer o "velho", ele conhecia somente a versão oficial dos stalinistas: Trotsky era um contrarrevolucionário, agente do imperialismo, um elemento antipartido, etc...

Nestas semanas de espera, um dos maiores divertimentos do "velho" era acompanhar a propaganda eleitoral pela televisão. As eleições de 1970 eram uma verdadeira farsa, uma burla completa às mais elementares garantias democráticas. De todos os partidos e organizações que se reivindicavam da classe operária, somente o PCB não chamou a população a anular o voto. Assim neste contexto, uma das diversões prediletas de Mario era deixar a televisão sem som, observando tão simplesmente as expressões faciais e os gestos eleitoreiros dos candidatos subservientes à ditadura, tanto os da Arena como os do MDB.

Num certo dia apareceu um candidato muito sério e tranquilo, de voz suave, com um imenso calhamaço nas mãos, e pausadamente começou a ler para os telespectadores a sua maçante propaganda eleitoral. O tempo de antena de cada um era de três ou cinco minutos. Ao ser avisado discretamente por algum funcionário da televisão de que dispunha de apenas um minuto para encerrar a sua falação, o pausado candidato começou a ler o seu calhamaço numa velocidade incrível, qual uma metralhadora disparando balas, e, numa corrida desesperada contra o tempo, acabou por sair do ar, conseguindo transmitir ao público apenas um pouco mais da metade do seu discurso...

Uma Parte da Entrevista à Versus, *em Fins de 1977: O Diálogo com a Ministra da Cultura da* URSS[2]

Estive na Rússia uma vez, quando dirigi a Bienal de São Paulo. Eu queria convocar a Rússia para participar da Bienal. A minha ideia era convocar a Rússia para participar e ao mesmo tempo pedir a ela os artistas não oficiais. Os artistas do início da Revolução fizeram coisas formidáveis, como Kandinsky, que, ao lado de Maiakovski, fizeram as ruas de museu. Esses artistas foram todos condenados quando veio o stalinismo e as suas obras ficaram nos porões dos grandes museus de Petrogrado, todo o tempo. E eu, no tempo que passei por Moscou, como era figura importante, diretor de Bienal e de museu, fui recebido como uma autoridade, e não como velho militante... E então eu ia com o diretor do Museu de Petrogrado percorrer as salas cheias de gente e exa-

---

2. Essa entrevista foi concedida a Omar L. de Barros Filho e Júlio Tavares: "Mario Pedrosa, Exílio, Arte e Imperialismo", *Versus*, São Paulo, dez. 1977-jan. 1978, pp. 25-27. Republicada em Omar L. de Barros Filho (org.), Versus: *Páginas da Utopia*, Rio de Janeiro, Beco do Azougue, 2007, pp. 205-211.

minar as obras, e o diretor me explicando tudo com todos os detalhes. Eu pedi a ele que me mostrasse as salas onde estavam as obras dos artistas importantes. Então ele me deixou na porta e foi embora. Eu entrei lá dentro, e estava uma senhora com uma filha mais moça que parecia um rato de porão, pálida como o diabo, parecia que não saía dali. Ela veio me explicar e eu vi coisas antigas do Tretiakov, Maiakovski, do Kandinsky, do Chagall. Todos estavam lá, não se deixava sair. Muitos anos depois deixaram algumas coisas saírem para uma grande exposição em Paris.

A coisa engraçada foi que, quando saí, fui de novo falar com a Ministra da Cultura, com quem já tinha conversado antes. Eu dizia a ela: madame, nós vamos participar, a Bienal de São Paulo está fazendo o histórico de toda a arte moderna, já fizemos várias exposições, e falta agora a dos construtivistas russos que têm uma importância extraordinária para a história da arte moderna no mundo. Ela disse: Quem? Esses que estão lá embaixo? Ora, esses absolutamente não valem nada...

Diante da reação dela, eu retruquei: a senhora nos empresta as obras e nós expomos fora do pavilhão, quer dizer, deixamos com a senhora um espaço para sua seleção e expomos as outras em outro lugar, pois elas completam a história do movimento que nós estamos fazendo desde o começo, desde o cubismo e tudo. Ela disse: Não pode ser, isso não tem importância, isto não é história. Eu repliquei: a senhora, que entende muito disso tudo, deveria saber que a história não se anula. Nisso, havia sobre a mesa umas figuras do Portinari na capa de um catálogo da Bienal que eu tinha mandado com antecedência, e ela comentou: Mas isto é belo? O homem não é isto! Aí eu disse: Madame, eu estou muito admirado que a senhora sustente opiniões que me parecem as de um Tolstoi, e não a de um marxista. E daí por diante eu esculhambei bastante...

A Solidariedade Política com Versus *em Novembro de 1978, quando Este É Atacado pela Ditadura*

Versus é um dos órgãos culturais mais vivos e atuantes da jovem imprensa bandeirante que, na vanguarda da luta pelas liberdades democráticas, se destaca pelo ardor de suas convicções e a justeza de suas posições políticas e culturais. *Versus* merece ser apoiado por todas as forças jovens, proletárias e universitárias, empenhadas por um Brasil democrático, socialista e melhor.

Se posso ajudar com meus aplausos o esforço, o êxito de *Versus*, é com maior entusiasmo que chamo os artistas de São Paulo, Rio de Janeiro e de outros centros culturais do Brasil a virem trazer a *Versus* a colaboração de sua solidariedade e os recursos de suas obras, caracterizadas pelo vigor criativo e o calor de sua imaginação.

Unamo-nos, pois, nesse ato de solidariedade a *Versus*, pelas liberdades públicas e pelo socialismo.

Minha Última Imagem do "Velho"

Mario estava sentado num barzinho ao lado do Teatro Ruth Escobar, esperando o início da sessão de encerramento do Congresso Nacional pela Anistia. Era princípio de novembro de 1978, e foi a última vez que o vi. Os anos começavam a deixar marcas na figura deste legendário ser humano. Reparei que o "velho" usava uma bengala. Ele me pediu que o acompanhasse ao interior do teatro, e, apoiando-se no meu braço direito, caminhamos lentamente. Contei-lhe os imensos avanços que o antigo Ponto de Partida, agora Convergência Socialista, havia feito: éramos milhares de militantes e simpatizantes em todo o país, tínhamos um jornal e uma revista de âmbito nacional, etc.... Ainda que cansado pela caminhada, o "velho" sorria... Ainda que nunca chegasse a militar na Convergência, Mario sorria ao saber que o seu Ponto de Partida também o era para milhares de outros companheiros.

Mario fez o discurso mais emocionante daquele Congresso, numa denúncia veemente da ditadura e de todos os seus crimes. Acusou o regime militar pela morte de Mario Alves, Marighella, Pedro Pomar, apesar de que estes foram seus adversários políticos durante toda a vida. No fecho de seu discurso contou a história de um jovem, que ele queria reivindicar naquele momento, e que tinha sido um dos maiores revolucionários, amigo e companheiro que tivera em toda a sua vida e que havia sido assassinado por Pinochet. Contou inclusive como o conheceu, na embaixada do Chile no Brasil. Todos esperavam pelo nome do jovem com ansiedade. O "velho", emocionado, esqueceu-se de pronunciá-lo. Em minha cadeira, chorei. Sabia que era Túlio.

Capítulo 4
Adeus, Companheiro Pedrosa*

Convergência Socialista

QUINTA-FEIRA, 5 DE NOVEMBRO. A MORTE DE MARIO PEDROSA PEGA DE SURPRESA A MAIORIA DAS PESSOAS. EMBORA SOUBÉSSEMOS DE SEU PRECÁRIO ESTADO DE SAÚDE, NÃO ESPERÁVAMOS SUA REPENTINA MORTE. MAS ELA ACONTECEU E TROUXE CONSIGO MUITA TRISTEZA.

MARIO PEDROSA FOI UM DOS INICIADORES DO MOVIMENTO TROTSKISTA NO BRASIL. FOI UM DOS FUNDADORES DA IV INTERNACIONAL, DA QUAL SE AFASTOU AO DISCORDAR DA POLÍTICA DE DEFESA DA UNIÃO SOVIÉTICA FRENTE A POSSÍVEIS ATAQUES DO IMPERIALISMO.

APESAR DE NOSSAS DIFERENÇAS POLÍTICAS, RECONHECEMOS EM MARIO PEDROSA UM LUTADOR. UM COMBATENTE. UM HOMEM QUE DEDICOU ANOS DE SUA VIDA À LUTA CONTRA A DITADURA MILITAR.

ABAIXO, NOTA DA CONVERGÊNCIA SOCIALISTA SOBRE A MORTE DE MARIO PEDROSA.

Em 1970, Mario Pedrosa e um jovem brasileiro, Túlio Roberto Cardoso, encontravam-se na embaixada do Chile, no Brasil, esperando salvo-conduto para abandonar o país. Um repetindo uma experiência de exílio. O outro, fazendo-a pela primeira vez.

Nos três meses que permaneceram aí, Mario e Túlio se fizeram amigos. E Mario lhe mostrou o caminho do verdadeiro marxismo, que não estava na degeneração stalinista, cuja expressão mais trágica vemos hoje na Polônia, nem nos rumos que havia tomado a esquerda no Brasil naquele momento, a guerrilha e as ações armadas, que a história se encarregou de sepultar.

---

* Fonte: Convergência Socialista, "Adeus, Companheiro Pedrosa", *Convergência Socialista*, São Paulo, ano III, n. 47, 11-25.11.1981, p. 2.

Mario Pedrosa mostrou a Túlio Roberto os ensinamentos de Trotsky.

Mais tarde, no Chile, ele e outros brasileiros fundaram o grupo Ponto de Partida, para discutir os problemas nacionais. Num velho apartamento da Praça Bulnes, onde Mario vivia, eles se reuniam, estudavam, ouviam.

Túlio Roberto foi assassinado no Chile, por Pinochet, mas outros companheiros, que também aprenderam com Mario Pedrosa, vieram construir no Brasil a Convergência Socialista.

Apesar de que Mario não nos acompanhou nessa trajetória; apesar de que hoje em muitas coisas não estávamos de acordo, ele nos mostrou o caminho, orientou nossos primeiros passos.

Ao homenagear hoje o "velho Mario", como carinhosamente o chamávamos no Chile, homenageamos o amigo e o camarada. Ele foi pioneiro, em 1930, ao traduzir pela primeira vez as obras de Trotsky e ao criar a primeira organização trotskista no Brasil; ele foi pioneiro outra vez no período mais negro da ditadura medicista ao dar a um grupo de jovens brasileiros a compreensão de que só no marxismo revolucionário encontrariam a resposta aos seus anseios de lutar pelo verdadeiro socialismo.

Mario Pedrosa é e será sempre parte da história da luta dos trabalhadores brasileiros pela sua emancipação. E a Convergência Socialista, de cuja história ele também fez parte, não lhe presta só uma homenagem. Traz-lhe também um agradecimento.

Capítulo 5
Mario Pedrosa 1900-1981[*]

Plínio Mello[1]

COM A PUBLICAÇÃO DE UMA MATÉRIA DE SEU AMIGO, EX-PRESIDENTE DO SINDICATO DOS JORNALISTAS DE SÃO PAULO, EX-MILITANTE DA LIGA COMUNISTA INTERNACIONALISTA E DO PARTIDO SOCIALISTA BRASILEIRO, PLÍNIO MELLO, *O TRABALHO* FAZ ESTA HOMENAGEM – QUE PROSSEGUE NO PRÓXIMO NÚMERO – AO MILITANTE, JORNALISTA E CRÍTICO DE ARTE MARIO PEDROSA.

No dia 5 de novembro último morria, aos 81 anos, um dos fundadores da IV Internacional e do Partido dos Trabalhadores. Criador, em 1929, da primeira organização trotskista brasileira, durante toda a sua vida demonstrou a mesma combatividade que o levou, apesar de doente, a participar da homenagem a Trotsky realizada em agosto de 1980 no Rio de Janeiro.

---

[*] Fonte: Plínio Mello, "Mario Pedrosa 1900-1981", *O Trabalho*, São Paulo, n. 131, 11--17.11.1981, p. 10.

[1] Plínio Gomes de Mello (Cruz Alta, 1900 – São Paulo, 1993), advogado e jornalista. Ingressou na Faculdade de Direito de Porto Alegre, mas interrompeu seus estudos para participar da Revolução de 1923. Insatisfeito com o "Acordo de Pedras Altas", saiu do Rio Grande do Sul. Instalou-se, depois de ter passado pelo Rio de Janeiro, em São Paulo, em 1925, onde retomou seus estudos de direito. Travou, na ocasião, conhecimento com Mario Pedrosa e Livio Xavier. Em 1926, lançou a revista *Mocidade*, de caráter nacionalista, e da qual foram publicados quatro números. Em 1927, afastou-se do nacionalismo e se aproximou do comunismo, ingressando no Partido Comunista do Brasil

Com a morte de Mario Pedrosa, perde o movimento operário brasileiro não só um dos líderes mais lúcidos e combativos, mas, ainda, aquele que melhor vinha interpretando, através de sua atuação de militante socialista, a estratégia a ser seguida pelas novas gerações revolucionárias em nosso país. Por isso mesmo, seus ensinamentos precisam ser rememorados como tarefa fundamental destinada à formação dos novos militantes daquele movimento.

Fiel ao ideário socialista que a Revolução de Outubro despertara na mocidade estudantil da segunda década deste século, Mario tornou-se, ainda quando frequentava os bancos acadêmicos da antiga Faculdade de Direito do Rio de Janeiro, um dos mais atentos discípulos do professor Castro Rebello, cuja formação marxista iluminara o espírito de tantas gerações de estudantes que por lá passaram. E, fundado o Partido Comunista Brasileiro, em 1922, já dois ou três anos depois passava a integrar suas fileiras juntamente com outros jovens intelectuais egressos daquela Faculdade, como Livio Xavier, Rodolfo Coutinho, Wenceslau Azambuja, Sávio Antunes e uns poucos mais. Em 1927, a direção do Partido resolve enviá-lo para a Rússia, a fim de se matricular na Escola Leninista de Moscou. Mas, ao chegar a Berlim, adoeceu gravemente, ali permanecendo durante cerca de um ano, quando, além de frequentar

(PCB). Por conta das suas novas convicções, recusou publicamente o diploma de direito em protesto contra a repressão infligida ao movimento operário, fato que provocou enorme escândalo na ocasião. Preso seguidas vezes em São Paulo e no Rio Grande do Sul por conta de sua militância comunista, Plínio Mello candidatou-se, em 1930, a deputado federal pelo Bloco Operário e Camponês, legenda então utilizada pelos comunistas. Acabou expulso do PCB por criticar a orientação do partido de aproximar-se de Luís Carlos Prestes e da pequena burguesia, o que o levou a se aproximar dos trotskistas e ingressar na Liga Comunista do Brasil, na qual militou sob o pseudônimo de Tapejara. Permaneceu militante no trotskismo, com alguns interregnos, até meados dos anos 1940. Em 1943, foi eleito presidente do Sindicato dos Jornalistas do Estado de São Paulo, mas só conseguiu tomar posse no cargo no final de outubro do ano seguinte, em razão das artimanhas utilizadas pelo Ministério do Trabalho para não permitir sua investidura no cargo por conta de sua militância política. No início de 1945, ingressou na Esquerda Democrática, que, tempos depois, se transformou no Partido Socialista Brasileiro. Exerceu vários cargos de direção no PSB. Em 1955, assumiu a suplência de deputado federal pelo PSB, partido ao qual permaneceu vinculado até a sua extinção pela ditadura que se implantou com o golpe de Estado de 1964. Em 1978, incentivou Mario Pedrosa a escrever uma carta a Luiz Inácio Lula da Silva para que persistisse no seu projeto de construir um Partido dos Trabalhadores, em cuja redação colaborou. Em 1980, foi um dos fundadores do Partido dos Trabalhadores.

os cursos de sua famosa universidade, passou a militar no Partido Comunista Alemão, onde tomou conhecimento das primeiras divergências que ocorriam no velho partido dos bolcheviques, após a morte de Lenin, e que culminaram na cisão entre os partidários de Trotsky e Stalin.

Indo a Paris para assistir ao casamento de sua futura cunhada Elsie Houston com o poeta surrealista Benjamin Péret, Pedrosa pôde ler a famosa Plataforma da Oposição de Esquerda liderada pelos trotskistas, integrando-se, desde logo, ao Grupo Naville-Rosmer que militava no Partido Comunista Francês. E, de volta ao Brasil, formou ao lado da chamada "Oposição Barbosista", do partido brasileiro, então liderada por três dos fundadores do PCB (Joaquim Barbosa, Rodolfo Coutinho, João da Costa Pimenta), além dos jovens intelectuais a que nos referimos anteriormente. Passou, então, a editar um pequeno jornal – *A Luta de Classe* – onde divulgou os principais documentos da Oposição de Esquerda Comunista, dando continuidade e melhor orientação àquela primeira dissidência ocorrida no partido brasileiro.

Em 1931, Mario vem para São Paulo, onde continua sua obra de proselitismo, ao lado de Livio Xavier, Aristides Lobo, os irmãos Abramo e outros intelectuais e operários ligados à União dos Trabalhadores Gráficos, bem como de outras categorias profissionais. Foi então fundada a Liga Comunista Internacionalista, agrupando o primeiro núcleo "trotskista" do Brasil, e que veio a se fundir, mais tarde, com a nova dissidência havida no PCB, depois de 1937, liderada por Hermínio Sacchetta, Issa Maluf e Rocha Barros. Após o *putsch* de 1935, Mario passa à clandestinidade e resolve deixar o país, indo refugiar-se em Paris, onde, ao lado de Rosmer e Naville, novamente, integra-se ao movimento que lançava os alicerces da IV Internacional, já sob a orientação direta e pessoal de Trotsky. Impossibilitado de voltar, legalmente, durante o Estado Novo, ao Brasil, tenta assim mesmo a ele regressar, mas é preso e deportado para os Estados Unidos, onde permanece até a decretação da anistia, em 1945.

De volta ao seu país, começa o período mais fecundo, a meu ver, da atividade militante de Mario Pedrosa. Com um grupo de antigos companheiros e já sem maiores compromissos partidários, mas sempre fiel ao ideal socialista de sua mocidade, funda, no Rio, o semanário *Vanguarda Socialista*, onde durante mais de dois anos submete ao crivo de rigorosa análise marxista toda a vida política nacional e internacional, a começar pelos estertores do famigerado Estado Novo getuliano até a atuação suicida de Prestes à frente de seu partido comunista, então em plena legalidade, bem como os crimes de Stalin, na Rússia.

Mas sua atuação política na década de 1940 não se restringe ao trabalho desenvolvido em seu semanário, do qual é o principal articulista. A par da crítica dos acontecimentos históricos então vividos pelo nosso povo naquela fase, o que deve ser salientado de modo especial foi a liderança e o magistério exercido por Mario Pedrosa sobre a juventude intelectual e operária que soube atrair e que se formou à luz de seus ensinamentos, naquela escola prática de militância revolucionária. Para que se tenha uma ideia do que representou o movimento de *Vanguarda Socialista*, bastará lembrar alguns nomes que se abeberaram em seus ensinamentos, como Edmundo Moniz, Antonio Candido, Barreto Leite, Hilcar Leite, Hélio Pellegrino, Arnaldo Pedroso d'Horta, Paulo Emílio de Sales Gomes, os irmãos Abramo, Miguel Macedo, Azis Simão, Febus Gikovate, Freitas Nobre, Patrícia Galvão (Pagu), Geraldo Ferraz, Luiz Alberto Bahia e tantos outros, cuja relação nominal seria fastidioso ampliar aqui.

Depois de encerrada esta fase, publicou Mario Pedrosa dois livros de fundamental importância para coroamento de sua obra de publicista: *A Opção Imperialista* e *A Opção Brasileira* – em que, apoiado em vigorosa análise histórica da penetração do capital financeiro internacional em nosso país, revela a significação dos acontecimentos políticos que se abateram sobre o povo brasileiro a partir de 1964. E, para coroar sua atuação de militante e de pensador político, não é possível deixar de se referir, finalmente, a sua contribuição pessoal no lançamento e estruturação do Partido dos Trabalhadores – o PT – a partir de sua famosa carta a Lula, bem como da recente divulgação de sua monografia sobre o pensamento de Rosa Luxemburgo – *A Crise Mundial do Imperialismo* – onde procura fazer uma revisão crítica do marxismo e do leninismo à luz da experiência histórica da expansão das multinacionais e das perspectivas que se apresentam para a definitiva libertação dos trabalhadores.

Novembro de 1981

Capítulo 6
Presença de Mario*

Hélio Pellegrino[1]

Vejo-o na sua cadeira de balanço, em Botafogo e, depois, no apartamento da rua Visconde de Pirajá, dia após dia, durante meses, anos, lustros inteiros. A cadeira vai e vem, cadenciando o tempo, os acontecimentos se precipitam na sua vertigem, há guerra, perseguição, sofrimento, perplexidade. Mario Pedrosa, no seu lugar de comandante, procura compreender os avanços e os recuos da história, discute, discorda, concorda, convive. O gesto da mão aristocrática compõe a terceira dimensão ao pensamento que se constrói, no esforço de busca da verdade. É tudo generoso, tudo nobre e limpo, nessa conversa que decorre noite adentro. Arte, pintura, poesia, música, política fazem sua ronda incessante na casa de Mario Pedrosa, usina de modernidade, lugar de fraternidade e de alegria, fonte de inspiração e de criação. A cada um segundo a sua necessidade. De cada um segredo a sua liberdade.

---

* Fonte: Hélio Pellegrino, "Presença de Mario", *Folha de S.Paulo*, 20.12.1981, p. 3.
1. Hélio Pellegrino (Belo Horizonte, 1924 – Rio de Janeiro, 1988), médico, psicanalista e escritor. Ingressou na Faculdade de Medicina de Belo Horizonte em 1942, definindo-se pela área da medicina psiquiátrica. Hélio estabeleceu amizade com Paulo Mendes Campos, Otto Lara Resende e Fernando Sabino, formando o grupo que ficou conhecido como "Os Quatro Mineiros". Em 1943, viajou a São Paulo com Fernando Sabino, onde conheceu Mário de Andrade. Começaram uma correspondência que durou até a morte de Mário, em fevereiro de 1945. Em 1944, com Wilson Figueiredo, Simão Vianna da Cunha Pereira, Otto Lara Resende, Francisco Iglésias e Darci Ribeiro, editou o jornal clandestino *Liberdade*. Em 1945, participou do Primeiro Congresso de Escritores,

Conheci Mario Pedrosa por volta de 1946, numa de minhas vindas ao Rio. Com Otto Lara Resende, fui à Câmara dos Deputados, onde ambos trabalhavam como jornalistas. Otto me apresentou a Mario, que eu já considerava companheiro: em Belo Horizonte líamos, com apaixonada fidelidade, a *Vanguarda Socialista*, semanário por ele editado. A *Vanguarda* foi para nós, rapazes socialistas das Minas Gerais, a escola política por excelência. Era ela que nos alimentava intelectualmente, na tentativa – bastante lírica, por sinal – de implantarmos nas Alterosas um movimento socialista. Éramos moços – José Maria Rabelo, Décio Ottoni, Marco Aurélio Mattos, Bernardino Franzen de Lima, Fernando Correia Dias e poucos outros –, carregávamos conosco aquele grão de utopia que é a marca dos jovens, dos poetas, dos visionários – e dos revolucionários. Mario Pedrosa foi, indiscutivelmente, nosso mestre, e não só mestre nosso: ele ensinou ao Brasil inteiro que a revolução socialista é uma procura de liberdade, de mais liberdade. Não há socialismo autêntico sem liberdade, mas, ao revés, também não existe liberdade sem socialismo, já que não há verdadeira liberdade sem justiça.

realizado no Teatro Municipal de São Paulo. Nesse mesmo ano concorreu, pela União Democrática Nacional – UDN, ao cargo de deputado federal. No ano seguinte se desligou da UDN e foi para a Esquerda Democrática. Conheceu, no Rio de Janeiro, Mario Pedrosa, influência marcante em sua trajetória. Formado, em 1947 iniciou a prática psiquiátrica no Raul Soares, manicômio do Estado. Em 1952, mudou-se com a família para o Rio de Janeiro, onde passou a desenvolver ao mesmo tempo sua atuação como psiquiatra e psicanalista e como jornalista. Na segunda metade dos anos 1960, sua participação na política o fez ser admirado pela juventude, tornando-se porta-voz dos intelectuais. Discursou na Passeata dos Cem Mil e participou da Comissão dos Cem Mil. No dia 13 de dezembro foi decretado o Ato Institucional número 5. Em 1969, foi preso por dois meses e processado sob a acusação de líder comunista. Em 1973, inaugurou, com um grupo de psicanalistas, a Clínica Social de Psicanálise, instituição pioneira de atendimento gratuito que visava à integração entre psicanálise e sociedade. Em 1978, iniciou colaboração, que durou dois anos, em *O Pasquim*. No ano seguinte colaborou no *Jornal da República*, de São Paulo. Em 1980, aderiu, com Mario Pedrosa, Lula, Antonio Candido, Apolônio de Carvalho e Sérgio Buarque de Holanda, ao manifesto de fundação do Partido dos Trabalhadores – PT. Nesse mesmo ano, envolveu-se em polêmica com a Sociedade Psicanalítica do Rio de Janeiro, causada pelo suposto apoliticismo da instituição e pelo fato de ela ter entre seus quadros de candidatos a analistas didatas o médico e torturador Amílcar Lobo. Tal crise se estendeu por dois anos, culminando na expulsão de Pellegrino, reintegrado somente por decisão judicial. Em 1981, formou um núcleo do PT, o Clube Mario Pedrosa, frequentado por diversos intelectuais e artistas. Em 1983, integrou a Comissão Teotônio Vilela para as Prisões, do grupo Tortura Nunca Mais. Depois de sua morte, em 1988, sua família doou o arquivo do escritor para a Fundação Casa de Rui Barbosa, no Rio de Janeiro.

Na década de 1940, pela mão de Mario Pedrosa, através de sua força de ensaísta, pôde o movimento socialista brasileiro iniciar o combate à degeneração burocrática e totalitária do stalinismo. *Vanguarda Socialista* foi implacável nessa luta, tornando-se alvo, seja do comunismo stalinista, que a considerava porta-voz da canalha trotskista, seja dos arreganhos da direita, que a acusava de comunista e subversiva.

Mario Pedrosa, formado na melhor escola do marxismo libertário, sempre acreditou na missão revolucionária e regeneradora da classe operária. Por isto mesmo, jamais compactuou com qualquer movimento ou tentativa de populismo, cuja finalidade política é de engodar, sem exceção, o proletariado, castrando-lhe a autonomia e a iniciativa histórica, em troca de algumas concessões feitas de cima para baixo. Acontece que, no Brasil, a lenta, dolorosa ascensão dos trabalhadores passa pelo populismo e, particularmente, pelo getulismo, sua expressão principal.

A metabolização e a interpretação crítica do populismo e do nacionalismo, sem tibiezas ideológicas, constituíram uma das tarefas importantes do pensamento político de Mario Pedrosa. Em 1945, ao cair Getúlio Vargas, ele e o grupo de *Vanguarda Socialista* apoiaram a candidatura de Eduardo Gomes, numa tentativa de inclinar, para a esquerda, o ideário do programa da jovem UDN, que então se formava. Frustrada essa pretensão de aliança tática com os liberais, Mario Pedrosa e seus companheiros acabaram ingressando no Partido Socialista Brasileiro que, em 1950, lançou por sua conta e risco a candidatura de João Mangabeira à Presidência da República. Veio a vitória de Getúlio, as vicissitudes de um governo com tendências nacionalistas e, por fim, o suicídio de Vargas, em 1954.

Foi por essa época que Mario Pedrosa aprofundou sua reavaliação crítica do fenômeno do nacionalismo. Formado na escola do internacionalismo proletário, foi-lhe necessário admitir que, nos países subdesenvolvidos, o nacionalismo progressista é instrumento indispensável na luta contra o imperialismo. É através da prévia conquista da identidade nacional que os países pobres chegarão, um dia, à ordem socialista internacional. Após ter-se firmado nessa linha de análise, Mario Pedrosa fez dela seu instrumento de luta e de doutrinação política. No período que precedeu o golpe de 1964, pela imprensa, em reuniões de base, [pugnou] pela distribuição de terra aos camponeses, contra a espoliação imperialista. Depois de 1964, escreveu dois livros monumentais, de análise política: *A Opção Imperialista* e *A Opção Brasileira*.

Estamos em 1968. Os estudantes lideram a classe média, que sai às ruas, protestando contra a ditadura militar. Edson Luís é assassinado no Calabouço. A indignação popular ergue suas vagas agitadas. O enterro do jovem morto pela repressão é um acontecimento portentoso. Mario Pedrosa, adoentado, segue o cortejo, num percurso de vários quilômetros. Norma Bengell e eu o acompanhamos. Sete dias depois, a missa na Candelária. Polícia, cavalaria, pancadaria, a massa impávida, presente, reverenciando seu mártir. Mario Pedrosa também está presente. Dentro da igreja, durante o ato litúrgico, foi atingido por uma estocada orgânica: isquemia coronariana. Fiz o diagnóstico na hora. A Candelária estava totalmente isolada. Saí para a rua, em busca de socorro. Falei a um capitão da PM, bom brasileiro. Determinou que o velho lutador fosse transportado para o Hospital Sousa Aguiar, num carro da corporação.

Depois, 1970. Mario Pedrosa, com mais oito companheiros, é processado sob a acusação de estar difamando (*sic*) o governo brasileiro, pela denúncia de tortura. Tem sua prisão preventiva decretada. Refugia-se numa embaixada. Segue o caminho – o longo caminho – do exílio. Trabalha no Chile de Allende. Foge ao golpe de Pinochet. Asila-se. Exila-se. Vai para a França e, cidadão do mundo, mora em Paris.

Volta ao Brasil, em 1978. Na mesma cadeira de balanço, no apartamento da rua Visconde de Pirajá, reassume o seu lugar de comando. As longas conversas pela noite adentro, o país passado a limpo, a presença de todo mundo: jovens, velhos, militantes, escritores, artistas, companheiros. Mestre da modernidade, ouvido atentíssimo a tudo o que é genuinamente novo, Mario Pedrosa não demora a firmar sua opção política, dispondo-se mais uma vez à militância: é o primeiro grande intelectual brasileiro que se filia ao PT, proclamando a originalidade do Partido dos Trabalhadores, voz forte da classe operária brasileira que quer fazer história.

Há cerca de dois meses, vencidos os oitenta anos, Mario Pedrosa morreu. Sua presença, no entanto, está plantada como uma grande árvore, na terra mais fértil da cultura brasileira. Mestre da fraternidade, da liberdade e da justiça, príncipe do espírito a serviço do povo, sua palavra não passará.

Capítulo 7
Ele Era Continuidade e Revolução: Mario Pedrosa*

Júlio Tavares[1]

COM 81 ANOS, MORREU NO RIO DE JANEIRO O COMBATENTE INCANSÁ-VEL DO SOCIALISMO E DA CULTURA, DIRIGENTE DO PT.

POSSO AGORA SORRIR E PREDIZER QUE O BRASIL SERÁ UM PAÍS FELIZ: A HORA DA EMERGÊNCIA DA NOVA CLASSE OPERÁRIA E DA EMERGÊNCIA DE UM BRASIL NOVO, LIBERTO AFINAL DA OPRESSÃO, COINCIDE. QUANDO KARL MARX, MEU MESTRE, PROCLAMOU NO SÉCULO PASSADO QUE "A EMANCIPAÇÃO DOS TRABALHADORES SERIA OBRA DOS PRÓPRIOS TRABA-

---

* Fonte: Júlio Tavares, "Ele Era Continuidade e Revolução: Mario Pedrosa", *Em Tempo*, São Paulo, n. 140, 12.11-2.12.1981, p. 20.

1. Júlio Leocadio Tavares das Chagas (Recife, 1945), jornalista e escritor. Iniciou sua militância no Partido Operário Revolucionário Trotskista (PORT). Em 1964, foi preso e mandado, com outros jovens, para Fernando de Noronha e depois para a Casa de Detenção do Recife. Em 1968, foi preso no Rio de Janeiro e transferido para o Recife. Em 1969, deixou o PORT para ingressar, logo depois de sair da prisão em Recife, em uma cisão do PORT, a FBT (Fração Bolchevique Trotskista). No início da década de 1970, aproximou-se do Partido Revolucionario de los Trabajadores – La Verdad, da Argentina, cujo principal dirigente era Nahuel Moreno, onde frequentou curso de formação em 1971. De volta ao Brasil, Tavares foi preso no começo de 1972, em São Paulo, permanecendo encarcerado até 1974. Logo depois militou na Liga Operária, que havia sido criada no exílio em Buenos Aires no ano anterior, sob os auspícios de Moreno. Em 1979, foi um dos fundadores do Movimento de Convergência Socialista e seu coordenador nacional, fez parte da direção dos jornais *Versus* e *Convergência Socialista*, saiu da Convergência Socialista (continuidade da Liga Operária) e foi um dos formadores da Organização Revolucionária dos Trabalhadores, a qual se unificou com a Democracia Socialista, em 1981, dando origem à Organização Revolucionária Marxista – Democracia Socialista, sendo um dos seus dirigentes durante alguns anos. No total, foi condenado a dez anos de prisão, teve os direitos políticos cassados por dez anos e ficou mais de quatro anos em prisões. Foi um dos fundadores do Partido dos Trabalhadores, no qual milita até hoje na cidade de Diadema, São Paulo. Publicou *Esquecer, Jamais!* (*Memórias*); *Brennand: Arte e Sonho*; PT *Diadema – Uma História de Militância e Luta* (em colaboração com Gonzaga do Monte); *Outros Outubros Virão... Revoluções Proletárias*.

LHADORES" — ESTA VERDADE NÃO MAIS SE APAGOU DA HISTÓRIA (CARTA MANDADA A LULA, EM 1º DE AGOSTO DE 1978).

UM NOVO MOMENTO HISTÓRICO APARECE COM FORÇA PARA PROJETAR EM TODAS AS CAMADAS DA POPULAÇÃO, ATÉ ONTEM SEM PRESENÇA, NEM ESPERANÇA, UMA NOVA LUZ. ESSA NOVA LUZ SE CONCRETIZA NESSA GRANDE GENERALIZAÇÃO DE CLASSE DOS MILITANTES OPERÁRIOS QUE, COROANDO TODAS AS SUAS LUTAS, SE REÚNEM PARA FORMAR O NOVO PARTIDO DOS TRABALHADORES, BANDEIRA QUE NENHUM BRASILEIRO NÃO COMPROMETIDO COM A DOMINAÇÃO DAS CLASSES DIRIGENTES PODE DESCONHECER (DO *LIVRO SOBRE O PT*, DE 1980).

"Sou PT número 1", dizia Mario Pedrosa com orgulho. Na verdade, mais do que um gesto simbólico, a sua assinatura na primeira ficha de inscrição do partido, aos 79 anos, confirmava a opção de toda uma vida. Era "continuidade e revolução", como disse Chico de Oliveira. Homem de cultura invulgar e grande sensibilidade.

Desde muito jovem, Mario ligou-se à causa dos explorados. Aos dezesseis anos, veio para o Rio, estudar na Faculdade de Direito. Lá conheceu Livio Xavier, grande amigo e companheiro de lutas. Era o período da Revolução Russa que abalou o mundo e abria as portas da revolução socialista mundial. No Brasil vivia-se a formação e o despertar da nossa muito jovem classe operária. As grandes greves operárias de 1917 e 1919 no Rio e em São Paulo avivavam o espírito da nova época.

Em 1922, era formado o Partido Comunista Brasileiro. As classes dominantes brasileiras, sempre vendo o problema social como caso de polícia, lançam a lei Aníbal de Toledo, tornando o PCB ilegal. A repressão aumenta. Mario parte para Berlim. Em mãos, uma carta de apresentação de Astrojildo Pereira – um dos fundadores do PC – para estudar na Escola Leninista na URSS.

"Eu estava na Alemanha em contato com o PC alemão – nos conta Mario – e não pude seguir viagem por causa do inverno rigoroso. Fiquei, então, numa célula do partido, esperando a primavera." De lá, Pedrosa iria acompanhar o desenvolvimento da luta interna no partido bolchevique que culminou com o esmagamento da Oposição no décimo aniversário da Revolução. Ganhava, assim, velocidade no interior do partido fundado por Lenin o ascenso do stalinismo, a negação da política e dos métodos revolucionários.

Na Oposição Internacional

"Quando Trotsky foi mandado para Prinkipo em 1928, foi um grande choque para todo mundo. Nessa ocasião eu recebi – nos fala Mario – os documentos da Oposição e me posicionei ao lado dela." E, da Alemanha, mandou para o Brasil os primeiros documentos da Oposição Internacional, vindo posteriormente a se juntar aos que travavam a luta interna aqui. Formou, então, juntamente com uma célula que tinha sido expulsa do PC, no Rio de Janeiro, o Grupo Comunista Lenin, que chegou a editar o jornal *A Luta de Classe* e depois se tornou a seção brasileira da Oposição Internacional de Esquerda.

Em São Paulo, a Liga consegue alguma inserção entre os trabalhadores e alguns de seus militantes se inscrevem entre os principais dirigentes da recém-fundada Federação Sindical de São Paulo.

Já naquela época apareciam nas ruas, espancando as pessoas, os integralistas, os fascistas caboclos. Tomando como base as propostas de Trotsky, em defesa de uma frente entre socialistas e comunistas contra o avanço do nazismo, a pequena organização foi a primeira a defender a formação de uma frente contra o fascismo em nosso país.

Os esforços da pequena organização, apesar da posição obtusa e sectária do PC, acabaram se concretizando dramaticamente em um forte confronto de massas com os integralistas no dia 7 de outubro de 1934, no qual morreram quatro pessoas. Os fascistas foram escorraçados na Praça da Sé, em São Paulo.

Após o golpe de Getúlio em 1937, Mario passou a ser procurado por vários órgãos da repressão. Dois anos antes havia se casado com Mary, sua companheira até o fim da vida, e, em 1936, havia nascido sua filha Vera. Teve de deixá-las e, com o passaporte de um amigo, viaja para a Europa.

Com a fundação da IV Internacional, em 1938, foi eleito para o seu primeiro Comitê Executivo. A contrarrevolução estava no auge. O nazismo, o fascismo, o franquismo coloriam o mundo. Poucos, sem força de aparelho partidário, perseguidos, os membros da Oposição Internacional viviam sob enorme pressão.

Construindo o PT

A pequena Internacional se debatia em torno ao dilema de defender ou não a Rússia incondicionalmente em caso de uma nova guerra. A posição de Trotsky era de que, apesar da degeneração, a URSS era um Estado operário e, portanto, tinha de ser defendida. Mario estava então nos EUA, onde militava no partido então o mais forte da nova Internacional. Lá se desenvolveu uma minoria mais agressiva e mais crítica à qual Mario veio a se ligar. As divergências vieram a se cristalizar em dissidência política com o desligamento da Internacional do grupo ao qual Mario pertencia.

Veio o fim da guerra e com ela um novo período. Mario retorna ao Brasil. Busca formar um partido socialista independente e, com alguns de seus velhos camaradas, lança o jornal *Vanguarda Socialista*. Posteriormente se ligou ao nascente Partido Socialista, que viria à ter uma existência secundária no quadro político nacional.

Já na década de 1960, a sua oposição à contrarrevolução de 1964 leva-o mais uma vez ao exílio. No Chile de Allende, participa do movimento de resistência dos exilados e com o golpe de Pinochet volta à Europa. Sempre lutando pelas liberdades democráticas, pelo socialismo e pelas artes, Mario retorna ao país em 1977 já doente. Mesmo doente, com esperanças, com projetos. Foram estas esperanças estabelecidas por toda uma vida de combates que o fazem, de forma pioneira, trilhar o caminho da luta pela construção do PT.

ANEXOS

Anexo 1

LIVROS DA BIBLIOTECA SOCIALISTA – GRÁFICO-EDITORA UNITAS

(Organizados por ordem de autor)

Autor	Título	Ano
Adler, Max (1873-1937)	*Democracia Socialista e Democracia Social*	–
Bebel, August (1840-1913)	*A Mulher e o Socialismo*	–
Engels, Friedrich (1820-1895)	*A Guerra dos Camponeses*	–
Engels, Friedrich (1820-1895)	*A Origem da Família, da Propriedade Privada e do Estado*	–
Engels, Friedrich (1820-1895)	*A Situação das Classes Laboriosas na Inglaterra*	–
Kautsky, Karl (1854-1938)	*A Doutrina Socialista*	–
Kautsky, Karl (1854-1938)	*A Revolução Social*	–
Kautsky, Karl (1854-1938)	*O Programa Socialista*	–
Labriola, António (1843-1904)	*Ensaios sobre a Concepção Materialista da História*	–
Laurat, Lucien [pseudónimo de d'Otto Maschl (1898-1973)]	*Naufrágio do Capitalismo – O Imperialismo e a Decadência Capitalista*	–
Lenin [pseudónimo de Vladimir Ilitch Ulianov (1870-1924)]	*A Questão Agrária e o Partido Bolchevique*	–
Lenin [pseudónimo de Vladimir Ilitch Ulianov (1870-1924)]	*A Revolução Proletária e o Renegado Kautsky*	1934

Autor	Título	Ano
LENIN [pseudônimo de Vladimir Ilitch ULIANOV (1870-1924)]	O Esquerdismo, Moléstia Infantil do Comunismo	–
LENIN [pseudônimo de Vladimir Ilitch ULIANOV (1870-1924)]	O Estado e a Revolução	1934
LENIN [pseudônimo de Vladimir Ilitch ULIANOV (1870-1924)]	O Imperialismo, Última Etapa do Capitalismo	–
LUXEMBURGO, Rosa (1871-1919)	Introdução à Economia Política	–
LUXEMBURGO, Rosa (1871-1919)	Reforma ou Revolução?	–
MARX, Karl Heinrich (1818-1883)	A Guerra Civil em França – A Luta de Classes em França	–
MARX, Karl Heinrich (1818-1883)	O Capital, Edição Especial	–
MARX, Karl Heinrich (1818-1883)	O Dezoito de Brumário de Luiz Bonaparte	–
MARX, Karl Heinrich (1818-1883)	Trabalho Assalariado e Capital – Salários, Preços e Lucros	–
MARX, Karl Heinrich (1818-1883) e ENGELS, Friedrich (1820-1895)	Manifesto Comunista, Edição Comentada	–
PLEKHANOV, Georgi Valentinovitch (1856-1918)	As Questões Fundamentais do Marxismo	–
RAKOVSKY, Cristian Georgevitch (1873-1941)	Do Estado e da Economia Soviética	–
RIAZANOV [pseudônimo de David B. GOLDENBACH (1870-1938)]	Marx e Engels	–

Autor	Título	Ano
SOREL, Georges Eugène (1847-1922)	O Futuro Socialista dos Sindicatos	–
TROTSKY [pseudónimo de Liev Davidovitch BRONSTEIN (1879-1940)]	A Revolução Permanente	–
TROTSKY [pseudónimo de Liev Davidovitch BRONSTEIN (1879-1940)]	Literatura e Revolução	–
TROTSKY [pseudónimo de Liev Davidovitch BRONSTEIN (1879-1940)]	Novo Curso – Lições de Outubro	–
TROTSKY [pseudónimo de Liev Davidovitch BRONSTEIN (1879-1940)]	Revolução Internacional ou Socialismo num só País – Para o Socialismo ou o Capitalismo?	–
TROTSKY [pseudónimo de Liev Davidovitch BRONSTEIN (1879-1940)]	Terrorismo e Comunismo	–

Anexo 2

ARTIGOS PUBLICADOS EM *VANGUARDA SOCIALISTA* NA SEÇÃO "DOCUMENTOS DO MARXISMO"
(Organizados por ordem de autor)

Nº VS	Data	Autor	Título
58	4.10.1946	ANDRADE RODRÍGUEZ, Juan (1898-1981)	"Da Disciplina e da Psicologia dos Militantes" (I)
59	11.10.1946	ANDRADE RODRÍGUEZ, Juan (1898-1981)	"Da Disciplina e da Psicologia dos Militantes" (II)
60	18.10.1946	ANDRADE RODRÍGUEZ, Juan (1898-1981)	"Da Disciplina e da Psicologia dos Militantes" (III)
58	4.10.1946	ANDRADE RODRÍGUEZ, Juan (1898-1981)	"Os Sindicatos na Revolução Espanhola"
8	19.10.1945	BUKHARIN, Nikolai Ivanovich (1888-1938)	"Do Capitalismo de Estado"
42	14.6.1946	BUKHARIN, Nikolai Ivanovich (1888-1938)	"O Futuro da Economia Mundial e o Imperialismo – Necessidade do Imperialismo e Superimperialismo" (I)
43	21.6.1946	BUKHARIN, Nikolai Ivanovich (1888-1938)	"O Futuro da Economia Mundial e o Imperialismo – Necessidade do Imperialismo e Superimperialismo" (II)
1	31.8.1945	ENGELS, Friedrich (1820-1895)	"A Apresentação da *Revista Comunista*"

Nº VS	Data	Autor	Título
70	27.12.1946	Engels, Friedrich (1820-1895)	"Duas Cartas [Cartas a Antonio Labriola]"
58	4.10.1946	Engels, Friedrich (1820-1895)	"O Proletariado e o Problema da Polônia. I – Que Tem o Proletariado com a Polônia"
59	11.10.1946	Engels, Friedrich (1820-1895)	"O Proletariado e o Problema da Polônia. II – O Princípio das Nacionalidades"
60	18.10.1946	Engels, Friedrich (1820-1895)	"O Proletariado e o Problema da Polônia. III – A Doutrina da Nacionalidade Aplicada à Polônia"
24	8.2.1946	Engels, Friedrich (1820-1895)	"Os Movimentos Revolucionários de 1847" (I)
25	15.2.1946	Engels, Friedrich (1820-1895)	"Os Movimentos Revolucionários de 1847" (II)
63	8.11.1946	Engels, Friedrich (1820-1895)	"Prefácio de *A Guerra dos Camponeses na Alemanha*" (I)
64	15.11.1946	Engels, Friedrich (1820-1895)	"Prefácio de *A Guerra dos Camponeses na Alemanha*" (II)
19	4.1.1946	Engels, Friedrich (1820-1895)	Prólogo de Engels à edição polonesa de 1892 do *Manifesto Comunista*
52	23.8.1946	Engels, Friedrich (1820-1895)	"Sobre *O Capital* de Marx"
6	5.10.1945	Engels, Friedrich (1820-1895)	"Uma Carta de Engels [Carta a Fillipo Turati]"
39	24.5.1946	Kautsky, Karl (1854-1938)	"A Profecia da Revolução"
45	5.7.1946	Kautsky, Karl (1854-1938)	"A Revolução Social sob o Capitalismo"

Nº VS	Data	Autor	Título
47	19.7.1946	Kautsky, Karl (1854-1938)	"Formas e Armas da Revolução Social" (I) [De *A Revolução Social*]
48	26.7.1946	Kautsky, Karl (1854-1938)	"Formas e Armas da Revolução Social" (II) [De *A Revolução Social*]
9	26.10.1945	Laurat, Lucien [pseudônimo de d'Otto Maschl (1898-1973)]	"O Socialismo e as Classes Médias"
4	21.9.1945	Lenin [pseudônimo de Vladimir Ilitch Ulianov (1870-1924)]	"A Propósito da Dialética"
17	21.12.1945	Lenin [pseudônimo de Vladimir Ilitch Ulianov (1870-1924)]	"Nossos Objetivos Imediatos"
18	28.12.1945	Lenin [pseudônimo de Vladimir Ilitch Ulianov (1870-1924)]	"Por Onde Começar"
21	18.1.1946	Luxemburgo, Rosa (1871-1919)	"A Realização do Socialismo Através das Reformas Sociais"
30	22.3.1946	Luxemburgo, Rosa (1871-1919)	"A Revolução Russa" (I)
31	29.3.1946	Luxemburgo, Rosa (1871-1919)	"A Revolução Russa" (II)
32	5.4.1946	Luxemburgo, Rosa (1871-1919)	"A Revolução Russa" (III)
33	12.4.1946	Luxemburgo, Rosa (1871-1919)	"A Revolução Russa" (IV)
35	25.4.1946	Luxemburgo, Rosa (1871-1919)	"A Revolução Russa" (V)
20	11.1.1946	Luxemburgo, Rosa (1871-1919)	"Cooperativas, Sindicatos e Democracia"

Nº VS	Data	Autor	Título
26	22.2.1946	Luxemburgo, Rosa (1871-1919)	"Esperanças Desfeitas"
5	28.9.1945	Luxemburgo, Rosa (1871-1919)	"Estacionamentos e Progressos da Doutrina"
28	8.3.1946	Luxemburgo, Rosa (1871-1919)	"Liberdade da Crítica e da Ciência"
36	3.5.1946	Luxemburgo, Rosa (1871-1919)	"Questões de Organização da Social-Democracia Russa" (I)
37	10.5.1946	Luxemburgo, Rosa (1871-1919)	"Questões de Organização da Social-Democracia Russa" (II)
50	9.8.1946	Martov, Julius [pseudónimo de Yuli Ossipovich Tsederbaum (1873-1923)]	"Decomposição ou Conquista do Estado. A Comuna de 1871" [De *O Estado e a Revolução Socialista*]
51	16.8.1946	Martov, Julius [pseudónimo de Yuli Ossipovich Tsederbaum (1873-1923)]	"Decomposição ou Conquista do Estado. Marx e a Comuna" [De *O Estado e a Revolução Socialista*]
49	2.8.1946	Martov, Julius [pseudónimo de Yuli Ossipovich Tsederbaum (1873-1923)]	"Decomposição ou Conquista do Estado. Marx e o Estado" [De *O Estado e a Revolução Socialista*]
38	17.5.1946	Martov, Julius [pseudónimo de Yuli Ossipovich Tsederbaum (1873-1923)]	"Marx e a Ditadura do Proletariado"
22	25.1.1946	Marx, Karl Heinrich (1818-1883)	"Alocução do Comitê Central da Liga Comunista a Seus Adeptos" (I)
23	1.2.1946	Marx, Karl Heinrich (1818-1883)	"Alocução do Comitê Central da Liga Comunista a Seus Adeptos" (II)

Nº VS	Data	Autor	Título
9	26.10.1945	Marx, Karl Heinrich (1818-1883)	"As Revoluções de 1848 e o Proletariado"
55	13.9.1946	Marx, Karl Heinrich (1818-1883)	"Caráter Geral do Sistema dos Fisiocratas"
27	1.3.1946	Marx, Karl Heinrich (1818-1883)	"Contribuição à Crítica da Filosofia do Direito de Hegel" (I)
29	15.3.1946	Marx, Karl Heinrich (1818-1883)	"Contribuição à Crítica da Filosofia do Direito de Hegel" (II)
53	30.8.1946	Marx, Karl Heinrich (1818-1883)	"Da Burocracia" [De "Crítica da Filosofia de Hegel"]
54	6.9.1946	Marx, Karl Heinrich (1818-1883)	"Extratos de Cartas a Kugelmann"
65	22.11.1946	Marx, Karl Heinrich (1818-1883)	"Herr Vogt. Em Torno da Política de Napoleão III e da Autocracia Russa" (I)
66	29.11.1946	Marx, Karl Heinrich (1818-1883)	"Herr Vogt. Os Interesses do Reino Unido" (II)
67	6.12.1946	Marx, Karl Heinrich (1818-1883)	"Herr Vogt. Czarismo e Servidão" (III)
68	13.12.1946	Marx, Karl Heinrich (1818-1883)	"Herr Vogt. Intrigas Czaristas na Itália" (IV)
13	23.11.1945	Marx, Karl Heinrich (1818-1883)	"Infraestrutura e Superestrutura – Ideia Geral da Doutrina"
14	30.11.1945	Marx, Karl Heinrich (1818-1883)	"Método de Economia Política"
7	12.10.1945	Marx, Karl Heinrich (1818-1883)	"Prefácio à *Contribuição à Crítica da Economia Política*"
10	2.11.1945	Marx, Karl Heinrich (1818-1883)	"Superestruturas Ideológicas"

ANEXOS 237

Nº VS	Data	Autor	Título
57	27.9.1946	Nin i Pérez, Andreu (1892-1937)	"Teses de Andrés Nin" (I)
58	4.10.1946	Nin i Pérez, Andreu (1892-1937)	"Teses de Andrés Nin" (II)
59	11.10.1946	Nin i Pérez, Andreu (1892-1937)	"Teses de Andrés Nin" (III)
60	18.10.1946	Nin i Pérez, Andreu (1892-1937)	"Teses de Andrés Nin" (IV)
12	16.11.1945	Plekhanov, Georgi Valentinovitch (1856-1918)	"A Obra de Carlos Marx"
40	31.5.1946	Plekhanov, Georgi Valentinovitch (1856-1918)	"Do Partido e dos Sindicatos"
44	28.6.1946	Plekhanov, Georgi Valentinovitch (1856-1918)	"O Desenvolvimento da Europeização da Rússia sob o Impulso do Progresso Económico" [De *Introdução à História Social da Rússia*]
46	12.7.1946	Radek, Karl Berngardovitch [pseudónimo de Karol Sobelsohn (1885-1939)]	"A Luta pelo Controle Operário"
16	14.12.1945	Riazanov [pseudónimo de David B. Goldenbach (1870-1938)]	"Documentário de Riazanov ao *Manifesto Comunista*. Origem e Desenvolvimento dos Sindicatos"
11	9.11.1945	Trotsky [pseudónimo de Liev Davidovitch Bronstein (1879-1940)]	"Todo o Poder aos Sovietes!"
20	11.1.1946	Trotsky [pseudónimo de Liev Davidovitch Bronstein (1879-1940)]	"A Revolução Chinesa"

Nº VS	Data	Autor	Título
41	7.6.1946	Trotsky [pseudônimo de Liev Davidovitch Bronstein (1879-1940)]	"As Questões Agrárias e Nacionais. Observações sobre as Teses do Partido Operário Sul-Africano"
56	20.9.1946	Trotsky [pseudônimo de Liev Davidovitch Bronstein (1879-1940)]	"Engels e a Arte da Guerra" (i)
57	27.9.1946	Trotsky [pseudônimo de Liev Davidovitch Bronstein (1879-1940)]	"Engels e a Arte da Guerra" (ii)
15	7.12.1945	Trotsky [pseudônimo de Liev Davidovitch Bronstein (1879-1940)]	"Nacionalismo e Vida Econômica"
17	21.12.1945	Trotsky [pseudônimo de Liev Davidovitch Bronstein (1879-1940)]	"Sobre o Pacto Germano-Soviético e o Caráter do Estado Soviético" (i)
18	28.12.1945	Trotsky [pseudônimo de Liev Davidovitch Bronstein (1879-1940)]	"Sobre o Pacto Germano-Soviético e o Caráter do Estado Soviético" (ii)
61	25.10.1946	Trotsky [pseudônimo de Liev Davidovitch Bronstein (1879-1940)]	"Uma Carta sobre a Revolução Italiana" (i)
62	1.11.1946	Trotsky [pseudônimo de Liev Davidovitch Bronstein (1879-1940)]	"Uma Carta sobre a Revolução Italiana (ii) – Palavras de Ordem Democráticas e Transitórias"
2	7.9.1945	Vandervelde, Émile (1866-1938)	"A Arte no Regime Socialista" (i)
3	1.9.1945	Vandervelde, Émile (1866-1938)	"A Arte no Regime Socialista" (ii)

BIBLIOGRAFIA POLÍTICA DE MARIO PEDROSA

Reúne-se aqui um tentame da produção política, no amplo sentido da palavra, de Mario Pedrosa. Como parte significativa de sua obra foi realizada em periódicos, uma parte dela ainda resta a ser recuperada, pois a escassa circulação, a violência policial, a censura e, por fim, a incúria na preservação são fatores que, infelizmente, tornam árdua e longa essa tarefa. Assim, aqui temos um retrato do que se tem conservado e disponível à consulta em várias instituições brasileiras, especialmente no Centro de Documentação do Movimento Operário Mario Pedrosa – Cemap-Interludium-Cedem.

1. Textos de Autoria de Mario Pedrosa sobre Política, Não Publicados em Periódicos, Que Integram o Fundo Mario Pedrosa – do Centro de Documentação do Movimento Operário Mario Pedrosa – Cemap-Interludium-Cedem, Publicados entre 1933 e 2001

1933

PEDROSA, Mario. "Prefácio". *In*: TROTSKY, Leon. *Revolução e Contrarrevolução na Alemanha*. São Paulo, Unitas, 1933, pp. 7-14 [republicado em sucessivas reedições, até a mais recente, de 2011].

Antologia de textos de Trotsky, organizada, traduzida e prefaciada por Mario Pedrosa, 1933. Reedições de 1968 e 2011 [Dainis Karepovs. Acervo Pessoal].

1934

PEDROSA, Mario (com as iniciais M.P.). "Advertência". *In*: LENINE, V. I. *O Estado e a Revolução: O Que Ensina o Marxismo sobre o Estado e o Papel do Proletariado na Revolução*. São Paulo, Unitas, 1934, pp. 7-13.

_____. "Explicação Necessária". *In*: LENINE, V. I. *A Revolução Proletária e o Renegado Kautsky*. São Paulo, Unitas, 1934, pp. 7-9.

Obras de Lenin traduzidas e apresentadas por Mario Pedrosa. Ambas integravam a Biblioteca Socialista, coordenada por Mario Pedrosa, 1934 [Dainis Karepovs. Acervo Pessoal].

1937

[PEDROSA, Mario]. *A Situação Nacional*. Teses aprovadas pelo Comitê Central Provisório do Partido Operário Leninista, em junho de 1937. [RJ], Partido Operário Leninista, 1938, 40 p. [mimeo.].

1946

PEDROSA, Mario. [Prefácio]. *In*: LUXEMBURGO, Rosa. *A Revolução Russa*. Trad. Miguel Macedo. Rio de Janeiro, Edições Socialistas, 1946, pp. 3-12.

Texto de Rosa Luxemburgo, apresentado por Mario Pedrosa, 1946
[Dainis Karepovs. Acervo Pessoal].

1948

PEDROSA, Mario. *Os Socialistas e a III Guerra Mundial*. Rio de Janeiro, Vanguarda Socialista, 1948, 20 p. [mimeo.].

Conferência de Mario Pedrosa, publicada por *Vanguarda Socialista*, 1948
[Fundo Mario Pedrosa – Cemap-Interludium-Cedem].

1956

PEDROSA, Mario. *As Principais Correntes Políticas na Revolução Russa de 1917*. Rio de Janeiro, Colégio Pedro II – Tese para Livre-Docência da Cadeira de História, janeiro de 1956, 28 p. [mimeo.].

_____. *Evolução do Conceito de Ideologia (Da Filosofia ao Conhecimento Sociológico)*. Rio de Janeiro, Colégio Pedro II – Tese para Livre-Docência da Cadeira de Filosofia, 1956, 57 p. [mimeo.].

1957

PEDROSA, Mario. *Da Missão Francesa – Seus Obstáculos Políticos*. Rio de Janeiro, Colégio Pedro II – Tese para Concurso – Cadeira de História, [1957]. 63 p. [mimeo.].

Capa de uma das três teses sobre política de Mario Pedrosa para concursos no Colégio Pedro II ao longo dos anos 1950, os quais acabaram não se realizando, 1957 [Fundo Mario Pedrosa – Cemap-Interludium-Cedem].

1966

PEDROSA, Mario. *A Opção Brasileira*. Rio de Janeiro, Civilização Brasileira, 1966, 311 p.

_____. *A Opção Imperialista*. Rio de Janeiro, Civilização Brasileira, 1966, 543 p.

O livro que originalmente deveria se intitular *Imperialismo, Brasil, Revolução* foi dividido em dois volumes: *A Opção Brasileira* e *A Opção Imperialista*, 1966 [Dainis Karepovs. Acervo Pessoal].

PEDROSA, Mario. M. D. B. *Apresentação de Mario Pedrosa, Candidato a Deputado Federal.* Rio de Janeiro, [s.c.p.], 1966, 60 p.

Mario Pedrosa editou uma coletânea de seus artigos no *Correio da Manhã* para ser utilizada como material de divulgação em sua campanha eleitoral, 1966 [Fundo Mario Pedrosa – Cemap-Interludium-Cedem].

1968

Pedrosa, Mario. "Aspecto Político". *In*: Pedrosa, Mário; Paim, Gilberto; Portella, Eduardo; Silveira, Walter; Valladares, Clarival. *Introdução à Realidade Brasileira*. Rio de Janeiro, Edições Cadernos Brasileiros, 1968, pp. 9-32 (Cadernos Brasileiros, 8).

Coletânea de textos publicada pelas Edições Cadernos Brasileiros, na qual Mario Pedrosa foi o autor do texto relativo à política: "Aspecto Político", 1968 [Biblioteca do Congresso dos Estados Unidos – Washington, D.C.].

1979

Pedrosa, Mario. *A Crise Mundial do Imperialismo e Rosa Luxemburgo*. Rio de Janeiro, Civilização Brasileira, 1979, 161 p.

Escrito em Paris, durante seu exílio, *A Crise Mundial do Imperialismo e Rosa Luxemburgo* foi publicado após o autor retornar ao Brasil, 1979 [Dainis Karepovs. Acervo Pessoal].

1980

PEDROSA, Mario. *Sobre o PT*. São Paulo, Ched, 1980, 116 p. [no mesmo ano, houve uma segunda edição].

Último livro de Mario Pedrosa publicado em vida e que reúne seus artigos referentes ao Partido dos Trabalhadores, publicados no *Jornal da República*, e sua carta a Lula, 1980 [Dainis Karepovs. Acervo Pessoal].

1981

MOTA, Lourenço Dantas & GULLAR, Ferreira. "Mario Pedrosa: A Arte Atual Reflete a Crise do Próprio Homem". *In*: MOTA, Lourenço Dantas (org.). *A História Vivida*. vol. 1. São Paulo: O Estado de S. Paulo, 1981, pp. 235-248 [publicado originalmente como "Pedrosa: Hora É Ideal para Criar Novo PS" [entrevista]. *O Estado de S. Paulo*, 24.12.1978].

1982

FIGUEIREDO, Carlos Eduardo de Senna. *Mario Pedrosa, Retratos do Exílio*. Rio de Janeiro, Antares, 1982, 123 p. [contém correspondência de Mario Pedrosa de 1972 a 1976].

2001

MARQUES NETO, José Castilho (org.). *Mario Pedrosa e o Brasil*. São Paulo, Fundação Perseu Abramo, 2001, 223 p. (Coleção Pensamento Radical) [republica artigos de Mario Pedrosa no *Jornal da República* em 1979 e 1980 e carta publicada em *Veja* em 1972].

Trabalhos do seminário comemorativo do centenário de nascimento de Mario Pedrosa organizado pela Fundação Perseu Abramo, 2001 [Dainis Karepovs. Acervo Pessoal].

2. Artigos, Entrevistas e Textos de Autoria de Mario Pedrosa Publicados em Periódicos Que Integram o Fundo Mario Pedrosa – do Centro de Documentação do Movimento Operário Mario Pedrosa – Cemap-Interludium-Cedem, Publicados entre 1925 e 1997

Abreviaturas

TÍTULOS DE PERIÓDICOS

ACO – *A Classe Operária*
ALC – *A Luta de Classe*
AP – *A Pátria*
APL – *A Platéa*
AU – *A União*
BA – *Boletim de Ariel*
BI – *Boletim de Informações (ed. pelo Partido Operário Leninista)*
BINF – *Boletín de Información*
BOL – *Boletim (ed. pelo Partido Socialista Revolucionário)*
CA – *Careta*
CB – *Cadernos Brasileiros*
CM – *Correio da Manhã*
CP – *Correio Paulistano*
CPO – *Correio do Povo*
CS – *Common Sense*
CSP – *Correio de S.Paulo*

DCA – *Diário Carioca*
DN – *Diário da Noite*
DNO – *Diário de Notícias*
ECB – *Encontros com a Civilização Brasileira*
ET – *Em Tempo*
EX – *Expresso*
FN – *Folha do Norte*
FS – *Folha Socialista*
FSP – *Folha de S.Paulo*
IB – *Internal Bulletin (ed. pelo Socialist Workers Party)*
IE – *IstoÉ*
JB – *Jornal do Brasil*
JL – *Jornal de Letras*
JN – *Jornal de Notícias*
JR – *Jornal da República*
LA – *Labor Action*

LeA – *Letras e Artes (suplemento de "A Manhã")*
LL – *Leia Livros*
LLC – *La Lutte de Classes*
LV – *La Vérité*
MC – *Manchete*
MO – *Movimento*
NI – *The New International*
OD – *O Dia* (PR)
OESP – *O Estado de S. Paulo*
OHL – *O Homem Livre*
OI – *O Internacional*
OM – *O Metropolitano*
OP – *O Pasquim*
OS – *O Semanário*
OT – *O Trabalho*

PEI – *Política Externa Independente*
QI – *Quatrième Internationale*
RCB – *Revista Civilização Brasileira*
RG – *Revista da Guaíra*
RP – *Revista Proletária*
RS – *Revista da Semana*
SA – *Socialist Appeal*
[s.i.p.] – sem indicação do título do periódico
SNB – *Sob Nova Bandeira*
TI – *Tribuna da Imprensa*
TP – *Tempo Presente*
VJ – *Veja*
VR – *Versus*
VS – *Vanguarda Socialista*

LOCAL DE PUBLICAÇÃO DOS PERIÓDICOS

BH – Belo Horizonte (MG)
CO – Curitiba (PR)
JP – João Pessoa (PB)
JDF – Juiz de Fora (MG)
LIS – Lisboa (Portugal)
NYC – Nova York (EUA)

PAR – Paris (França)
POA – Porto Alegre (RS)
RJ – Rio de Janeiro (RJ)
RO – Roma (Itália)
[s.l.] – sem local
SP – São Paulo (SP)

OUTRAS ABREVIATURAS E SINAIS

* Indica republicação em outro periódico, no mesmo idioma ou em idioma diferente.

MP – Mario Pedrosa
p. – página
[s.d.] – sem data
[s.p.] – sem página

1925

PEDROSA, Mario. "P.S.B". *ACO*. RJ, n. 12, 18.7.1925, p. 3.

1926

PEDROSA, Mario (assinado A Redação). "Aos Proletários". *RP*. SP, n. 1, 21.1.1926, pp. 3-4.
PEDROSA, Mario (com pseudônimo de Spartacus). "Segundo Aniversário da Morte de Lenine". *RP*. SP, n. 1, 21.1.1926, pp. 6-7.
PEDROSA, Mario (assinado M. P.). "A Luta de Classes na Inglaterra". *OI*. SP, n. 103, 10.7.1926, p. 2.
_____. "Porque Foi Suspensa a Greve Geral na Inglaterra". *OI*. SP, n. 107, 29.7.1926, p. 3.

1929

PEDROSA, Mario (assinado M.P.). "Au Brésil". *LV*. PAR, n. 14, 13.12.1929, p. 3.

1931

PEDROSA, Mario (com pseudônimo M.C.) & XAVIER, Lívio (com pseudônimo L.L.). "Esboço de Análise da Situação Brasileira". *ALC*. RJ, ano II, n. 6, fev.-mar. 1931, pp. 3-4.
* PEDROSA, Mario (com pseudônimo M.Camboa) & XAVIER, Lívio (com pseudônimo L.Lyon). "Esquisse d'une analyse de la situation économique et sociale au Brésil". *LLC*. PAR, 4ᵉ année, n. 28-29, fev.-mar. 1931, pp. 149-158.

1933

PEDROSA, Mario. "As Guerras Imperialistas da América do Sul São Reflexos das Rivalidades da Sociedade Capitalista. A Significação do Congresso Antiguerreiro de Amsterdã e a Sua Repercussão Inevitável nos Países Semicoloniais". *APL*. SP, 5.1.1933, p. 1[-?]. (parcialmente republicado em CARONE, Edgard. *A Segunda República (1930-1937)*. SP, Difel, 1974, pp. 391-394) [entrevista].

_____. "O Que Representa para a Política Internacional a Subida de Hitler para o Poder". *CSP*. SP, 4.2.1933, pp. 1-2 [entrevista].
_____. "*Revolução e Contrarrevolução na Alemanha*, L. Trotsky". *CSP*. SP, 21.2.1933, p. 2.
PEDROSA, Mario (com pseudônimo R.M.). "A Internacional Nacionalista". *OHL*. SP, n. 2, 3.6.1933, pp. 1-2.
_____. "De Chanceler a Futuro Furriel". *OHL*. SP, n. 5, 24.6.1933, p. 1.
_____. "Scarface, ou a Lógica de uma Civilização". *OHL*. SP, n. 6, 2.7.1933, p. 2.
_____. "História do Brasil". *OHL*. SP, n. 11, 14.8.1933, p. 3.
_____. "O Nacional-Socialismo e a Crise Econômica (Lições da Derrota do Proletariado Alemão)". *OHL*. SP, n. 13, 2.9.1933, p. 6.
_____. "O Dilema de Cuba". *OHL*. SP, n. 15, 23.9.1933, p. 2.
_____. "O Gesto da Fera Acuada". *OHL*. SP, n. 17, 21.10.1933, pp. 1-2.

1934

PEDROSA, Mario. "*Cimento*, o Romance da Revolução". *BA*. RJ, ano III, n. 4, jan. 1934, pp. 102-103.
PEDROSA, Mario (sem assinatura – identificado por Fulvio Abramo). "Coerência na Deserção". *OHL*. SP, n. 22, 24.2.1934, p. 1.
PEDROSA, Mario. "Conselhos a Brasil Gerson. *DN*. SP, 6.11.1934, [s.p.].

1935

PEDROSA, Mario. "Desmascarando um Provocador". *AP*. RJ, [1935], [s.p.].

1936

PEDROSA, Mario (com pseudônimo de Georges). "A Luta pelas Liberdades Democráticas". *ALC*. JDF, n. 30, 1.6.1936, pp. 1-2.

1937

PEDROSA, Mario (com pseudônimo de Gonzaga). "Alguns Aspectos do Fascismo". *SNB*. RJ, n. 3, set. 1937, pp. 12-19.

1938

[PEDROSA, Mario]. "Après le coup d'État de Vargas". *QI*. PAR, n. 5, fev. 1938, pp. 20-22.

PEDROSA, Mario (com pseudônimo de Aparício). "[ilegível] greve de Paris". *ALC*. BH, n. 39 (5), 23.4.1938, pp. 7-8.

PEDROSA, Mario (com pseudônimo de Georges (Lebrun)). "La Crisis del Stalinismo en Brasil y las Perspectivas Nuestras". *BINF*. NYC, n. 1, jul. 1938, pp. 16-19.

1939

[PEDROSA, Mario]. "Socialist Workers Party. Yankee Imperialism at Lima". *SA*. NYC, vol. III, n. 1, 7.1.1939, pp. 1 e 3 [o documento está datado de dezembro de 1938; republicado em: BREITMAN, George (ed.). *The Founding of the Socialist Workers Party: Minutes and Resolutions, 1938-1939*. New York, Pathfinder, 1982, pp. 394-406].

* "Partido Socialista Obrero de los Estados Unidos. El Imperialismo Yanqui en Lima". *BINF*. NYC, n. 5, maio 1939, pp. 1-10.

"Buro Americano-Oriental, Sub-Secretariado de la Cuarta Internacional. Manifiesto a los Pueblos Oprimidos de Latinoamerica, Asia y Africa!". *BINF*. NYC, n. 6, set. 1939, pp. 1-4.

* "All-American and Pacific Buro, Sub-Secretariat of the Fourth International. A Manifesto to the Oppressed Peoples of Latin America, Asia, Africa!" *AS*. NYC, vol. III, n. 70, 15.9.1939, pp. 1 e 4.

* "Manifesto do *Bureau* Americano-Oriental, Subsecretariado da IV Internacional". *BOL*. BH, n. 3, 18.11.1939, pp. 1-3.

1940

PEDROSA, Mario (com pseudônimo Lebrun). "The Defense of the USSR in the Present War". *IB*. NYC, vol. II, n. 10, fev. 1940, pp. 1A-17A.

* _____. "Mass and Class in Soviet Society". *NI*. NYC, vol. VI, n. 4 (43), maio 1940, pp. 87-91.

_____. "What's Going on in Brazil?" *LA*. NYC, vol. 4, n. 12, 1.7.1940, p. 3.

_____. "What Next in Latin America?" *NI*. NYC, vol. VI, n. 9 (48), out. 1940, pp. 188-191.

1941

Pedrosa, Mario. "The Voice of South America". CS. NYC, n. 3, mar. 1941, pp. 67-70.

_____ (com pseudônimo Jefferson Martins). "A Nova Estratégia da Guerra Mundial". DCA. RJ, 2.8.1941, p. 24.

_____. "A Economia de Guerra nos Estados Unidos". DCA. RJ, 23.9.1941, p. 9.

_____. "A Quinta-Coluna da América". OD. CO, 25.11.1941, pp. 1 e 3.

_____. "A 'Doutrina da Nova Ordem'". DCA. RJ, 7.9.1941, p. 6 (incompleto – mutilado).

_____. "A Última Cartada de Hitler". DCA. RJ, 12.10.1941, p. 20.

1942

Pedrosa, Mario (com pseudônimo Jefferson Martins). "O Japão, a 'Itália' do Extremo Oriente". DCA. RJ, 4.1.1942, pp. 17 e 23.

* _____. "O Japão – A Itália do Extremo Oriente". AU. JP, 10.1.1942, pp. 4 e 7.

1945

Pedrosa, Mario. "Métodos Marxistas e Métodos Totalitários". CM. RJ, 15.7.1945, pp. 1-3 (2º caderno).

_____. "Revolução pelo Voto". CM. RJ, 28.7.1945, p. 2.

_____. "Iniciação Totalitária". CM. RJ, 12.8.1945, pp. 1-2 (2º caderno).

_____. "Depoimentos para a História do 7 de Outubro de 1934, em São Paulo [Apresentação]". VS. RJ, n. 7, 12.10.1945, p. 8.

_____. "Tribuna Livre Socialista". VS. RJ, n. 10, 2.11.1945, pp. 1 e 4.

_____. "Partidos e Revolução". VS. RJ, n. 13, 23.11.1945, pp. 1 e 4.

_____. "Partidos e Revolução" [II]. VS. RJ, n. 16, 14.12.1945, pp. 1-2.

_____. ["Apresentação a Trotsky, Leon. *A URSS na Guerra: Sobre o Pacto Germano-Russo e o Caráter do Estado Soviético*"]. VS. RJ, n. 17, 21.12.1945, p. 3.

1946

Pedrosa, Mario. "Partidos e Revolução III". VS. RJ, n. 24, 8.2.1946, pp. 1 e 4.

_____. "Partidos e Revolução IV". VS. RJ, n. 25, 15.2.1946, pp. 1 e 4.

_____. "Prestes e a Guerra Imperialista". *VS*. RJ, n. 31, 29.3.1946, pp. 1 e 4.
_____. "A Revolução Russa e Sua Evolução até Nossos Dias [I]". *VS*. RJ, n. 33, 12.4.1946, p. 8.
_____. "A Revolução Russa e Sua Evolução até Nossos Dias [II]". *VS*. RJ, n. 34, 19.4.1946, p. 5.
_____. "Com a Palavra o Líder Socialista Mario Pedrosa: Os Erros de Prestes Facilitam o Jogo da Reação!" *DN*. RJ, 23.4.1946 (Última Edição), pp. 1-2 [entrevista].
_____. "A Revolução Russa e Sua Evolução até Nossos Dias III". *VS*. RJ, n. 35, 26.4.1946, pp. 8 e 4.
_____. "A Revolução Russa e Sua Evolução até Nossos Dias IV". *VS*. RJ, n. 36, 3.5.1946, pp. 8 e 4.
_____. "A Revolução Russa e Sua Evolução até Nossos Dias V". *VS*. RJ, n. 37, 10.5.1946, p. 5.
_____. "Keyserling". *CM*. RJ, 12.5.1946, pp. 1-2 (2º caderno).
_____. "A Esquerda Democrática Deve Explicar. Reptada a Comissão Nacional Desse Partido a Esclarecer as Insinuações e os Pontos Obscuros de um Seu Comunicado aos Partidários – As Informações Divulgadas pelo Jornal *Vanguarda Socialista* e a Palavra de Seu Diretor Sr. Mario Pedrosa". *DN*. RJ, 15.5.1946, pp. 3 e 5 [entrevista].
_____. "Carta Aberta à Esquerda Democrática". *CM*. RJ, 15.5.1946, p. 2.
* _____. "Carta Aberta à Esquerda Democrática". *VS*. RJ, n. 38, 17.5.1946, pp. 1 e 4.
_____. "A Revolução Russa e Sua Evolução até Nossos Dias VI". *VS*. RJ, n. 38, 17.5.1946, p. 5.
_____. "A Revolução Russa e Sua Evolução até Nossos Dias VII". *VS*. RJ, n. 39, 24.5.1946, p. 5.
_____. "A Revolução Russa e Sua Evolução até Nossos Dias VIII". *VS*. RJ, n. 40, 31.5.1946, p. 5.
_____. "A Revolução Russa e Sua Evolução até Nossos Dias IX". *VS*. RJ, n. 41, 7.6.1946, p. 5.
_____. "A Luta Cotidiana das Massas e o Partido Comunista". *VS*. RJ, n. 42, 14.6.1946, p. 1 e 4.
_____. "A Revolução Russa e Sua Evolução até Nossos Dias X". *VS*. RJ, n. 42, 14.6.1946, p. 5.
_____. "Consciência Política e Luta de Classe". *VS*. RJ, n. 43, 21.6.1946, pp. 1-4.
_____. "O Movimento de Massas e o Papel das Vanguardas". *VS*. RJ, n. 44, 28.6.1946, pp. 1 e 5.

_____. "A Revolução Russa e Sua Evolução até Nossos Dias XI". *VS*. RJ, n. 44, 28.6.1946, p. 5.
_____. "Os Caminhos do Socialismo". *VS*. RJ, n. 45, 5.7.1946, pp. 1 e 4.
_____. "A Revolução Russa e Sua Evolução até Nossos Dias XII". *VS*. RJ, n. 45, 5.7.1946, p. 5.
_____. "A Revolução Russa e Sua Evolução até Nossos Dias XIII". *VS*. RJ, n. 46, 12.7.1946, p. 5.
_____. "O Bolchevismo e o Partido Único". *VS*. RJ, n. 47, 19.7.1946, pp. 1 e 4.
_____. "A Revolução Russa e Sua Evolução até Nossos Dias XIV". *VS*. RJ, n. 47, 19.7.1946, p. 5.
_____. "A 'Missão' do Partido Único". *VS*. RJ, n. 48, 26.7.1946, p. 1.
_____. "Rosa Luxemburgo e a Revolução Russa". *VS*. RJ, n. 49, 2.8.1946, pp. 5 e 4.
_____. "Vanguardas, Partido e Socialismo". *VS*. RJ, n. 50, 9.8.1946, pp. 1, 4 e 8.
_____. "A Chegada da Ave de Agouro". *VS*. RJ, n. 52, 23.8.1946, pp. 1 e 4.
_____. "Novos Rumos". *VS*. RJ, n. 56, 20.9.1946, p. 5.
_____. "As Eleições, os Partidos e o Socialismo". *VS*. RJ, ano II, n. 62, 1.11.1946, pp. 1 e 4.
_____. "Em Defesa de *Novos Rumos*". *VS*. RJ, n. 64, 15.11.1946, pp. 5 e 4.
_____. "Desesperadamente Socialista". *VS*. RJ, ano II, n. 65, 22.11.1946, pp. 1 e 4.
_____. "Confronto Deprimente". *CM*. RJ, 23.11.1946, [s.p.].
_____. "Partido e Mito". *VS*. RJ, n. 66, 29.11.1946, pp. 1 e 4.
_____. "O Movimento Renovador". *VS*. RJ, n. 70, 27.12.1946, pp. 1-2.

1947

PEDROSA, Mario. "China Town". *CM*. RJ, 25.1.1947, [s.p.].
_____. "O Apimentado Partido 'Socialista'". *VS*. RJ, n. 76, 7.2.1947, pp. 1-2.
_____. "Selvageria à la Goering". *CM*. RJ, 21.2.1947, [s.p.].
_____. "Análise de um Parecer Reacionário". *VS*. RJ, ano II, n. 79, 28.2.1947, pp. 1-2.
_____. "O Salão dos Militares". *CM*. RJ, 11.3.1947, [s.p.].
_____. "O Fechamento do PCB Não É um Erro Judiciário – É um Crime Político!" *VS*. RJ, ano II, n. 89, 9.5.1947, pp. 1-2.
_____. "Em Defesa da Liberdade". *VS*. RJ, ano II, n. 90, 16.5.1947, pp. 1-2.

_____. "Os Italianos – Sobretudo os Jovens". *CM*. RJ, 17.5.1947, [s.p.].
_____. "Solução da Burguesia para a Crise Brasileira: Baixa de Salários e Escravização da Massa Trabalhadora!" *VS*. RJ, n. 91, 23.5.1947, pp. 1-2.
_____. "A Política Operária em Face da Crise – I". *VS*. RJ, n. 95, 20.6.1947, pp. 1-2.
_____. "A Política Operária em Face da Crise – II". *VS*. RJ, n. 96, 27.6.1947, pp. 1-2.
_____. "A Política Operária em Face da Crise – III". *VS*. RJ, n. 97, 4.7.1947, pp. 1-2.
_____. "Crise, Impotência e Reação da Burguesia". *VS*. RJ, n. 99, 18.7.1947, pp. 1-2.
_____. "A Sorte do Brasil Dependerá da Política do Proletariado Norte--Americano". *VS*. RJ, n. 100, 25.7.1947, pp. 1-2.
_____. "A Condição da Democracia". *VS*. RJ, ano II, n. 101, 1.8.1947, pp. 1-2.
_____. "Quitandinha por Dentro". *VS*. RJ, n. 106, 5.9.1947, pp. 1-2.
_____. "Da Boemia e dos Jovens". *CM*. RJ, 9.8.1947, [s.p.].
_____. "A Tarefa Socialista". *VS*. RJ, n. 105, 29.8.1947, pp. 1-2.
_____. "Aos Nossos Amigos e Leitores". *VS*. RJ, n. 110, 3.10.1947, p. 1.
_____. "Um Modelo de Tenacidade Revolucionária". *VS*. RJ, n. 112 [111], 17.10.1947, pp. 1-2.
_____. "A Nossa Voz". *VS*. RJ, n. 112, 1.11.1947, pp. 3 e 2.
_____. "O Mundo Perdeu Seus Mitos". *DCA*. RJ, 9.11.1947, pp. 1-2 e 7 (2º caderno) [entrevista a Paulo Mendes Campos].
_____. "A Conferência Socialista de Antuérpia". *CM*. RJ, 2.12.1947, p. 18.
* _____. "Conferência Socialista de Antuérpia". *VS*. RJ, ano III, n. 115, 15.12.1947, pp. 1-2.
_____. "Em Torno da Crise Francesa: O Fim das Greves e a Posição Comunista". *CM*. RJ, 23.12.1947, p. 16.
* _____. "Em Torno da Crise Francesa: O Fim das Greves e a Posição Comunista". *OESP*. SP, 24.12.1947, p. 16.
_____. "Em Torno da Crise Francesa". *OESP*. SP, 25.12.1947, p. 1.

1948

PEDROSA, Mario. "Em Torno da Crise Francesa: Maus Vaticínios para a Primavera". *CM*. RJ, 4.1.1948, p. 20.
* _____. "Em Torno da Crise Francesa: Maus Vaticínios para a Primavera". *OESP*. SP, 4.1.1948, p. 1.

_____. "Alemanha, 1948 – Os Dois Lados da Ocupação". *CM*. RJ, 3.2.1948, p. 14.
_____. "As Eleições Italianas no Cenário Mundial". *CM*. RJ, 29.2.1948, p. 24.
_____. "Um Momento com André Gide". *CM*. RJ, 29.2.1948, p. 1 (2º caderno).
_____. "O Plano Marshall e as Indústrias Alemãs". *CM*. RJ, 2.3.1948, p. 12.
_____. "A Unidade Europeia e o Socialismo". *CM*. RJ, 3.3.1948, p. 12.
_____. "A Sovietização das Indústrias Alemãs na Zona Russa". *CM*. RJ, 5.3.1948, p. 12.
_____. "As Indústrias Alemãs na Zona Aliada". *CM*. RJ, 6.3.1948, p. 12.
_____."Um Momento com André Gide – I". *FN*. [s.l.], 7.3.1948, [s.p.].
_____."Um Momento com André Gide – II". *FN*. [s.l.], [1948], [s.p.].
_____. "Ficção de Berlim". *CM*. RJ, 7.3.1948, p. 24.
_____. "Meu Encontro com Malraux". *CM*. RJ, 7.3.1948, p. 1 (2º caderno).
_____. "Os Partidos sob a Ocupação". *CM*. RJ, 9.3.1948, p. 16.
_____. "O Problema da Juventude Alemã". *CM*. RJ, 10.3.1948, p. 12.
_____. "O Panorama Europeu – I". *VS*. RJ, n. 121, 12.3.1948, p. 1.
_____. "O Marco e o Cigarro". *CM*. RJ, 13.3.1948, p. 12.
_____. "As Barreiras contra o Oeste". *CM*. RJ, 14.3.1948, p. 24.
_____. "Ouvindo Albert Camus". *CM*. RJ, 14.3.1948, p. 1 (2º caderno).
_____. "Nos Trens Interzonais". *CM*. RJ, 16.3.1948, p. 14.
_____. "A Unidade Alemã e os Comunistas". *CM*. RJ, 17.3.1948, p. 12.
_____. "Este Ano de [19]48". *CM*. RJ, 19.3.1948, p. 12.
_____. "Da Nova Tática Comunista". *CM*. RJ, 20.3.1948, p. 12.
_____. "Os Golpes de Estado Comunistas e Socialistas". *CM*. RJ, 21.3.1948, p. 24.
_____. "Revendo Davi Rousset, Concentracionário Sobrevivente". *CM*. RJ, 21.3.1948, p. 1 (2º caderno).
_____. "Da Insurreição à Guerra Mundial". *CM*. RJ, 24.3.1948, p. 12.
_____. "A Pausa de Espera". *CM*. RJ, 26.3.1948, p. 12.
_____. "O Panorama Europeu – II". *VS*. RJ, n. 122, 26.3.1948, pp. 1-2.
_____. "Destinos da Europa. A Conferência de Mario Pedrosa na A.B.I". *VS*. RJ, n. 122, 26.3.1948, p. 3.
_____. "Fim de Jornada". *CM*. RJ, 28.3.1948, p. 24.
_____. "Um Americano em Paris". *CM*. RJ, 4.4.1948, pp. 1 e 3 (2º caderno).
_____. "As Eleições Italianas e o Futuro do Socialismo". *VS*. RJ, n. 124, 1.5.1948, pp. 8 e 4.

1950

* Pedrosa, Mario. "O Mundo Perdeu Seus Mitos". *JN*. SP, 12.3.1950, pp. 1-2 (2º caderno) [originalmente, esse depoimento dado a Paulo Mendes Campos foi publicado no *Diário Carioca* em 1947] [entrevista].

_____. "Léon Blum, como Intelectual e como Líder Socialista". *CM*. RJ, 14.5.1950, pp. 4 e 10.

* _____. "Léon Blum, como Intelectual e como Líder Socialista". *FS*. SP, 20.5.1950, pp. 2 e 6.

1951

Pedrosa, Mario. "Gide, ao Morrer". *JL*. RJ, mar. 1951, pp. 1 e 10.

_____. "Um Novo Potemkine". *TI*. RJ, 9.8.1951, p. 4.

_____. "Estillac entre o Continuísmo e o Stalinismo". *TI*. RJ, 16.8.1951, pp. 4 e 6.

_____. "Não Foi um Voto Socialista". *TI*. RJ, 23.8.1951, pp. 4 e 6.

_____. "O Trigo Brasileiro nas Eleições Argentinas". *TI*. RJ, 30.8.1951, pp. 4 e 8.

_____. "A Defesa da Europa". *TI*. RJ, 6.9.1951, pp. 4 e 6.

_____. "A Bienal de São Paulo e os Comunistas". *TI*. RJ, 8-9.9.1951, p. 7.

_____. "Perspectivas Totalitárias e Socialistas". *TI*. RJ, 13.9.1951, pp. 4 e 6.

* _____. "As Forças da Resistência Europeia". *OESP*. SP, 20.9.1951, p. 2.

_____. "Manobras Comunistas e Manobras Getulianas". *TI*. RJ, 27.9.1951, pp. 4 e 6.

_____. "Festival ou Revés Comunista". *TI*. RJ, 4.10.1951, pp. 4 e 6.

* _____. "Acaso Nada, Velhacaria". *OESP*. SP, 6.10.1951, p. 4.

_____. "A Frente Ocidental em Perigo". *TI*. RJ, 11.10.1951, p. 4.

_____. "A Brecha na Frente Anglo-Americana". *OESP*. SP, 14.10.1951, p. 12.

_____. "A Demagogia Nacionalista no Clube Militar". *TI*. RJ, 18.10.1951, pp. 4 e 10.

_____. "As Eleições Britânicas". *TI*. RJ, 25.10.1951, p. 4.

_____. "O Impasse de Churchill". *TI*. RJ, 8.11.1951, pp. 4 e 10.

_____. "Promessas Incumpridas e Vitórias Comunistas". *OESP*. SP, 17.11.1951, p. 2.

* _____. "A Liberdade Sindical e os Comunistas". *TI*. RJ, 19.11.1951, pp. 4 e 10.

_____. "Parlamentarismo e Manobras Políticas". *TI*. RJ, 22.11.1951, p. 4.

_____. "E Depois de Getúlio e Ademar?" *TI.* RJ, 29.11.1951, pp. 4 e 10.

1952

PEDROSA, Mario. "Franco e Batista". *TI.* RJ, 20.3.1952, p. 4.
_____. "Resposta a um Embaixador". *TI.* RJ, 27.3.1952, p. 4.
_____. "Arte e Revolução". *TI.* RJ, 29-30.3.1952, p. 8.
_____. "Rearmamento Ideológico". *TI.* RJ, 3.4.1952, p. 4.
_____. "O Dilema dos Heréticos". *TI.* RJ, 10.4.1952, p. 4.
_____. "Novo Aliado de Truman". *OESP.* SP, 15.4.1952, p. 2.
_____. "O 'Grupo' de Estillac". *TI.* RJ, 17.4.1952, p. 4.
_____. "O Mal dos Partidos". *TI.* RJ, 24.4.1952, p. 4.
_____. "Megatério em Quitandinha". *TI.* RJ, 8.5.1952, p. 4.
* _____. "O 'Grupo' de Estillac". *OESP.* SP, 10.5.1952, p. 5.
_____. "Contradições Americanas". *TI.* RJ, 15.5.1952, p. 4.
* _____. "O Mal dos Partidos". *OESP.* SP, 18.5.1952, p. 6.
_____. "Entre a Demagogia e a História". *TI.* RJ, 22.5.1952, p. 4.
_____. "O Homem Que Não Promete". *TI.* RJ, 29.5.1952, p. 4.
_____. "Derrota do Comunismo Francês". *TI* RJ, 5.6.1952, p. 4.
* _____. "Entre a Demagogia e a História". *OESP.* SP, 7.6.1952, p. 2.
_____. "Os Progressos do Comunismo". *TI.* RJ, 19.6.1952, p. 4.
_____. "As Duas Atitudes Americanas". *TI.* RJ, 27.6.1952, p. 4.
_____. "Mario Pedrosa, Duas Vezes Revolucionário". *RG.* CO, n. 38, jul. 1952, pp. 12-16 [entrevista].
_____. "O Fim dos Políticos". *TI.* RJ, 3.7.1952, p. 4.
_____. "Brasileiros na Europa". *TI.* RJ, 21.8.1952, p. 4.
* _____. "Brasileiros na Europa". *OESP.* SP, 26.8.1952, p. 4.
_____. "Os Padres Operários e o Comunismo". *TI.* RJ, 28.8.1952, p. 4.
_____. "Dramática a Indecisão dos Artistas Atuais". *TI.* RJ, 30-31.8.1952, p. 9 (Tribuna das Artes) [entrevista].
* _____. "Os Padres Operários e o Comunismo". *OESP.* SP, 7.9.1952, p. 92.
_____. "Convite ao Hara-Kiri". *TI.* RJ, 11.9.1952, p. 4.
_____. "Mentalidade Jurídica e Estratégia Política". *TI.* RJ, 18.9.1952, p. 4.
* _____. "Convite ao Haraquiri". *OESP.* SP, 21.9.1952, p. 9.
* _____. "Arte e Revolução". *OESP.* SP, 21.9.1952, p. 9.
* _____. "Mentalidade Jurídica e Estratégia Política". *OESP.* SP, 23.9.1952, p. 24.
_____. "Europeização da Política Americana". *TI.* RJ, 25.9.1952, p. 4.

* _____. "Europeização da Política Americana". *OESP.* SP, 2.10.1952, p. 2.
_____. "História de Ontem e de Hoje". *TI.* RJ, 2.10.1952, p. 4.
* _____. "História de Ontem e de Hoje". *OESP.* SP, 7.10.1952, p. 5.
_____. "O Discurso e a Oposição". *TI.* RJ, 9.10.1952, p. 4.
* _____. "O Discurso e a Oposição". *OESP.* SP, 16.10.1952, p. 2.
_____. "A Concorrência Desigual". *TI.* RJ, 18.10.1952, p. 4.
_____. "Na Encruzilhada". *TI.* RJ, 23.10.1952, p. 4.
* _____. "A Concorrência Desigual". *OESP.* SP, 24.10.1952, p. 2.
_____. "A Arte e os Políticos". *TI.* RJ, 25-26.10.1952, p. 8.
_____. "'Projeto Mil' e Autonomia". *TI.* RJ, 30.10.1952, p. 4.
* _____. "Na Encruzilhada". *OESP.* SP, 1.11.1952, p. 2.
* _____. "'Projeto Mil' e Autonomia. *OESP.* SP, 5.11.1952, p. 5.
_____. "A Derrota Democrática". *TI.* RJ, 6.11.1952, p. 4.
* _____. "A Derrota Democrática". *OESP.* SP, 12.11.1952, p. 2.
_____. "O Voo de Eisenhower". *TI.* RJ, 13.11.1952, p. 4.
* _____. "O Voo de Eisenhower". *OESP.* SP, 16.11.1952, p. 5.
* _____. "A Arte e os Políticos". *LEA.* RJ, 16.11.1952, p. 5.
_____. "Os Dois Vencidos". *TI.* RJ, 20.11.1952, p. 4.
_____. "A Nova Heresia Staliniana". *TI.* RJ, 27.11.1952, p. 4.
* _____. "Os Dois Vencidos". *OESP.* SP, 29.11.1952, p. 9.
_____. "E Agora?" *TI.* RJ, 4.12.1952, p. 4.
* _____. "E Agora?" *OESP.* SP, 6.12.1952, p. 5.
_____. "Greve e Democracia". *TI.* RJ, 11.12.1952, p. 4.
* _____. "Greve e Democracia". *OESP.* SP, 12.12.1952, p. 9.
_____. "A Integração na Democracia". *TI.* RJ, 18.12.1952, p. 4.
* _____. "A Nova Heresia Staliniana". *OESP.* SP, 19.12.1952, p. 2.

1953

PEDROSA, Mario. "Democracia *versus* Banco". *TI.* RJ, 8.1.1953, p. 4.
* _____. "Democracia *versus* Banco". *OESP.* SP, 13.1.1953, p. 7.
_____. "A Crise do Stalinismo na França e no Brasil". *TI.* RJ, 15.1.1953, p. 4.
* _____. "A Crise do Stalinismo na França e no Brasil". *OESP.* SP, 18.1.1953, p. 80.
_____. "Antissemitismo Stalinista". *TI.* RJ, 22.1.1953, p. 4.
* _____. "Antissemitismo Stalinista". *OESP.* SP, 24.1.1953, p. 5.
_____. "A Volta da Oposição". *TI.* RJ, 29.1.1953, p. 4.
_____. "Ofensiva *versus* Coexistência". *TI.* RJ, 5.2.1953, p. 4.
_____. "Elites?" *TI.* RJ, 13.2.1953, p. 4.

*_____. "Ofensiva *versus* Coexistência". OESP. SP, 19.2.1953, p. 2.
_____. "A Lógica e a Realidade na URSS". *TI*. RJ, 19.2.1953, p. 4.
_____. "A Volta a 1930". *TI*. RJ, 26.2.1953, p. 4.
*_____. "A Lógica e a Realidade na URSS". OESP. SP, 1.3.1953, p. 86.
_____. "Especulações em Torno da Sucessão de Stalin". *TI*. RJ, 5.3.1953, p. 4.
_____. "Malenkov *versus* Beria". *TI*. RJ, 12.3.1953, p. 4.
*_____. "A Arte e os Políticos". OESP. SP, 29.3.1953, p. 57.
_____. "Consequências da Morte de Stalin". OESP. SP, 15.4.1953, p. 5.
*_____. "A Volta da Oposição". OESP. SP, 5.9.1953, s.p.
_____. "O Brasil Está Condenado ao Moderno". *TI*. RJ, 26.12.1953, p. 6 (2º caderno) [entrevista].

1954

PEDROSA, Mario. "Apelo aos Trabalhadores. O Líder Socialista Mario Pedrosa Dirige-se aos Sindicalistas Independentes". CM. RJ, 29.8.1954, p. 5 [entrevista].
_____. "Chorar os Mortos Não Pode Ser Ocupação de Líderes Operários". Em entrevista a este jornal, o líder socialista Mario Pedrosa desmonta a demagogia macabra em torno do suicídio do Sr. Getúlio Vargas. DNO. RJ, 8.9.1954, pp. 3-4 [entrevista].
_____. "As Eleições de Domingo e os Candidatos no Distrito Federal. Em Quem o Povo Deve Votar". *Correio da Manhã*, Rio de Janeiro, 30.9.1954, p. 5.

1955

PEDROSA, Mario. "Vozes da Ásia, Vozes d'África: A Conferência de Bandung". CM. RJ, 16.4.1955, p. 2.
_____. "Juarez, um Novo Reformismo". DNO. RJ, 18.6.1955, pp. 4-5.
_____. "A Cacofonia Política para o Estado de São Paulo". OESP. SP, [31.8.1955], [p. 6].
_____. "O 3 de Outubro no Prata". DNO. RJ, 27.9.1955, p. 5.
_____. "Candidato Vencido, Líder Vitorioso". DNO. RJ, 12.10.1955, pp. 4 e 6.
*_____. "Candidato Vencido, Líder Vitorioso". OESP. SP, 12.10.1955, p. 7.
_____. "As Cartas Marcadas de Juscelino". DNO. RJ, 20.10.1955, pp. 4 e 6.
*_____. "As Cartas Marcadas de Juscelino". OESP. SP, 21.10.1955, p. 4.

_____. "A 'Batalha da Diplomação' e os Comunistas". *DNO*. RJ, 29.10.1955, pp. 4 e 6.
_____. "A Palavra à Justiça Eleitoral". *DNO*. RJ, 1.11.1955, pp. 4 e 6.
* _____. "A Palavra à Justiça Eleitoral". *OESP*. SP, 1.11.1955, p. 4.
* _____. "A 'Batalha da Diplomação' e o Partido Comunista". *OESP*. SP, 2.11.1955, p. 4.
_____. "Ordem Democrática e Realismo Político". *DNO*. RJ, 4.11.1955, pp. 4 (1º caderno) e 5 (2º caderno).
* _____. "Ordem Democrática e Realismo Político". *OESP*. SP, 5.11.1955, p. 5.
_____. "O Golpe Vigente". *DNO*. RJ, 19.11.1955, p. 2.
* _____. "O Golpe Vigente". *OESP*. SP, 19.11.1955, p. 5.
_____. "Do Ventríloquo e Seus Bonecos". *DNO*. RJ, 2.12.1955, pp. 4 e 6.
* _____. "Do Ventríloquo e Seus Bonecos". *OESP*. SP, 2.12.1955, p. 5.
_____. "A Farsa Napolitana". *TI*. RJ, 7.12.1955, p. 4.
* _____. "A Farsa Napolitana". *OESP*. SP, 8.12.1955, p. 7.
_____. "Lição da História". *TI*. RJ, 9.12.1955, p. 4.
_____. "Só Duas Vezes por Ano o Crítico Vai à Praia". *TI*. RJ, 9.12.1955, p. 3 (Caderno Nossa Cidade) [entrevista].
_____. "Em Face dos Poderes Implícitos". *TI*. RJ, 15.12.1955, p. 4.
* _____. "Diante dos Poderes Implícitos". *OESP*. SP, 17.12.1955, p. 4.
_____. "Última Encarnação de Juscelino". *OESP*. SP, 18.12.1955, p. 8.
_____. "Tolerância ou Incoerência?" *TI*. RJ, 20.12.1955, p. 4.
* _____. "Tolerância ou Incoerência". *OESP*. SP, 21.12.1955, p. 4.
_____. "O Clima para o Sítio". *OESP*. SP, 24.12.1955, p. 4.
_____. "Do Direito de Ir e Vir". *OESP*. SP, 27.12.1955, p. 4.
_____. "Os Tempos de Minotauro". *TI*. RJ, 27.12.1955, p. 4.
* _____. "Os Tempos de Minotauro". *OESP*. SP, 31.12.1955, p. 5.
_____. "Pelegos Velhos e Pelegos Novos". *TI*. RJ, 31.12.1955, p. 4.

1956

* PEDROSA, Mario. "Pelegos Velhos e Pelegos Novos". *OESP*. SP, 1.1.1956, p. 5.
_____. "Washington Diploma Juscelino". *OESP*. SP, 8.1.1956, p. 4.
_____. "O Segredo da Viagem". *TI*. RJ, 10.1.1956, p. 4.
* _____. "O Segredo da Viagem". *OESP*. SP, 11.1.1956, p. 4.
_____. "O Último Dia de Liberdade". *DNO*. RJ, 7.2.1956, p. 10 (suplemento).
_____. "Selvas Brasileiras". *TI*. RJ, 23.2.1956, p. 4.

_____. "Eis a Situação". *TI*. RJ, 28.2.1956, p. 4.
*_____. "Eis a Situação". *OESP*. SP, 29.2.1956, p. 4.
_____. "A Tática da Calúnia e do Perdão". *TI*. RJ, 7.3.1956, p. 4.
_____. "Juscelino, Patrão Reacionário". *TI*. RJ, 16.3.1956, p. 4.
*_____. "Juscelino, Patrão Reacionário". *OESP*. SP, 16.3.1956, p. 4.
_____. "Neutro entre o Criminoso e a Justiça". *OESP*. SP, 21.3.1956, p. 4.
_____. "Jango, a Inflação Demagógica". *TI*. RJ, 23.3.1956, p. 4.
_____. "Governo Inflacionário". *OESP*. SP, 27.3.1956, p. 7.
_____. "O Governo É Neutro". *TI*. RJ, 28.3.1956, p. 4.
_____. "A Última 'Autocrítica' Stalinista". *TI*. RJ, 6.4.1956, p. 4.
_____. "A Demolição do Mito Stalin e a Realidade Soviética". *MC*. RJ, n. 207, 7.4.1956, pp. 8-10.
_____. "Da Ideologia à Prática da Realidade". *TI*. RJ, 12.4.1956, p. 4.
*_____. "Da Ideologia à Prática". *OESP*. SP, 15.4.1956, p. 128.
_____. "Átomo Não É Negócio". *TI*. RJ, 19.4.1956, p. 4.
_____. "Ainda os Negócios Atômicos". *TI*. RJ, 24.4.1956, p. 4.
PEDROSA, Mario *et alii* (Comitê de Organização da Ação Democrática). "Manifesto de Convocação da Ação Democrática". *DNO*. RJ, 25.4.1956, p. 5 (republicado em *DNO*. RJ, 26.4.1955, p. 7).
PEDROSA, Mario. "O Próximo Golpe de Lott". *OESP*. SP, 29.4.1956, p. 4.
_____. "Lott É a Guerra Civil". *TI*. RJ, 30.4.1956, p. 4.
_____. "Defendamos o Nosso Tório". *TI*. RJ, 4.5.1956, p. 4.
_____. "A Eloquência de um Contraste". *TI*. RJ, 9.5.1956, p. 4.
_____. "A Palavra de Lott". *OESP*. SP, 10.5.1956, p. 5
_____. "Juscelino, Caixeiro da Plutocracia". *TI*. RJ, 16.5.1956, p. 4.
_____. "Reacionário e Inflacionário". *OESP*. SP, 16.5.1956, p. 4.
_____. "Uma Revolução nos Espíritos para Evitar a Ditadura Lott". *TI*. RJ, 18.5.1956, p. 3 [entrevista].
_____. "O Câncer Novembrista". *TI*. RJ, 22.5.1956, p. 4.
_____. "Que É a Ação Democrática?" *OS*. RJ, n. 8, 24-31.5.1956, p. 2.
_____. "Governo Dentro do Governo". *OESP*. SP, 24.5.1956, p. 4.
_____. "O Agravador de Situações". *TI*. RJ, 1.6.1956, p. 4.
_____. "Sítio sem Sítio". *OESP*. SP, 3.6.1956, p. 5.
_____. "A Fumaça das 'Restrições Mentais'". *OESP*. SP, 4.6.1956, p. 4.
_____. "Realiza a Ação Democrática um Ato Público em Defesa dos Estudantes. Fala ao *Diário de Notícias* o Sr. Mario Pedrosa". *DNO*. RJ, 7.6.1956, p. 3 [entrevista].
_____. "Balão de São João". *OESP*. SP, 16.6.1956, p. 4.

* _____. "Balão de São João". *TI*. RJ, 16-17.6.1956, p. 4.
_____. "Os Coloniais do Stalinismo". *TI*. RJ, 20.6.1956, p. 4.
* _____. "Stalinistas e Coloniais". *OESP*. SP, 21.6.1956, p. 2.
_____. "JK Tira a Máscara". *TI*. RJ, 23-24.6.1956, p. 4.
_____. "A Promissória Chega ao Termo". *OESP*. SP, 24.6.1956, p. 6.
_____. "O Último Retorno à Vista". *TI*. RJ, 26.6.1956, p. 4.
_____. "A Conspiração Novembrista". *OESP*. SP, 27.6.1957, p. 6.
_____. "Linha Lott". *TI*. RJ, 2.7.1956, p. 4.
_____. "Salário mínimo para Já". *TI*. RJ, 11.7.1956, p. 4.
_____. "Juscelino no Panamá". *TI*. RJ, 19.7.1956, p. 4.
_____. "Eisenhower em Face de JK". *OESP*. SP, 20.7.1956, p. 5.
_____. "Novembro em Marcha". *OESP*. SP, 29.7.1956, p. 4.
* _____. "Início da 'Terceira Crise'". *TI*. RJ, 30.7.1956, p. 4.
_____. "O Escalão Superior". *TI*. RJ, 27.8.1956, p. 1.
_____. "Governo de Regência Militar". *TI*. RJ, 28.8.1956, p. 4.
_____. "Capitulação do Poder Civil". *OESP*. SP, 29.8.1956, p. 4.
_____. "A Conjura Oficial". *OESP*. SP, 12.9.1956, p. 5.
* _____. "A Transformação de JK". *TI*. RJ, 13.9.1956, p. 4.
_____. "Violência Policial contra Campanha da Ação Democrática". *DNO*. RJ, 18.9.1956, pp. 2 e 10 [transcreve documento da Ação Democrática assinado por Mario Pedrosa].
_____. "Continua o Mistério em Torno do Projeto-Mordaça". *CM*. RJ, 27.9.1956, p. 16 [transcreve documento da Ação Democrática assinado por Mario Pedrosa].
_____. "Trapaça Diplomática". *OESP*. SP, 9.10.1956, p. 6.
_____. "Por Trás da Pacificação". *TI*. RJ, 11.10.1956, p. 4.

1957

PEDROSA, Mario. "Renoir, Gauguin, Kubitschek". *JB*. RJ, 24.1.1957, p. 8.
_____. "O Comunismo Está Vivendo os Seus Últimos Momentos". *RS*. RJ, ano 57, n. 6, 9.2.1957, pp. 44-45 [entrevista].
_____. "Arte e Revolução". *JB*. RJ, 16.4.1957, p. 8.
_____. "Atentado à Liberdade de Criação". *JB*. RJ, 25.4.1957, p. 8.
_____. "Ideologia e Ciências Sociais – I". *JB*. RJ, 5.5.1957, p. 6 (suplemento dominical – Livro de Ensaios).
_____. "Ideologia e Ciências Sociais – II". *JB*. RJ, 12.5.1957, p. 6 (suplemento dominical – Livro de Ensaios).

_____. "Ideologia e Ciências Sociais – III". *JB*. RJ, 19.5.1957, p. 6 (suplemento dominical – Livro de Ensaios).

_____. "Consolida-se Krushev com Apoio do Exército". Opinião de Mario Pedrosa sobre a crise russa. *TI*. RJ, 5.7.1957, p. 7.

_____. "Reformas Bonapartistas Se Iniciaram Agora na Rússia. Mario Pedrosa e o Historiador José Honório Rodrigues Falam sobre o Expurgo no *Presidium*". *JB*. RJ, 6.7.1957, p. 12 [entrevista].

_____. "Confusões do Embaixador-Senador". *JB*. RJ, 30.7.1957, p. 6.

_____. "Para Onde Vai o Brasil?" *MC*. RJ, n. 278, 17.8.1957, pp. 23-24 (entrevista-enquete de Newton Carlos).

_____. "Aos Quarenta Anos da Revolução Russa". *TI*. RJ, 7.11.1957, p. 4.

_____. "Motivos de uma Indisciplina". *TI*. RJ, 18.11.1957, p. 4.

_____. "Diego Rivera". *JB*. RJ, 27.11.1957, p. 6.

1958

PEDROSA, Mario. "Correspondência Apreendida". *JB*. RJ, 21.5.1958, p. 6.

_____. "Crise: 'Últimos Choques do Império Francês com os Povos Que Querem Liberdade'". *JB*. RJ, 1.6.1958, pp. 14 e 20 [entrevista].

PEDROSA, Mario; RIOS, José Arthur; SANTOS, Max da Costa. "Um Estudo sobre a Revolução Brasileira". *DNO*. RJ, 15.6.1958, pp. 5-6.

PEDROSA, Mario. "Ideologia e Poder – I". *JB*. RJ, 20.7.1958, p. 5 (suplemento dominical).

_____. "Ideologia e Poder – II". *JB*. RJ, 27.7.1958, p. 6 (suplemento dominical).

_____. "Ideologia e Poder – III". *JB*. RJ, 3.8.1958, p. 6 (suplemento dominical).

1959

PEDROSA, Mario. "Potere e Burocrazia". *TP*. RO, ano IV, n. 5, maio 1959, pp. 345-354.

_____. "Seduções Ocidentais". *JB*. RJ, 14.6.1959, pp. 3 (1º caderno) e 6 (2º caderno).

_____. "As Vias da Democracia no Oriente". *JB*. RJ, 17.6.1959, pp. 3 e 10.

_____. "Mario Pedrosa: 'O Nacionalismo É uma Ideologia Alienante'". *OM*. RJ, 12.7.1959, p. 8; e *OM*. RJ, 21.7.1959, p. 8 [encartadas, respectivamente, em *DNO*, RJ, 12.7.1959, p. 56 e *DNO*, RJ, 21.7.1959, pp. 30 e 29] [entrevista].

_____. "Sintomas de Crise do Verbo". *JB*. RJ, 29.7.1959, p. 6.

_____. "Entreguismo e Nacionalismo". *JB*. RJ, 2.8.1959, pp. 3 (1º caderno) e 8 (2º caderno).
_____. "Rádio e Ausência de Integração". *JB*. RJ, 19.8.1959, p. 6.
_____. "A Imagem do Amigo Morto". *JB*. RJ, 31.10.1959, p. 6.
_____. "As Garças Voando". *JB*. RJ, 8.12.1959, p. 3.
_____. "Ainda Ventos de Aragarças". *JB*. RJ, 13.12.1959, pp. 3 (1º caderno) e 7 (2º caderno).
_____. "Do Golpe e dos Movimentos Espontâneos". *JB*. RJ, 22.12.1959, pp. 3 e 10.
_____. "Passagem do Rubicão?" *JB*. RJ, 29.12.1959, pp. 3 e 11.

1960

PEDROSA, Mario. "O Partido do Gabarito Curto". *JB*. RJ, 1.1.1960, p. 3.
_____. "Albert Camus e a Nossa Realidade". *JB*. RJ, 8.1.1960, pp. 3 e 10.
_____. "O Foguete Russo do Pacífico". *JB*. RJ, 15.1.1960, p. 3.
_____. "Isolacionismo e 'Big Stick'". *JB*. RJ, 22.1.1960, p. 3.
_____. "Cuba e OPA". *JB*. RJ, 29.1.1960, pp. 3 e 10.
_____. "Petrobrás, Cuba e Excesso Doutrinário". *JB*. RJ, 5.2.1960, pp. 3 e 10.
_____. "Os Anjos da Confusão". *JB*. RJ, 12.2.1960, p. 3.
_____. "O Vice Condicionado". *JB*. RJ, 19.2.1960, pp. 3 e 10.
_____. "Por Trás da Visita". *JB*. RJ, 26.2.1960, p. 3
_____. "A Alternativa de Brasília". *JB*. RJ, 4.3.1960, p. 3.
_____. "Versões de uma Viagem". *JB*. RJ, 11.3.1960, p. 3.
_____. "Casa Pré-Fabricada e Individual, Quinta-Feira". *CM*. RJ, 13.3.1960, p. 2 (2º caderno).
_____. "O Terceiro Símbolo". *JB*. RJ, 18.3.1960, p. 3.
_____. "Pecado Diplomático". *JB*. RJ, 1.4.1960, p. 3.
_____. "País Inviável". *JB*. RJ, 8.4.1960, p. 3.
_____. "Isto É uma Revolução". *JB*. RJ, 15.4.1960, p. 3.
_____. "Rotina Americana". *JB*. RJ, 29.4.1960, p. 3.
_____. "Chessman e a Lei Que Faltava". *JB*. RJ, 6.5.1960, p. 3.
_____. "A Vítima do Avião Espião". *JB*. RJ, 13.5.1960, pp. 3 e 10.
_____. "Krushev e Stevenson". *JB*. RJ, 20.5.1960, p. 3.
_____. "Novo Significado das Eleições Americanas". *JB*. RJ, 27.5.1960, p. 3.
_____. "A Vez da América Latina". *JB*. RJ, 10.6.1960, p. 3.
* _____. "As Vias da Democracia no Oriente". *CP*. SP, 26.6.1960, [s.p.].

_____. "Seduções Ocidentais". CP. SP, 25.9.1960, [s.p.].

_____. "Pedrosa Volta da França Achando Que De Gaulle Passa de Juiz a Ditador". JB. RJ, 22.10.1960, p. 5 [entrevista].

* _____. "A Imagem do Amigo Morto". CPO. POA, 19.11.1960, [s.p.].

1961

PEDROSA, Mario. "Pedrosa Explica Criação do Conselho Nacional de Cultura pelo Presidente". JB. RJ, 2.6.1961, p. 3 [entrevista].

1964

PEDROSA, Mario. "O Passo Histórico". CM. RJ, 22.1.1964, p. 1 (2º caderno).

1965

PEDROSA, Mario. "A Cultura Popular". DCA. RJ, 17-18.1.1965, p. 10.

_____. "O Arranque Imperialista". PEI. RJ, n. 2, ago. 1965, pp. 124-135.

1966

PEDROSA, Mario. "Despotismo Esclarecido, Anacronismo Despótico". CM. RJ, 19.6.1966, p. 3 (4º caderno) (caderno Candidatura MDB).

_____. "Sucessão em Regime Fechado". CM. RJ, 3.7.1966, p. 12 (4º caderno) (caderno Candidatura MDB).

_____. "Institucionalização do Poder Militar". CM. RJ, 24.7.1966, p. 3 (4º caderno) (caderno Candidatura MDB).

_____. "O Pano de Fundo do Regime". CM. RJ, 7.8.1966, p. 3 (4º caderno) (caderno Candidatura MDB).

_____. "Sob o Pacto das Catacumbas". CM. RJ, 21.8.1966, p. 5 (4º caderno).

_____. "Das Fontes Legítimas do Poder". CM. RJ, 4.9.1966, p. 4 (4º caderno) (caderno Candidatura MDB).

_____. "Brava, Brava Mocidade". CM. RJ, 18.9.1966, p. 3 (4º caderno) (caderno Candidatura MDB).

_____. "O Processo da Redemocratização". CM. RJ, 25.9.1966, p. 3 (4º caderno).

_____. "Único Poder Legítimo É o Novo Congresso: Pedrosa". CM. RJ, 28.9.1966, p. 3 [entrevista].

_____. "Redemocratização e Recuperação Nacional". CM. RJ, 2.10.1966, p. 3 (4º caderno).
_____. "Ainda Não Temos Presidente". CM. RJ, 9.10.1966, p. 3 (4º caderno).
_____. "Das Cassações à Renúncia". CM. RJ, 16.10.1966, p. 3 (4º caderno).
_____. "Da Ditadura e Seus Estertores". CM. RJ, 23.10.1966, p. 3 (4º caderno).
_____. "Fenda no Poder Militar". CM. RJ, 30.10.1966, p. 3 (4º caderno).
_____. "O Novo Regente e Sua Guerra". CM. RJ, 6.11.1966, p. 3 (4º caderno).
_____. "Os Riscos Honrosos de Candidato". CM. RJ, 13.11.1966, p. 3 (7º caderno).
_____. "Após as Eleições". CM. RJ, 20.11.1966, p. 3 (4º caderno).
_____. "Novos Rumos Políticos". CM. RJ, 27.11.1966, p. 3 (4º caderno).
_____. "O Golpe da Constituição". CM. RJ, 11.12.1966, p. 3 (4º caderno).
_____. "A Constituição Desnacionalizante". CM. RJ, 25.12.1966, p. 3 (4º caderno).

1967

PEDROSA, Mario. "Um Novo Regime para uma Nova Elite". CM. RJ, 8.1.1967, p. 3 (4º caderno).
_____. "A Ideologia de Nossos Marechais". CM. RJ, 22.1.1967, p. 3 (4º caderno).
_____. "Questão de Regime, Não de Personalidades". CM. RJ, 5.2.1967, p. 3 (4º caderno).
_____. "Precisa-se de uma Oposição". CM. RJ, 19.2.1967, p. 3 (4º caderno).
_____. "Entre o Poder Militar e a Realidade". CM. RJ, 5.3.1967, p. 3 (4º caderno).
_____. "Segurança Nacional contra o Brasil". CM. RJ, 19.3.1967, p. 1 (4º caderno).
_____. "O Rebaixamento das Forças Armadas na Estratégia Antinacional". CM. RJ, 2.4.1967, p. 3 (4º caderno).
_____. "Punta del Este e Paulo VI". CM. RJ, 16.4.1967, p. 3 (4º caderno).
_____. "O Grande Desafio". CM. RJ, 30.4.1967, p. 6 (4º caderno).
_____. "A Chaga Aberta do Mundo". CM. RJ, 14.5.1967, p. 1 (4º caderno).
_____. "O Único Partido Político". CM. RJ, 28.5.1967, p. 3 (4º caderno).
_____. "Da Existência de Israel à Paz Indivisível". CM. RJ, 11.6.1967, p. 3 (4º caderno).
_____. "Israel e Árabes ou o Conflito com a Realidade". CM. RJ, 25.6.1967, p. 4 (4º caderno).
_____. "Sob o Anjo Exterminador". CM. RJ, 9.7.1967, p. 3 (4º caderno).

_____. "Os Fogueteiros da Impotência". *CM.* RJ, 23.7.1967, p. 3 (4º caderno).
_____. "Mario Pedrosa Vê Situação Igual à do Último Triênio". *TI.* RJ, 26.7.1967, p. 2 [entrevista].
_____. "O Poder Negro, Essa Realidade". *CM.* RJ, 6.8.1967, p. 6 (4º caderno).
_____. "Entre o Gueto e o *Campus*-Integração?" *CM.* RJ, 20.8.1967, p. 3 (4º caderno).
_____. "Da Velha Estratégia a uma Nova Política". *CM.* RJ, 3.9.1967, p. 4 (4º caderno).
_____. "Che Guevara, o Otimismo Revolucionário". *CM.* RJ, 22.10.1967, p. 3 (4º caderno).
_____. "A Revolução nas Artes". *CM.* RJ, 5.11.1967, p. 8 (4º caderno).
_____. "A Revolução nas Artes (II)". *CM.* RJ, 12.11.1967, p. 4 (4º caderno).
_____. "Revolução e Cultura". *RCB.* RJ, nov. 1967, pp. 285-303 (caderno especial n. 1: *A Revolução Russa – Cinquenta Anos de História*).
PEDROSA, Mario *et alii*. "Brasil Estados Unidos". *CB.* RJ, n. 44, nov.- dez. 1967, pp. 5-18.
PEDROSA, Mario. "A Crise do Comunismo e o Novo Partido". *CM.* RJ, 26.11.1967, p. 4 (4º caderno).
_____. "Das Reviravoltas do Nacionalismo". *CM.* RJ, 3.12.1967, p. 3 (4º caderno).

1968

PEDROSA, Mario. "País Desprotegido, Poder Militar". *CM.* RJ, 7.1.1968, p. 3 (4º caderno).
_____. "O Partido". *CM.* RJ, 21.1.1968, p. 3 (4º caderno).
_____. "O Poder Militar em Expectativa". *CM.* RJ, 4.2.1968, p. 3 (4º caderno).
_____. "A Crise Americana e a Paz Mundial". *CM.* RJ, 3.3.1968, p. 4 (4º caderno).
_____. "Censores, Tirem a Pata de Cima do Teatro e do Cinema". *CM.* RJ, 24.3.1968, p. 3 (4º caderno).
_____. "Quem Quer Sangue?" *CM.* RJ, 7.4.1968, p. 3 (4º caderno).
_____. "As Trombetas da Polícia de Veneza". *CM.* RJ, 5.7.1968, p. 6.
_____. "O Crime de Praga". *CM.* RJ, 22.9.1968, p. 3 (4º caderno).
_____. "A Nova Face do Ocidente". *CM.* RJ, 20.10.1968, p. 2 (4º caderno).

1972

PEDROSA, Mario. "[Homônimos]". *VJ.* SP, n. 179, 9.2.1979, p. 12 (carta).

1975

Pedrosa, Mario. "Neste Momento de Crise Devemos Optar pelos Artistas". *EX. LIS*, 18.10.1975, [s.p.] [entrevista].

1977

Pedrosa, Mario. "Mario Pedrosa, um Coerente". *JB. RJ*, 12.10.1977, p. 1 (Caderno B) [entrevista].

_____. "Mario Pedrosa: Confissões de um Livre-Pensador". *FSP. SP*, 20.12.1977, pp. 35 e 42 (*Folha Ilustrada*) [entrevista].

_____. "Mario Pedrosa, Exílio, Arte e Imperialismo". *VR. SP*, dez. 1977-jan. 1978, pp. 25-27. [republicada em: BARROS, Omar L. de (org.). Versus: *Páginas da Utopia*. Rio de Janeiro, Beco do Azougue, 2007, pp. 205-211] [entrevista].

1978

Pedrosa, Mario. "1934: União Operária Derrota os Fascistas". *OT. SP*, n. 0, 1.5.1978, p. 6 [entrevista].

_____. "Mario Pedrosa: A Arte Está em Decadência, mas os Sindicatos Estão Vivos". *JB. RJ*, 2.6.1978, p. 8 (Caderno B) [entrevista].

_____. "Teses para o Terceiro Mundo". *ECB. RJ*, n. 2, ago. 1978, pp. 11-30 (originalmente datado de Paris, 6.7.1975).

_____. "A Grande Eleição". *FSP. SP*, 27.8.1978, p. 3.

_____. "Mario Pedrosa & a Vitória dos Seus Fracassos". *OP. RJ*, n. 469, 23--29.6.1978, pp. 4-14 [republicado em *OP, RJ*, dez. 1978, pp. 12-18, (Especial – Grandes Entrevistas Políticas, 2)] [entrevista].

_____. "Pedrosa: Hora É Ideal para Criar Novo PS". *OESP. SP*, 24.12.1978, pp. 8-9 [republicada em: MOTA, Lourenço Dantas (coord.). *A História Vivida*. vol. 1. São Paulo, O Estado de S. Paulo, 1981, pp. 235-248] [entrevista].

_____. "O Brasil Não Conhece o Brasil". *TI. RJ*, 30-31.12.1978, p. 7 (suplemento) [entrevista].

1979

Pedrosa, Mario. "Mario Pedrosa e a Revolução Permanente". *LL. SP*, 15.1.1979, pp. 14-15.

_____. "Rosa Luxembourg". *ECB. RJ*, n. 8, fev. 1979, pp. 117-123.

_____. "Mario Pedrosa: 'Arte Não Está na Primeira Fila da Revolução'". *TI*. RJ, 10.6.1979 (Suplemento da Tribuna, pp. 3-5) [republicada em: MODERNO, João Ricardo. *Arte contra Política no Brasil*. Rio de Janeiro, Pallas, 1984, pp. 27-37] [entrevista].

_____. "O Futuro do Povo". *JR*. SP, 1.9.1979, p. 4.

_____. "Sindicato ou Partido?" *JR*. SP, 2.10.1979, p. 4.

_____. "Quatro Horas de Ditadura do Proletariado". *IE*. SP, 10.10.1979, pp. 82-83.

_____. "A Missão do PT: Organizar Assembleias Constituintes Regionais". *JR*. SP, 5.11.1979, p. 4.

_____. "Mario Pedrosa: O Pensamento de um Trotsquista Histórico". *MO*. SP, n. 228, 12-18.11.1979, pp. 18-19 [entrevista].

_____. "Contra o Veto do João". *JR*. SP, 26.11.1979, p. 4.

_____. "O Internacionalismo e a Internacional Hoje: Mario Pedrosa". *ET*. SP, n. 94, 13-19.12.1979, p. 12 [entrevista].

1980

PEDROSA, Mario. "Irá Dá Lição Revolucionária". *TI*. RJ, 8.1.1980, p. 9 [entrevista].

_____. "O PT e o Estado". *JR*. SP, 12.1.1980, p. 4.

_____. "Os Bispos e a Marcha do PT". *FSP*. SP, 23.2.1980, p. 3.

_____. "O Trotskismo no Brasil: Da Oposição de Esquerda às Primeiras Organizações – Mario Pedrosa". *ET*. SP, n. 103, 3-16.4.1980, p. 16 [entrevista].

_____. "Arte, Cultura e Política, numa Vida sem Concessões". *FSP*. SP, 13.4.1980, p. 49 (*Folha Ilustrada*) [entrevista].

_____. "Mario Pedrosa aos 80: 'Sou Cético'. Diante da Crítica, da Arte, do Mundo". *JB*. RJ, 24.4.1980, p. 12 (Caderno B) [entrevista].

_____. "O Mundo Fantástico de Mario Pedrosa". *TI*. RJ, 29.4.1980, p. 5.

1981

PEDROSA, Mario. "Mario Pedrosa: A Arte Não É Fundamental. A Profissão do Intelectual É Ser Revolucionário..." *OP*. RJ, n. 646, 12-18.11.1981, pp. 7-11 [entrevista].

_____. "Ao Lula, de Mario Pedrosa". *CA*. SP, n. 2 751, 12.11.1991, p. 44 [extrato de carta de Mario Pedrosa a Lula, de 1.8.1978].

1982 [póstumo]

PEDROSA, Mario. "Autocrítica de Mario Pedrosa". *FSP*. SP, 21.11.1982, pp. 6-8 (*Folhetim*).

1997 [póstumo]

PEDROSA, Mario *et alii*. "O Encontro". *JB*. RJ, 23.2.1997, pp. 1 e 6-7 e 24.2.1997, pp. 4-5. Entrevista realizada por Elizabeth Carvalho com Darcy Ribeiro, Glauber Rocha, Ferreira Gullar, Mario Pedrosa e Zuenir Ventura em 1977 [republicada em: FERRAZ, Isa Grispum (org.). *Darcy Ribeiro: Utopia Brasil*. São Paulo, Hedra, 2008, pp. 105-157] [entrevista].

Agradecimentos

Airton Paschoa;
Alexandre Linares;
Alipio Freire;
Antonia Pellegrino;
Barbara Abramo;
Berenice Abramo;
Bia Abramo;
Cláudia Heller;
Claudio Weber Abramo;
Cristina Penz;
Eloah Pina;
Enio Bucchioni;
Everaldo de Oliveira Andrade;
Francisco Alambert;
Gláucia Fraccaro;
Gustavo Vilella;
Henrique Canary;
Horacio Tarcus;
Isabel Loureiro;
João Simões;
Jacy Machado Barletta;
Joaquim Soriano;

Jorge Pinheiro;
José Castilho Marques Neto;
José Luiz Del Roio;
Josnei di Carlos Vilas Boas;
Júlio Leocadio Tavares das Chagas;
Luís Antônio Novaes;
Luiz Eduardo Greenhalgh;
Marcelo Lauff Abramo;
Margaret Kiechefer;
Maria Auxiliadora Cunha Arantes;
Maria Leonor Loureiro;
Milton Ohata;
Leda Paulani;
Marisa Midori Deaecto;
Osvaldo Coggiola;
Paula Abramo;
Paulo Luiz;
Pedro Mayer Bortoto;
Plinio Martins Filho;
Renain Bilisário Michel Machado da Silva;
Renata Cotrim;
Renato de Andrade Maia Neto;
Ricardo Lelis;
Rogério Chaves;
Rosana Lobo;
Sandra Moraes;
Solange de Souza;
Sonia Maria Troitiño Rodriguez;
Valerio Arcary;
Vasco Melo;
Vera Melo;
Vera Pedrosa.
Centro de Documentação e Memória da Unesp – Cedem;
Centro de Documentação do Movimento Operário Mario Pedrosa – Cemap-Interludium-Cedem;
Centro de Documentação e Informação d'*O Globo* – CDI;
Library of Congress (Washington, D.C.).

Índice Remissivo

Abramo, Cláudio, 82, 174, 193, 199, 200, 217, 218
Abramo, Fulvio, 56, 58-59, 61, 63, 75, 82, 196, 203, 217-218
Abramo, Lélia, 176, 192-193, 196
Abramo, Livio, 141
Abramo, Perseu, 176
Abramo, Radhá, 193
Ação Democrática (AD), 125-128, 133-134, 136-137
Ação Integralista Brasileira (AIB), 56, 69, 72
Ação Popular (AP), 207
Acre, 154
Adão, Alípio Ferreira, 80
Adler, Max, 65
África, 135, 139
Aguiar, Frota, 126
Alberto (pseud. Mario Pedrosa), 70
Alberto, João, 52
Alemanha, 47-48, 51, 56, 146, 224-225
Aliança Liberal, 52
Aliança Nacional Libertadora (ANL), 67, 72
Aliança Nacional Renovadora (Arena), 149, 209
Alimonda, Heitor, 141
Allende, Salvador, 31, 167-168, 207-208, 222, 226
Almeida, Fernando Mendes de, 58
Almeida, José Américo de, 69, 72
Almeida, Vera Pedrosa Martins, 161, 184, 186
Alves, Hermano, 149-151
Alves, Márcio Moreira, 149-152
Alves, Mario, 211
Amado, Jorge, 141
Amaral, Aladio A. do, 77
Amaral, Aracy 164
Amaral Júnior, Amadeu, 58
Amazonas, 154
América, 137, 155, 186
América do Sul, 74
América Latina, 17, 23, 29, 73-74, 139, 146

Américas (do Sul, Central e do Norte), 109
Amsterdã, 57
Andrade, Carlos Drummond de, 101, 141
Andrade, Juan, 83
Andrade, Mário de, 187, 219
Antônia, 184
Antuérpia, 90
Antunes, Sávio, 50, 216
Aparício (pseud. Mario Pedrosa), 67
Apollinaire, Guillaume, 38
Aragon, Louis, 38
Arantes, Otília, 19, 24-25, 96
Araújo Jorge, J. G. de, 80
Argentina, 23, 74, 76, 99, 223
Arinos, Afonso, 101, 179
Ásia, 135, 139
Assis Chateaubriand, Francisco de, 40, 111
Associação Brasileira de Críticos de Arte (ABCA), 130, 162-163
Associação Brasileira de Escritores (ABDE), 101
Associação Brasileira de Imprensa, 89, 109, 127
Associação Internacional de Críticos de Arte (Aica), 130, 137
Assunção Júnior, A. da, 127
Atenas, 124
Athayde, João Austregésilo de, 28, 80, 141
Áustria, 60
Azambuja, Wenceslau Escobar de, 50, 216

Bahia, 154
Bahia, Luiz Alberto, 82, 218
Baldessarini, Hugo, 80
Baleeiro, Aliomar, 126

Bandeira dos 18, 59
Bandung, 139
Barbosa, Joaquim, 217
Barbosa, Rui, 35-36
Barbusse, Henri, 37
Barreto, J., 52
Barros, Adhemar de, 114-116
Barros, Luís de, 52
Barros, Rocha, 217
Barros Filho, Omar L. de, 209
Basso, Lelio, 191
Beatriz, 184
Becker, Cacilda, 141
Beer, Max, 64
Bélgica, 90
Belgrado, 128
Belo Horizonte, 71, 219-220
Benedicto, Nair, 192
Benevides, Maria Vitória, 86
Bengell, Norma, 222
Bento, Antônio, 35, 50, 102, 130, 141, 163
Berger, Donald, 75
Beria, Lavrentiy Pavlovich, 108
Berlim, 14, 29, 47, 168, 183, 216, 224
Berna, 165
Biáfora, Rubem, 141
Bill, Max, 167
Bloco Operário e Camponês (BOC), 43, 216
Boletim da Oposição, 49, 54
Bolívia, 74, 76, 139, 203
Bonaparte, Louis (Napoleão III), 72, 120
Borba, Osório, 89, 98
Borges, Celina Houston Veloso, 82
Borges, Marcelo Veloso, 127
Borges, Nelson Veloso, 82, 127
Braga, Seraphim, 76

Brah, Lola, 141
Brandão, Darwin, 149
Brandão, Octávio, 43, 70
Braque, Georges, 27
Brasília, 130, 138, 140, 187
Brasil Novo, O, 59
Breton, André, 38, 41
Brouckere, Louis, 90
Bruxelas, 130
Bucchioni, Enio, 166, 207
Bueno, Silveira, 58
Buenos Aires, 35, 52
Bukharin, Nikolai lvanovitch, 64, 83, 168
Bulletin Communiste, 48
Bureau Socialista de Ligação Internacional, 90
Burma, 139
Burnham, James, 90

Cabanas, João, 61
Café Filho, João Fernandes Campos, 110-111, 113, 117-118
Cahiers du Bolchevisme, 48
Calder, Alexander, 107, 167
Call, The, 83
Calmon, Pedro, 129
Calvino Filho, José, 88
Camboa, M. (pseud. Mario Pedrosa), 30, 50
Campos, Francisco Luís da Silva, 72
Campos, Milton, 114
Campos, N. Siqueira, 127
Campos, Paulo Mendes, 219
Campos do Jordão, 54
Camus, Albert, 90
Canabrava, Erialo, 141
Cannon, James Patrick, 74

Cardoso, Adauto Lúcio, 126
Cardoso, Túlio Roberto (*ver* Quintiliano, Túlio), 213-214
Carneiro, Fernando, 126
Carpeaux, Otto Maria, 101, 141
Carpenter, Luiz, 40, 43
Carr, E. H., 122
Carta, Giannino, 199
Carta, Mino, 200
Carvalho, Apolônio de, 176-178, 220
Carvalho, Daniel de, 106
Carvalho, Eleazar, 141
Carvalho, Flávio de, 162
Carvalho Pinto, Carlos Alberto Alves de, 199
Cascardo, Hercolino, 72
Castelo Branco, Humberto de Alencar, 153-154, 157
Castro, Fidel, 139
Castro, Paulo de, 179
Castro Rebello, Edgardo de, 39-40, 43, 216
Chagall, Marc, 210
Chagas, Júlio Leocadio Tavares das, 209, 223
Chamberlin, W. H., 122
Chile, 31, 74, 76, 166-168, 200, 207-208, 211, 213-214, 222, 226
China, 49, 159, 170
Cidade do México, 168
Clacton-on-Sea, 90
Clarté, 37-38
Clarté, 37-39, 42, 47-48, 126
Classe Operária, A, 40, 51-52
Clave, 74
Clóvis, 182, 184
Clube da Lanterna, 121, 128
Clube Mario Pedrosa, 220

Colay, Vicente, 75
Coligação dos Sindicatos, 60
Comitê Executivo Internacional da IV Internacional (CEI), 74, 76
Comitê Pan-Americano, 74
Committee of the International Socialist Conferences (Comisco), 90
Conceição, Manoel da, 176, 192
Condé, Elysio, 108
Condé, João, 108
Condé, José, 108, 147
Confederação Sindicalista-Cooperativista Brasileira (CSCB), 43
Conglomerado Jornalístico "Diários Associados", 40, 111
Contre le Courant, 48
Convergência Socialista, 178, 207-208, 211, 213-214
Convergência Socialista, 207, 213
Correa, Oscar Dias, 126
Correia Neto, Alípio, 96
Correio da Manhã, 27-29, 57, 73, 79-81, 85, 88-91, 95-96, 98, 100, 102, 110-112, 117, 121, 127-128, 139-143, 145, 147-163
Correio de S.Paulo, 57, 60
Costa e Silva, Artur da, 154
Costa Filho, Odilo, 126, 128
Coutinho, Afrânio, 127
Coutinho, Rodolfo, 49-50, 216
Cracóvia, 161, 180
Crispim, Carmelo S., 61
Cruanji (PE), 28
Cruz Alta, 215
Cuba, 60, 74, 139
Cultura (suplemento d'*O Estado de S. Paulo*), 100
Curitiba, 79

Curtiss, Charles, 74

Dantas, João Ribeiro Portela, 133
Dantas, Ondina Ribeiro, 133
Dantas, Orlando Ribeiro, 133
Delaunay, Robert, 27
Democracia Socialista, 223
Dia, O, 79
Diadema, 223
Diário Carioca, 50, 79, 88, 95-96, 98, 102, 108-109, 127-130, 133, 141
Diário da Noite, 29, 40, 42
Diário de Notícias, 15-16, 88-89, 95-96, 98-99, 101, 110-115, 117-118, 126-127, 133, 140, 142, 148, 162, 166, 179
Diário Nacional, 55
Dias, Fernando Correia, 220
Diegues, Cacá, 132
Diretório Acadêmico Jackson de Figueiredo, 161
Distrito Federal (Rio de Janeiro), 95, 98-99, 112, 127, 133
Djilas, Milovan, 128
D'Or (pseud. Ondina Ribeiro Dantas), 133
Duarte, Nestor, 126
Duhamel, Georges, 38
Dupont, Mario, 55
Dutra, Eurico Gaspar, 84-85, 87, 97, 106

Egito, 160
Em Tempo, 57, 73, 223
Eneida, 58
Engels, Friedrich, 52, 64, 83, 122
Espanha, 60, 108
Espírito Santo, 154
Esquerda Democrática (ED), 84, 88-89, 91, 216, 220

Estado de S. Paulo, O, 15, 19, 36, 39, 90, 100-101, 103-108, 115-116, 118-122, 127-128, 141, 173, 199
Estados Unidos (da América), 14, 17, 24, 29, 74, 76-77, 79, 89, 102, 108, 119, 134, 146, 155-157, 160, 165, 184-185, 217
Europa, 56, 74, 89-90, 101, 106-108, 123, 137, 151, 161-162, 165, 186, 225-226
Europa Oriental, 90

Fanon, Franz, 159
Federação Operária de São Paulo, 59
Federação Sindical de São Paulo, 225
Federação Sindical Regional, 54
Fernando de Noronha, 223
Ferraz, Geraldo, 58, 82, 141, 187, 196, 218
Ferreira, Oliveiros da Silva, 82, 100, 126
Fibitch, Daniel, 64
Figueiredo, Carlos Senna, 165-166, 168
Figueiredo, Wilson, 143, 145, 219
Fiuza, Yeddo, 85
Folha de S.Paulo, 18, 136, 150, 173-174, 178-179, 199-200, 219
Folha Socialista, 203
Fon, Celeste, 191
Fon Filho, Aton, 191
Fon-Fon, 57
Fourth International, 83
Fração Bolchevique Trotskista (FBT), 223
França, 29-30, 37, 48, 50, 60, 66, 72, 79, 89, 162, 185, 200, 207, 222
Franco, Maria Eugênia, 187
Franco Bahamonde, Francisco, 111, 120
Freire, Carlos, 191
Freire, Paulo, 176
Freitas, Jones, 166, 208

Freitas, Newton, 140
Frente Ampla, 157-158
Frente de Novembro, 120-121, 128
Frente Única Antifascista (FUA), 56, 58-66
Freud, Sigmund, 38
Freyre, Gilberto, 141
Frola, Francesco, 58-59, 61
Fundação Casa de Rui Barbosa, 220

Gadotti, Moacir, 176-177
Galdo, Ivone, 58
Galvão, Octaviano Du Pin, 80
Galvão, Patrícia (Pagu), 73, 82, 218
Garcia, Clóvis, 141
Garcia Lorca, Federico, 162
Gazeta de Notícias, 79, 128
Georges (pseud. Mario Pedrosa), 67
Gide, André, 38, 90
Gikovate, Febus, 82, 97, 218
Gladkov, Fedor Vassolievitch, 64
Goethe, Johann Wolfgang, 41, 179
Goiás, 154
Golod, Abraham (Alberto González), 75
Gomes, Dias, 188
Gomes, Eduardo (brigadeiro), 15, 80-81, 83-85, 88, 96, 221
Gomes, Paulo Emílio Sales, 82, 86, 201, 218
Gomes, Pedro, 145
Gonzaga (pseud. Mario Pedrosa), 67
Goulart, João (Jango), 16, 111, 113, 116-118, 127, 138, 140, 142-143, 147, 158
Gould, Nathan, 74
Gramsci, Antonio, 57
Grazini, Mário, 39-42, 44
Greenhalgh, Luiz Eduardo, 191
Grêmio Universitário Socialista, 59
Gross, Desidério, 141

Grupo Bolchevique-Leninista, 68
Grupo Comunista Lenin (GCL), 50-51, 53, 225
Grupo Itália Líbera, 59
Grupo Naville-Rosmer, 217
Grupo Socialista Giacomo Matteotti, 59
Guanabara, 149-151, 153-154
Guatemala, 109
Guevara de la Serna, Ernesto Che, 160
Guignard, Alberto, 35
Guimarães, César, 132
Gullar, Ferreira, 127, 142, 186

Halévy, 38
Harvey, David, 169
Havana, 159
Hilferding, Rudolf, 168
Hitler, Adolf, 54, 56-57, 60, 85
Hoernle, Edwin, 64
Holanda, Sérgio Buarque de, 141, 176-177, 192, 220
Homem Livre, O, 57-59, 61, 196
Horta, Arnaldo Pedroso d', 82, 218
Hungria, 90

II Internacional (Internacional dos Trabalhadores), 37, 66
III Internacional (Internacional Comunista), 37, 43, 47-49, 51, 53-54, 57, 60, 64-67
IV Internacional, 24, 29, 60, 62, 66, 72-77, 207, 215, 217, 225
Ialta, 89
Iglésias, Francisco, 219
Imprensa Popular, 112, 128
Índia, 139, 208
Inglaterra, 90, 146

Internacional, O, 42, 178
Internacional Operária e Socialista (anos 1940), 90
Internacional Socialista, 90
Internal Bulletin, 75
Isnard, dom Clemente (Ordem de São Bento), 141
Israel, 160
Istrati, Panaït, 38
Itália, 89

James, Cyril Lionel Robert (C.R.L.), 74
Japão, 124, 137, 161, 186
João Pessoa, 79
João VI (dom), rei de Portugal, Brasil e Algarve, 129
Jobim, Danton, 43
Jobim, José, 58
Jordânia, 160
Jornal, O, 73
Jornal da República, 174-176, 200, 220
Jornal de Letras, 108
Jornal de São Paulo, 199
Jornal do Brasil, 27-28, 113, 123, 127-130, 137-140, 142-143, 145-146, 148-150, 166, 178
Julião, Francisco, 139-140
Juventude Comunista, 50, 59, 63

Kamenev, Lev Borissovitch Rosenfeld, 47
Kandinsky, Wassily, 209-210
Karepovs, Dainis, 11-16, 23, 30, 65
Kautsky, Karl, 65, 83
Klee, Paul, 107
Klement, Rudolf, 73
Kollwitz, Käthe, 58
Korsch, Karl, 83

Krieger, Edino, 141
Krushev, N., 121, 159
Kubitschek, Juscelino (JK), 16, 113-121, 126, 130-131, 137-138, 140, 147, 157-158
Kuo min tang, 49

Labor Action, 83
Labriola, Arturo, 65
Lacerda, Carlos, 28, 100, 108, 113, 117-118, 149, 157
Lanterna, A, 59
Lara, Darle, 178, 186
Laurat, Lucien, 65, 83
Leal, Estillac, 102
Leal, José Caldeira, 80
Leão, Josias, 52
Lebrun (pseud. Mario Pedrosa), 74-75
Lega Lombarda, 59
Léger, Fernand, 27-28, 117
Legião Cívica 5 de Julho, 59, 61
Leite, Hilcar, 69, 73, 80, 82, 84, 126-127, 186, 218
Leite, José Roberto Teixeira, 142
Leite Filho, Barreto, 82, 179, 186, 218
Lenin, 11, 52, 64-65, 83, 168, 204, 217, 225
Leopoldo e Silva, Duarte (dom), 55
L'Humanité, 38, 42, 48
Liberdade, 219
Liga Comunista do Brasil, 53, 56-57, 59-60, 183, 203, 216, 225
Liga Comunista Internacionalista (Bolcheviques-Leninistas) (LCI), 60, 62-64, 66-68, 203, 215, 217
Liga das Nações, 67
Liga Operária, 166, 223
Lima, 164
Lima, Alceu Amoroso, 141
Lima, Azevedo, 43, 80

Lima, Bernardino Franzen de, 220
Lima, Heitor Ferreira, 52
Lima, Hermes, 82, 89, 101
Lima, Pedro Mota, 52
Lima Souto, Edson Luís de, 161-162, 222
Lisboa, 57, 162, 179
L. L. (pseud. Livio Xavier), 50
Lobo, Amílcar, 220
Lobo, Aristides, 50, 53, 55-56, 58-59, 66, 195, 205, 217
Londres, 162, 165-166, 200
Lorente, Florentino, 141
Lott, Henrique Teixeira, 117-120, 128, 138-140
Loureiro, Isabel, 13, 24-25, 86, 147
Luta de Classe, A, 50-51, 55, 59, 62, 66-68, 71, 217, 225
Lutte de Classes, La, 38, 51
Luxemburgo, Rosa, 15, 47, 65, 83, 159, 168-170, 174, 218
Luz, Carlos, 117
Luzardo, Batista, 99
Lyon, L. (pseud. Livio Xavier), 30, 50-51

M. (pseud. Mario Pedrosa), 72
Macedo, Miguel, 82-83, 218
Machado, Gina Guelman Gomes, 87
Machado, Lourival Gomes, 141
Machek, Anton, 56
Magalhães Júnior, Sérgio Nunes de, 140-141
Maia, Francisco Moura, 126-127
Maiakovski, Vladimir Vladimirovitch, 209-210
Malenkov, Georgy Maximilianovich, 107
Malraux, André, 64, 90
Maluf, Issa, 217

Mangabeira, João, 96, 110, 221
Manhã, A, 43, 67, 95, 99
Mannheim, Karl, 123
Maranhão, 52
Marella Júnior, Cássio, 80
Maria Carmelita, 182, 184
Maria Elisabeth, 182, 184
Maria Stela, 184
Marighella, Carlos, 211
Marini, Marino, 107
Marques Neto, José Castilho, 18, 38, 40, 48, 147
Marrocos, 37
Martino, Fidélis, 127
Martins, Jefferson (pseud. Mario Pedrosa), 79
Martins, Juca, 171, 191
Martins, Mário, 188
Martov, Julius, 83
Marx, Karl, 37-38, 40-42, 52, 64, 83, 122-123, 170, 223
Matarazzo Sobrinho, Francisco, 141-142, 187
Matheus, João, 54
Mato Grosso, 37
Matos, Egberto, 126
Matteotti, Giacomo, 58-59
Mattos, Marco Aurélio, 220
M. C. (pseud. Mario Pedrosa), 50
Medeiros, Manoel, 54, 56
Médici, Emílio Garrastazu, 167, 208
Mello, Plínio Gomes, 50, 82, 196, 215-216
Melo, Tiago de, 149
Melo e Souza, Antonio Candido de, 18, 82, 141, 218, 220
Mendes, Murilo, 35
Menezes, Djacir, 141
Mesquita, Alfredo, 141

Mesquita, Emílio de, 43
Mesquistas (família), 100
Metropolitano, O, 132
Meu Velho (alcunha de Livio Xavier nas cartas de Mario Pedrosa), 70, 73
México, 31, 73-74, 76, 152, 168
Miguel, 166
Minas Gerais, 113, 220
Miró, Joan, 167
Mocidade, 215
Molitor, Jacques, 41
Mon Vieux (alcunha de Livio Xavier nas cartas de Mario Pedrosa), 72
Monde, Le, 166-167
Mondrian, Pieter Cornelis, 107
Moniz, Edmundo, 11, 80, 82, 84, 88-89, 146, 149, 218
Moniz, Norma, 11, 80
Moore, Henry Spencer, 107, 167
Moraes, Evaristo de, 40, 43
Moraes Filho, Evaristo de, 80
Morais, Frederico, 148, 162, 166
Morais, Prudente de (neto), 126
Moreira, Eny Raimundo, 191
Morena, Roberto, 43, 109
Moreno, Nahuel, 223
Morrow, Felix, 75
Moscou, 29, 37, 44, 47, 53, 209, 216
Movimento, 176
Movimento Democrático Brasileiro (MDB), 14, 144, 149-151, 209
Movimento dos Estudantes Socialistas Brasileiros, 95
Movimento Militar Constitucionalista (MMC), 100
Müller, Filinto, 77, 185
Munch, Edvard, 107
Munhoz, Segismundo, 89

Munique, 74
Murici, José Cândido de Andrade, 141
Mussolini, Benito, 58

Nação, A, 199
Naville, Pierre, 47, 49, 72-73, 217
Nery, Ismael, 35
New International, The, 83
New Leader, The, 83
New Masses, 83
New York Review of Books, The, 167
Niemeyer, Oscar, 141, 187
Nin, Andrés, 83
Niterói, 68, 73
Nobre, Freitas, 82, 218
Noite, A, 57, 63, 102, 128
Nova Iorque (New York), 73-76, 167

Oliveira, Armando de Salles, 69
Oliveira, Décio Pinto de, 63
Oliveira, Francisco (Chico), 224
Oliveira, Manoel Lopes, 141
Oliveira, Minervino de, 43
Oliveira, Rafael Correia, 126
Oposição de Esquerda (Brasil), 14, 29, 49-51, 53-55, 225
Oposição de Esquerda Internacional, 29-30, 38, 47-50, 57, 60, 217, 224-225
Oposição Unificada, 47
Organização das Nações Unidas para a Educação, a Ciência e a Cultura (Unesco), 137, 186
Organização Latino-Americana de Solidariedade (Olas), 159
Organização Revolucionária dos Trabalhadores, 223
Organização Revolucionária Marxista – Democracia Socialista, 223
Organização Socialista Internacionalista, 178
Ottoni, Décio, 220

Paiz, O, 37, 48
Palestina, 90
Paraíba, 36, 111, 182
Paraná, 154
Paris, 11, 24, 30, 51, 70, 72-73, 90, 162, 166-168, 173, 185, 191, 199-200, 210, 217, 222
Partido Comunista Alemão, 47, 217
Partido Comunista Americano, 83
Partido Comunista Brasileiro Revolucionário (PCBR), 165-166, 177, 208
Partido Comunista da União Soviética, 47, 121
Partido Comunista do Brasil (PCdoB), 207
Partido Comunista do Brasil (PCB), 14-15, 29, 37-44, 48-54, 57, 59-61, 63, 65, 67-69, 82-83, 85-87, 89, 100-101, 104, 109, 112, 116, 151, 159-160, 177, 204, 208, 215-217, 224-225
Partido Comunista Francês, 37-38, 217
Partido da Renovação Democrática (Parede), 149, 151
Partido da Representação Popular (PRP), 96, 116
Partido Democrata Cristão (PDC), 113
Partido Democrático de São Paulo, 55
Partido dos Trabalhadores (PT), 14, 17, 19, 24, 31, 171, 174-178, 192, 204, 215-216, 218, 222-224, 226
Partido Libertador (PL), 114, 126
Partido Operário Leninista (POL), 68-73
Partido Operário Revolucionário Trotskista (PORT), 223

Partido Republicano (PR), 106, 116
Partido Republicano Conservador, 36
Partido Republicano Paulista (PRP), 69, 116
Partido Revolucionario de los Trabajadores – La Verdad (Argentina), 223
Partido Social-Democrata Alemão, 90
Partido Social Democrático (PSD), 84, 112-113, 116-117, 138
Partido Social Progressista (PSP), 97, 116
Partido Social Trabalhista (PST), 116
Partido Socialista Americano, 83
Partido Socialista Brasileiro (PSB), 14-15, 17, 28-29, 61, 65, 67, 82, 88-93, 95-99, 102, 104, 108-110, 112-113, 125, 127, 139-140, 203, 215-216, 221, 226
Partido Socialista Brasileiro (PSB, anos 1920), 40
Partido Socialista Brasileiro de São Paulo (anos 1930), 59, 61, 65, 67
Partido Socialista dos Trabalhadores Unificado, 166, 207
Partido Socialista Italiano, 59
Partido Trabalhista Brasileiro (PTB), 97, 112-113, 116, 138, 140
Partido Trabalhista Nacional (PTN), 116
Parti Ouvrier Internationaliste (POI), 73
Pasquim, O, 13, 19, 28, 56, 166, 220
Pedro, 184
Pedrosa, Antônia Xavier, 28
Pedrosa, Homero, 162, 165, 184
Pedrosa, Maria Regina, 165-166
Pedrosa, Mary Houston, 35, 39, 50, 55--56, 67, 73-76, 184, 187, 201, 225
Pedrosa, Pedro da Cunha, 28, 36, 76-77
Pellegrino, Hélio, 18, 56, 82, 126, 136, 152, 166, 218-220
Perdigão, Reis, 52

Pereira, Astrojildo, 38-39, 42, 70, 224
Pereira, Simão Vianna da Cunha, 219
Péret, Benjamin, 53-54, 194-195, 217
Péret, Elsie Houston, 35, 53, 58, 194, 217
Péret, Geyser, 194
Péret, Jacqueline, 194
Pérez, José Isaac, 58
Perigny, 73
Pernambuco, 28, 37
Perón, Juan Domingo, 111, 128
Peru, 76, 164
Pessoa, Epitácio, 36
Petrogrado, 209
Picasso, Pablo, 27, 107, 167
Pilniak, Boris, 123
Pimenta, João da Costa, 96, 205, 217
Pinheiro, Israel, 130
Pinheiro, Victor de Azevedo, 54-55, 66, 196
Pinochet Ugarte, Augusto José Ramón, 200, 211, 214, 222, 226
Pintaúde, Salvador Cosi, 64
Pinto, Bilac, 126
Pirajá (pseud. Nelson Veloso Borges), 82
Platéa, A, 57
Plebe, A, 59
Plekhanov, Georgi, 65, 83
Politics, 83
Pollesh, Konrad Karol, 180
Polônia, 90, 161, 213
Pomar, Pedro, 211
Pontes, Eloy, 58
Ponto de Partida, 166, 207-208, 211, 214
Portinari, Candido, 108, 210
Portinho, Carmen, 28
Portinho, José, 11
Porto Alegre, 215
Porto Rico, 74

Portugal, 207
Potsdam, 89
Prado, Decio de Almeida, 141
Praga, 159-160
Prestes, Luís Carlos, 44, 52, 70, 84-86, 201, 216, 218
Prinkipo (ilha), 225
Proudhon, Pierre-Joseph, 37

Quadros, Jânio, 29, 138-142, 147, 158
Queiroz, Raquel de, 195
Quintiliano, Túlio (*ver* Cardoso, Túlio Roberto), 166, 207-208, 211

Rabelo, José Maria, 220
Radek, Karl, 83
Rajão, Alberto, 150
Rakovski, Christian, 65
Ramos, Nereu, 117-118
Raul (pseud. Mario Pedrosa), 73
Read, Herbert, 201
Recife, 223
Reis, Waldemar dos Santos, 152
República Democrática da Alemanha, 83
República Dominicana, 148
Resende, Otto Lara, 219-220
Revista da Semana, 112, 130
Revista Proletária, 42
Révolution Surréaliste, 38
Riazanov, David, 83
Ribeiro, Darci, 219
Ribeiro, Neli, 126-127
Richers, Herbert, 141
Rio Grande do Sul, 37, 101, 215-216
Rios, José Arthur, 127, 133-134
Rivera, Diego, 74
R. M. (pseud. Mario Pedrosa), 58
Rodrigues, Augusto, 141

Rodrigues, Martins, 149
Rodrigues, Nelson, 141
Rolland, Romain, 36-38
Rosini, Goffredo, 57-58
Rosisca, 166
Rosmer, Alfred, 217
Rosmer (casal), 201
Rousset, David, 90, 145
Rua, A, 59
Rússia, 122, 209, 216, 218

Sabino, Fernando, 219
Sacchetta, Hermínio, 57, 199, 217
Sales, Francisco Luís de Almeida, 141
Salgado, Plínio, 63, 72, 115-116
Salvador, José, 80
Sandrone, Cícero, 161
Santiago (do Chile), 167-168, 208
Santos, E. Vito, 127
Santos, Max da Costa, 127, 133-134
São Domingos, 74
Scheler, Max, 123
Schenberg, Mario, 191
Schendel, Mira, 12
Schmidt, Afonso, 64
Secretariado Internacional do Movimento pela IV Internacional (SI), 73-74
Sedov, Leon, 72-73
Segall, Lasar, 108
Serge, Victor, 38
Shachtman, Max, 74
Silone, Ignazio, 201
Silva (alfaiate), 50
Silva, Luiz Inácio Lula da, 174, 176, 178-179, 216, 218, 220, 224
Silveira, Ênio, 148
Silveira, Paulo, 149, 151

Simão, Aziz, 82, 218
Sindicato dos Gráficos, 40
Sindicato dos Jornalistas (São Paulo), 203, 215-216
Singer, Paul, 82
Siqueira, Jayme Maurício Rodrigues, 28, 141, 163
Síria, 160
Smathers, George Armistead, 139
Soares, Raul, 220
Socialismo, O, 59
Socialist Workers Party (SWP), 74-76
Sociedade Psicanalítica do Rio de Janeiro, 220
Socorro Vermelho Internacional (Socorro Proletário), 43, 59
Sorel, Georges, 37, 65
Souto, Severino de Almeida, 127
Stalin, Josef, 29, 43, 65, 67, 76, 107-108, 121-122, 129, 217-218
Suíça, 28, 165-166

Taddei Neto, Pedro, 191
Tambelini, Flávio, 141
Tapejara (pseud. Plínio Gomes de Mello), 216
Távora, Juarez, 113-116
Tchecoslováquia, 90
Teerã, 89
Teixeira, Lucy, 186
Timbaúba (PE), 28
Togliatti, Palmiro, 122
Tolstoi, Lev, 210
Tóquio, 161, 186
Tortura Nunca Mais, 220
Trabalho, O, 82, 203, 215
Tragtenberg, Maurício, 82
Tretiakov, 210

Tribuna da Imprensa, 15, 28, 100-101, 106, 108, 118, 121
Tribuna Popular, 87
Trotsky, Leon, 24, 29, 38, 45, 47-49, 54, 56, 60, 64-66, 73-74, 76, 83, 152, 161, 178, 203, 208, 214-215, 217, 225-226
Trujillo Molina, Rafael Leónidas, 111, 120

Última Hora, 99, 102, 141, 148
União, A, 36, 79
União das Repúblicas Socialistas Soviéticas (URSS), 14, 29, 47, 65, 75-76, 83, 89-90, 107-108, 122, 129, 134, 151, 209, 224, 226
União Democrática Nacional (UDN), 15-17, 84-86, 96, 98, 112, 114, 126, 136, 138, 156, 220-221
União Democrática Socialista, 84, 86
União dos Profissionais do Volante, 59
União dos Trabalhadores Gráficos de São Paulo, 58-59, 62-63, 183, 217
União Metropolitana dos Estudantes, 132
União Nacional dos Estudantes (UNE), 95
União Pan-Americana, 29, 77
União Socialista Popular (USP), 80-81, 84, 88
Unidade Popular (Chile), 208
Uruguai, 74, 76

Vandervelde, Émile, 83
Vanguarda Socialista, 15, 24, 29, 78-79, 82-91, 100, 179, 185, 217-218, 220-221, 226
Vargas, Getúlio, 15-17, 55, 67, 70-72, 80, 83-86, 96-99, 101-103, 105, 108-112, 121, 128, 133, 137-138, 147, 221, 225

Vedova, Emilio, 28, 163
Veja, 173
Velasco, Domingos, 99
Veneza, 163
Venezuela, 74
Versus, 207, 209-211
Viana, Moniz, 141
Vietnã, 150, 159-160, 207
Vilanova, Fabiano, 150
Vilas Boas, Augusto, 149
Vitsoris, Georges, 73

Washington D.C., 75, 77, 119, 184
Workers Party (WP), 74-76

Xavier, Berenice, 195
Xavier, Livio, 30, 38-43, 48, 50, 52-53, 56, 58, 64-65, 69-73, 145, 168, 195-196, 199, 205, 215-217, 224
Xavier, Manoel, 184

Zinoviev (Grigori Ievseievitch Apfelbaum), 47
Zonari, Armando, 141

Título	Pas de Politique Mariô!
	Mario Pedrosa e a Política
Autor	Dainis Karepovs
Editor	Plinio Martins Filho
Produção editorial	Aline Sato
Capa	Gustavo Piqueira / Casa Rex
Revisão	Geraldo Gerson de Souza
	Felipe Castilho de Lacerda
Revisão de prova	Afonso Nunes Lopes
Índice remissivo	Felipe Castilho de Lacerda
Editoração eletrônica	Camyle Cosentino
Formato	15,5 x 23 cm
Tipologia	Adobe Garamond Pro
Papel da capa	Cartão Supremo 250 g/m^2
Papel do miolo	Chambril Avena 80 g/m^2
Número de páginas	296
Impressão e acabamento	Gráfica Rettec